教養として知っておきたい

「民族」で読み解く世界史

宇山卓栄

日本実業出版社

はじめに

「この人は日本人と違う」

多くの人が街ですれ違う外国人を見て、「日本人と違う」と判別できます。どこで見分けているのでしょうか。たとえば、中国人や韓国人について、顔や容貌がほとんど日本人と変わらない場合でも、パッと見ただけで「日本人と違う」と判別できてしまいます。どうして、こういうことができるのでしょうか。多くの人が「雰囲気でわかる」と答えるでしょう。たとえ顔かたちが同じでも、それぞれの民族が醸し出す独特の「雰囲気」というものがあります。漠然としたものかもしれませんが、われわれはたしかに、それを感じ取ることができます。

歴史のなかで民族が生きた社会や環境、文化や伝統の記憶は、否応なく民族の遺伝子に刻まれます。そして、それは民族の血統として後の世代に受け継がれていきます。潜在下に流れ続ける民族の「血の記憶」に対し、抵抗したり、粉飾したり、隠蔽したりすることはできません。民族の「血の記憶」は自然かつ必然的に表出されるものであり、それが民族固有の「雰囲気」となって現われるのです。

本書は、世界の各民族の軌跡を歴史的事実によって解明し、各民族のもつ「雰囲気」がどこからやってくるのか、その正体を掴《つか》み、民族の本当の姿を暴き出すことを目的とします。それぞれの民族が触れられたくない「歴史の闇」もあるでしょうが、そのような闇が与えるトラウマが大きければ大きいほど、「血の記憶」もまた大きくそれに左右されます。よって、本書は「歴史の闇」を避けて通らず、正面から斬り込んでいきます。

現在、世界中を席巻するナショナリズム、移民・難民問題、民族対立・紛争、人種差別など、民族という「見えざる壁」がわれわれを引き裂いています。現代人にとっての民族、それはいったい何なのか、読者の皆様とともにタブーなく、迫っていきたいと思います。

2018年1月

宇山卓栄

教養として知っておきたい　「民族」で読み解く世界史●目次

第3部

世界を支配したヨーロッパの国々

第5部 複雑に入り組む東南アジアの諸民族

第8部

民族の血統が教える世界

カバーデザイン　志岐デザイン事務所（萩原睦）
本文DTP　一企画

第1部

「民族」は
こうして始まった

Chapter 1

民族、その秘められた禁忌

◆日本人だけは別格なのか

「ガーガー、ペッ」

中国人観光客がそこら中でやっているタン吐きです。最近、少し減ったようですが、中国人は男女問わず、電車の中でも「ガーガー、ペッ」をすることもあり、呆れてしまいます。

われわれ日本人は「中国人は……」と冷ややかに見ています。われわれのなかで、日本人と中国人はまったく別の人種とする「線引き」のようなものが、心のどこかにあります。しかし、遺伝学的に見れば、日本人も中国人も同じ人種系列です。「一緒にされたくない」と思う人もいるかもしれませんが、「同じ」という事実は消せません。

遺伝学上、「モンゴロイド（モンゴル系の意）」という人種系列があり、日本人をはじめ、中国人、韓国人、東南アジア人などはこれに分類されます。われわれ日本人は他のモンゴロイド系と比べ、「自分たちは別」とする自意識をもっていることが多いかもしれませんが、欧米人などから見れば「皆同じ」なのです。

考えてみれば、日本人も30年前まではそこら中で「ガーガー、ペッ」をやっていました。いまの中国人とまったく同じです。私が子供のころですが、よく覚えています。

また、東南アジアの掃き溜めのような汚い街並みを見て、「なんとまあ」と呆れ、妙な優位意識をもつ人もいるかもしれませんが、日本でもやはり30年前まで、そんな掃き溜めのような街の光景がそこら中にありました（いまでもあるかもしれません）。

「日本人はマナーをわきまえ清潔」、だから「日本人は他のアジア人種とは別格」。こういう優位意識は、長い歴史のなかでは、残念ながら通用しないというべきでしょう。

遺伝学的な分類

人類には白人、黒人、黄人の3種があります。日本人は黄人に入ります。では、インド人やアラブ人はどうでしょうか。彼らのなかには、肌が白い人も黒い人もいます。

白人、黒人、黄人という分け方は、外見の皮膚の色だけを比べたものに過ぎず、学術的な定義をもっていません。単なる見た目の印象だけの分類であり、インド人やアラブ人はこの3つ

図1-1　4大人種の区分（コロンブスがアメリカ大陸に到達した1492年当時）

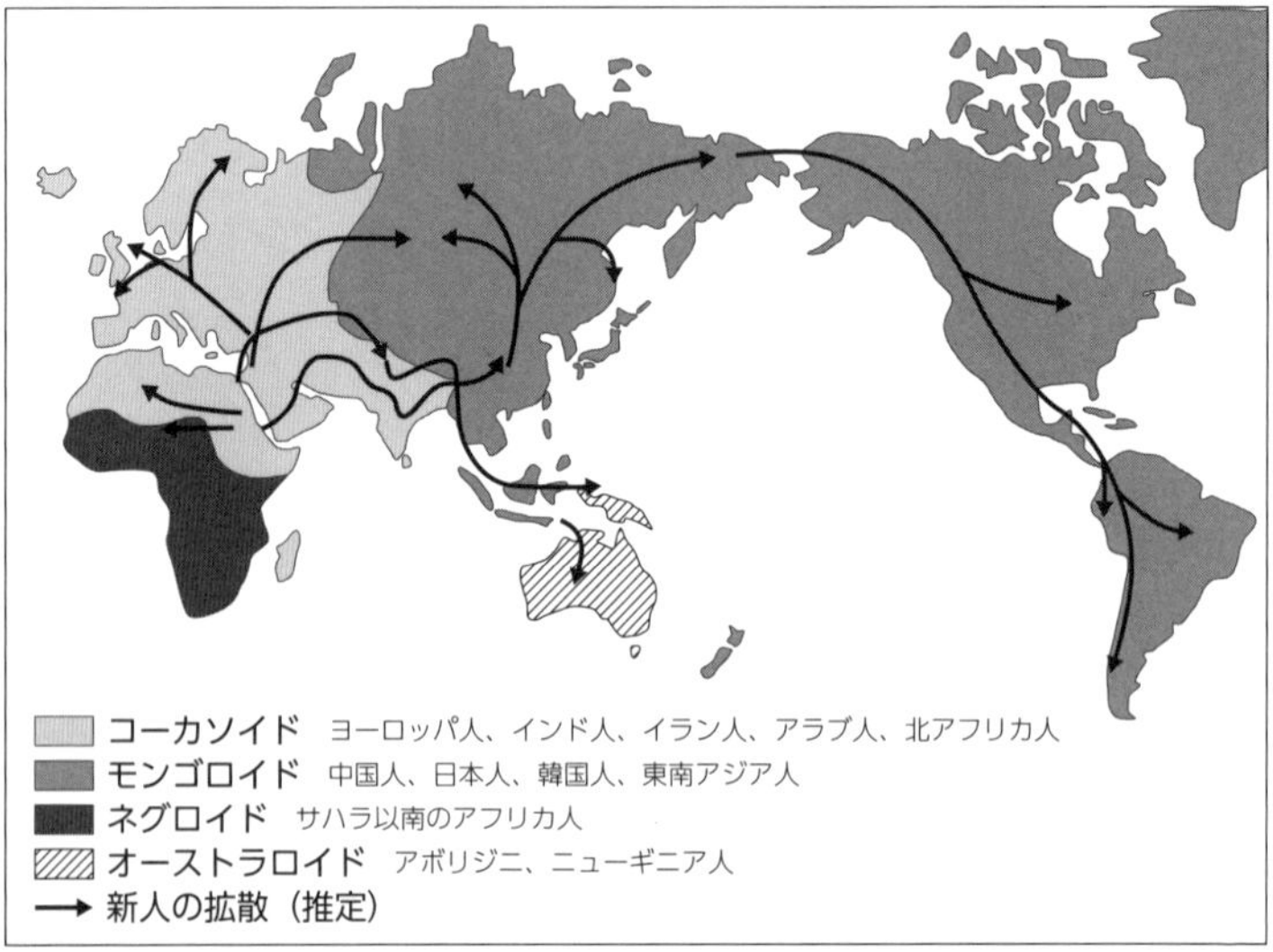

のうちのどれにあてはまるのか、答えはありません。

遺伝学の観点から、過去にさまざまな人種の分類が試みられましたが、現在では、コーカソイド、モンゴロイド、ネグロイド、オーストラロイドの4大人種に分類することが一般的になっています。

ただし、これらの人種のDNA染色体が物理的に区別できるのかというと、そうではありません。どんなに純粋な日本人にも、コーカソイドやネグロイドの遺伝的特性が混在しており、ある人種を決定づける特定のDNAの型があるわけではないのです（人種相互に遺伝的個体としての明瞭な境界はないとするのが、一般的な学説です）。その意味において、

4大人種の区分は概念的なものであるといえます。

図1-1のコーカソイドに分類されているヨーロッパ人のような白人と、肌の色が黒いインド人が同じ人種と聞いて、違和感をおぼえる人も多いかと思います（後段で詳述します）。また、ヨーロッパ人とアラブ人が同じ人種というのも、違和感があります。

インド人はインドの強い陽射しに長年さらされて、肌が黒化し、あるいは現地民との混血を繰り返すことで、今日のようなインド人になったとされます。遺伝学的な骨格、たとえば彫りの深い顔の相など、ヨーロッパ人、インド人、アラブ人は近似しているかもしれません。いずれにしても、一言でコーカソイドといっても、かなりアバウト（部分網羅的）で、厳密な定義区分があるわけではありません。

これらの4つの人種の区分の間で、広く混血が繰り返された複合的な人種も多くいます。たとえば、トルコ人はもともとモンゴル高原や中央アジアに分布し、モンゴロイドに区分される人種でしたが、10世紀に西方へ大移動し、イラン人、アラブ人、ヨーロッパ人などと混血していきました。したがって、トルコ人をモンゴロイドとするか、コーカソイドとするかは定まっていません。

◆人種、民族、国民

われわれは普段、アメリカ人、日本人、中国人というように、「○○人」という言葉をよく使います。この「○○人」という言葉は、「人種」「民族」「国民」という異なる視点の分類系を含んでいます。

「人種」はＤＮＡなどの遺伝学的、生物学的な特徴によって導き出されたカテゴリーで、それに対し「民族」は言語、文化、慣習などの社会的な特徴によって導き出されたカテゴリーです。たとえば、日本人と中国人は「人種」に関してはモンゴロイドで同じですが、言語などが異なるため、「民族」に関しては同じではありません。人種と民族は似たような言葉に思えますが、意味が異なります。

人種、民族という類型に加え、「国民」という類型もあります。国民は国家に所属する構成員を指し、国家が定める法や制度を共有しています。

たとえば、アメリカ人というのは国民としての特徴によって分類されるカテゴリーであり、人種や民族としてのカテゴリーではありません。アメリカ人にはコーカソイド（いわゆる白人）もネグロイド（いわゆる黒人）もモンゴロイド（いわゆる黄人）もいます。人種や民族が異な

図1-2　人種、民族、国民の３類型

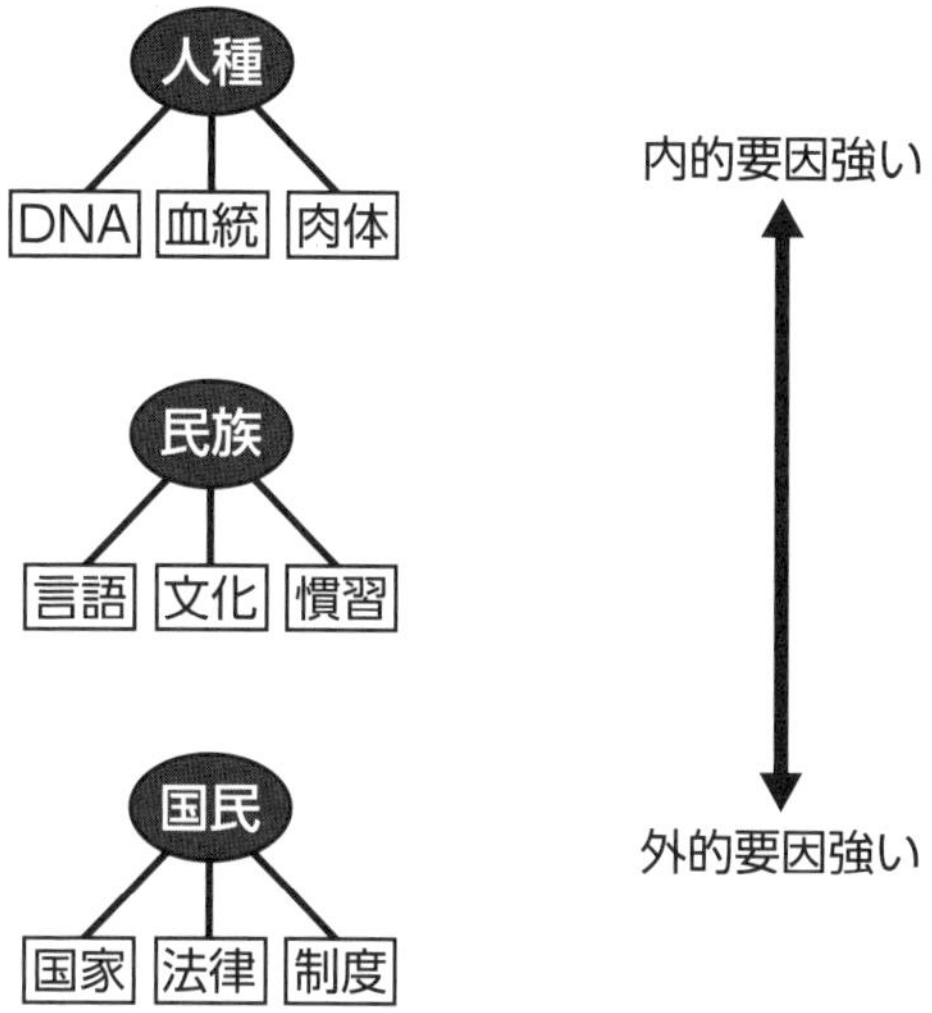

っていても、国民としてのアメリカ人に分類されます。

同じ「○○人」という言い方でも、日本人という言い方には民族的同一性を前提とする性格が強く反映され、アメリカ人という言い方には国民的同一性を前提とする性格が強く反映されています。

「○○人」という言い方は、その集団が形成された歴史的背景によって、そのニュアンス、条件、定義が大きく異なります。

民族と血統

図1-2のように、人種は内的要因によって特徴づけられる類型であり、一方、国民は外的要因によって特徴づけられる類型

です。民族はその中間に位置します。この民族に関して、少し理解しておかなければならない複雑なことがあります。

民族は言語、文化、慣習などの社会的な特徴によって導き出されると前段で述べました。では、言語、文化、慣習が同一であれば、同一民族になるのでしょうか。仮に、白人や黒人が日本語を完璧に身につけ、文化や慣習においても日本人と同化すれば、彼らは「日本民族」になれるのでしょうか。あるいは、彼らを「日本民族」と呼ぶことができるでしょうか。

彼らを「日本民族」ではないととらえる人、もしくは「日本民族」ととらえることに抵抗を感じる人が圧倒的に多いでしょう。いかに白人や黒人が日本人に同化したとしても、人種が異なるということ、つまり血統が異なるということが大きな事実として横たわっているからです。民族というものは言語、文化、慣習という社会的な特徴のみによって導き出されるものではなく、血統という前提が大きく入り込んだ概念として認識されているのです。

ヒトラー率いるナチスは民族浄化を掲げ、ユダヤ人狩りを行ないました。当時のドイツにいたユダヤ人のなかには、自分をドイツ人と思っており、ユダヤ人の血が入っていることを知らなかったという人が多くいました。ナチスは戸籍などにより、数代にわたる親族・血筋のなかにユダヤ人がいないかどうかを調べ上げました。4分の1以上ユダヤ人の血が入っている者（クォーター、つまり祖父か祖母がユダヤ人）は確実に強制収容所送りでした。彼らの多くはドイツの言語、文化、慣習に完全に同化していましたが、ナチスは彼らを「ドイツ民族」とは見なさず、彼らの血統を問題にしたのです。

このように、民族は血統・血脈と切り離せない相互不可分の関係をもっています。その相互関係について、われわれは誰かに教えられるまでもなく、感覚的に認知しています。そして、その「感覚」には、秘められた禁忌のイメージがどことなくつきまとっていることも、われわれは知っています。

本書は、この秘められた禁忌に対して徹底的にメスを入れるべく、世界の民族における血統の歴史とその全貌を明らかにすることを目的にしています。

Chapter 2

民族の「歴史的血統書」

◆「白人は神に選ばれた」

14ページの図1-1「4大人種の区分」には、コーカソイドという分類区分が筆頭に上がっています。コーカソイドはヨーロッパ人、インド人、イラン人、アラブ人、北アフリカ人と広い範囲におよびます。

コーカソイドという名前は、カスピ海と黒海に挟まれたコーカサス地方（カフカース地方）に由来します。なぜ、1つの地域名が人種区分の名になったのでしょうか。これには、キリスト教の世界観が関係しています。

『旧約聖書』の「創世記」には、有名な「ノアの方舟」についての記述があります。大洪水に際し、神の指示を受けたノアは舟をつくり、家族と動物の雌雄を連れて乗り込んだため、人類や動物は生き延びたとされます。このとき、ノアは方舟でコーカサス地方のアララト山にた

図2-1 インド・ヨーロッパ語族の移動ルート

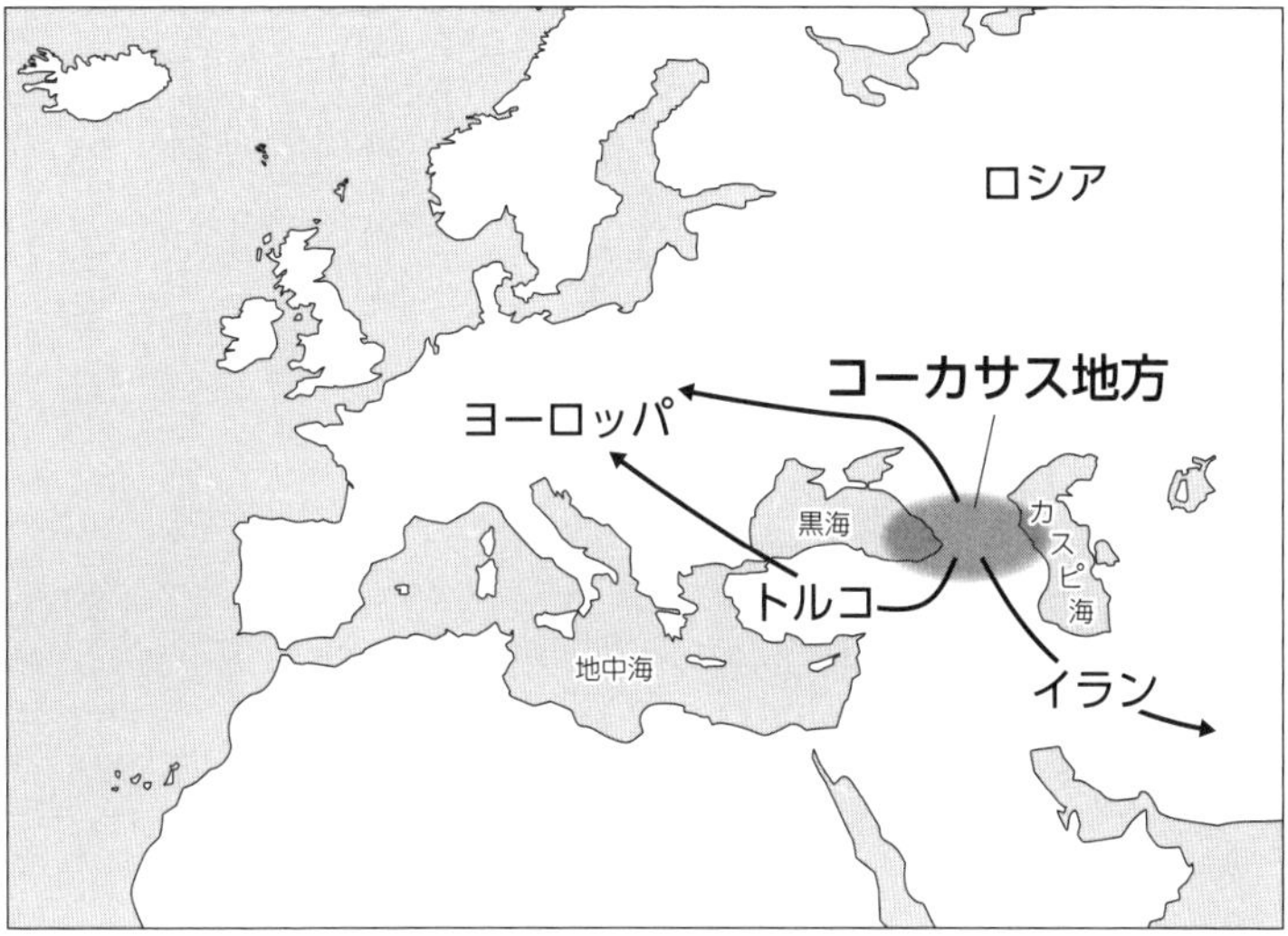

どり着き、ノアの家族たちが現在の人類の始祖となったというのです。

コーカサス地方から派生したノアの子孫たちという意味を込めて、18世紀にコーカソイドという呼び名が生まれました。当初、ノアの子孫たちを白人に限定するというとらえ方があり、コーカソイドは白人を指すものとされていましたが、20世紀に入り、人類学が発展するとともに、アラブ人やインド人なども、これに含まれるようになります。

この「ノアの方舟」伝説からコーカソイドの名を生み出した人物が、ドイツのヨハン・フリードリヒ・ブルーメンバッハ（1752年～1840年）です。彼は、「人類学の父」と呼ばれます。ブルーメンバッハをはじめとするヨーロッパの人類学者たちは、19世紀までコーカサス地方出身の白人こそが人類の原形であり、その他の人種は退化した劣等種であると考えていました。「白人は神に選ばれた人種であり、その証拠として、他のどの人種よりも美しく、知性的である」という類いの論評が頻繁に発表されていました。

最近では、コーカソイドという呼称が歴史的に多くの偏見を含んでいるとして、これを忌避するため、「西ユーラシア人」と呼ぶこともあります。

「語族」とは何か

前述したように、「人種」が遺伝学上の生物学的な特徴による分類であるのに対し、「民族」は言語、文化、慣習などの社会的な特徴による分類です。したがって、民族のルーツを探るためには、彼らが使用する言語とその形成過程を追うことが欠かせません。

「アルタイ語族」や「インド・ヨーロッパ語族」といったような「○○語族（○○語系）」という表記を目にしたことがあるかと思います。「語族」とは、同一の祖先から分かれ出たと考えられる言語のグループのことです。「語族」は各民族が使用する言語系統を示し、民族を言語により把握しようとする分類化手段です。

たとえば、アジアで最も主要な上層カテゴリーとして、「アルタイ語族」や「シナ・チベット語族」というものがあります（その下層には、枝分かれしていく末端カテゴリーが拡がっています）。「アルタイ語族」の系列にはモンゴル人、満州人、トルコ人などがあり、「シナ・チベット語族」の系列には中国人、チベット人、ミャンマー人などがあります。ちなみに、日本人（日本語）が「アルタイ語族」と「シナ・チベット語族」のどちらに属するかは判明していませんが、この2つの語系列の混在したものととらえる説が有力です。

民族の分類を考えるうえで、似た言語を使う複数の民族が共通の祖先から派生したものであるととらえ、そこから血縁関係や民族の血統についても遡及《そきゅう》的に想定することができます。

つまり、言語というものは民族の「歴史的血統書」と位置づけることができるのです。

語族をおおまかに把握する

語族の分類についてはさまざまなとらえ方や学説があり、いまだ定まっていない部分もありますが、それらをおおまかに集約すると、図2-2（次ページ）のようになります。

まず、ユーラシア大陸部、東と西に分けます。東ユーラシアの主な語族としては、アルタイ語族、シナ・チベット語族、オーストロネシア語族、オーストロアジア語族の4グループに大

図2-2　世界の主な語族

東ユーラシアの主な語族（人種：モンゴロイド）

- アルタイ語族　モンゴル人、満州人、トルコ人
- シナ・チベット語族　中国人、チベット人、ミャンマー人
- オーストロネシア語族　台湾、東南アジアの島嶼部
- オーストロアジア語族　東南アジアのインドシナ半島（タイ語族を含めるか諸説あり）

西ユーラシアの主な語族（人種：コーカソイド）

- セム語族　アラブ人、イラク人（メソポタミア人）、ヘブライ人（ユダヤ人）（ハム語族＝エジプト人を含めるか諸説あり）
- インド・ヨーロッパ語族　ヨーロッパ人、小アジア人、イラン人、インド人

その他

アフリカ諸語族、アメリカ諸語族など

別できます。オーストロ（Austro）は「南の」という意味です。ただし、このグループに属さないとされる民族諸派も多くあります。

一方、西ユーラシアではセム語族とインド・ヨーロッパ語族の2つに大別できます。セム語族は、主に中東アラブ人系を指します。

このなかには、ユダヤ人も含まれます。エジプト〜シナイ半島を原住地とするユダヤ人は、もともとアラブ人と密接なつながりをもち、アラブ人と同系の民族とされます。ユダヤ人の容貌として、白人のイメージが強いかもしれませんが、それはローマ帝国の時代以降、ユダヤ人がヨーロッパ各地に移住し、白人と

混血を繰り返した結果であり、ユダヤ人の原形的な容貌はアラブ人に近いのです。

ハム語族＝エジプト人をセム語族に含めるかどうかは諸説ありますが、ハム語族がセム語族に対し、独立した一語族を形成し得るほどの独自性をもっているとはいえない、とする見方が有力です。いずれにしても、ハム語族がアラブ人と近接関係にあることは事実です。セムやハムの名は、『旧約聖書』の「創世記」で登場する同名の2人の兄弟に由来しています。

◆インド人とヨーロッパ人は同族なのか

多くの人がすぐに理解できないのが、インド・ヨーロッパ語族です。高校生のときに世界史を勉強したことのある人が最初につまずくのが、このインド・ヨーロッパ語族ではないでしょうか。「なぜ、インド人とヨーロッパ人が同族なのか」。当然、このような疑問が生ずるにもかかわらず、教科書ではその説明がほとんどなされていません。

インド・ヨーロッパ語族は「アーリア人」とも呼ばれ、もともと中央アジアを原住地としていましたが、紀元前2000年ごろから寒冷化を避けて大移動します。西をめざした多数派は中東からヨーロッパへ、南をめざした少数派はインドへ侵入します（図2-1参照）。

中東地域に入ったインド・ヨーロッパ語族はイラン、小アジアに定住し、長い年月をかけて、今日のようにアラブ化されていきます。一方、ヨーロッパ方面に入ったインド・ヨーロッパ語族はギリシア・イタリアなど地中海沿岸を中心に定住し、ヨーロッパ世界を形成します。

また、インド地域に入ったインド・ヨーロッパ語族は現地のアジア系統の民族と混血し、暑い気候によって肌の色が黒くなり、長い歴史のなかで、われわれがイメージするような「インド人」となります。

図2-3　サンスクリット文字

गंभीर

gaṃ bhī ra

ガービーラ（深）：深い、深遠な

ज्ञा

jñā

ジュニャー（智）：知恵

このように、ヨーロッパ人とインド人はもともと同族であるとする考え方を最初に主張しはじめたのは、イギリスの言語学者ウィリアム・ジョーンズ（１７４６年～１７９４年）でした。ジョーンズが１７８０年代、インドへ調査に赴いたとき、古代インドのサンスクリット語を研究します。そして、ジョーンズはサンスクリット語がヨーロッパの諸言語と類似していることを発見します。たとえば、英語のmotherはラテン語・ギリシア語でmater、サンスクリット語でmatarです。英語のnewはラテン語でnovus、ギリシア語でneos、サンスクリット語でnavaです（ちなみに、サンスクリット文字はアルファベットではないので、ここでは便宜上、発音をアルファベット化しているに過ぎません）。

ジョーンズは、このような語彙や文法の類似点を多く見つけました。ジョーンズは、これらの類似は単なる偶然ではなく、古代インド人とヨーロッパ人が同体系の母語を有していた証拠であると結論づけました。

偶然かどうかは別として、何らかのかたちで輸入借用された可能性もあり、「同体系の母語を有していた」とまで言い切れるのかは大いに疑問です。いずれにしても、ジョーンズの説をもとに、人類学の分野でインド・ヨーロッパ語族という共通の祖語から派生した民族の分類が生み出され、それが一般化していきます。

Chapter 3

「高貴なる」民族

◆「ノアの方舟」伝説には説得力がある？

18～19世紀の学問というのはかなりルーズなところがあり、ジョーンズのような一個人の説が学術上の定説となっていくことがよくありました。ジョーンズの説は仮説のレヴェルに過ぎなかったにもかかわらず、当時のヨーロッパ人には受け入れられやすいものでした。

当時のヨーロッパ人の多くは、前述したように『旧約聖書』の「創世記」にある「ノアの方舟」伝説を共有していました（信じていたとまではいえません）。ノアがたどり着いたコーカサス地方のアララト山から人類が派生していく、という聖書の記述です。コーカサス地方をはじめとする南ロシアは、地図を見ればわかるとおり、中東～ヨーロッパへのルートとインドへのルートの真ん中にあります。コーカサス地方にいた人々が、この2つの方面へと移動して分かれます。この2つの分派が、「もともとは1つの母語体系を有していた」とするジョーンズの説と、地理的な点でも、聖書の記述と合致するのです（図2-1参照）。

ジョーンズの時代以降、南ロシアから派生したインド・ヨーロッパ語族という民族の存在が説得力をもって浸透していきます。今日の教科書でも、「インド・ヨーロッパ語族は南ロシアを原住地として、そこからイランやヨーロッパ、インドへ拡散した」と説明されるのです。

いまや定説となっているこうした説明は、当時の学術上の受容経緯からして、疑わしいといわざるを得ません。そもそも、「南ロシアを原住地として、拡散した」という決定的な証拠はどこにもありません。その意味では、インド人とヨーロッパ人が同系の民族だったという説明に対し、「そんなバカな」と思うわれわれの常識的な感覚が通用するのかもしれません。

しかし、インド・ヨーロッパ語族に属するヨーロッパ人、小アジア人、イラン人、インド人は、前述の古代サンスクリット語の例にもあるように、それぞれの言語が互いに似ているという事実があります。したがって、これらの民族が同源であったということを否定することもできません。やはり、定説は定説なのかもしれません。

世界を支配したインド・ヨーロッパ語族

インド・ヨーロッパ語族は「アーリア人」とも呼ばれます。「アーリア」というのは「高貴な」

図3-1 アーリア人の他民族支配

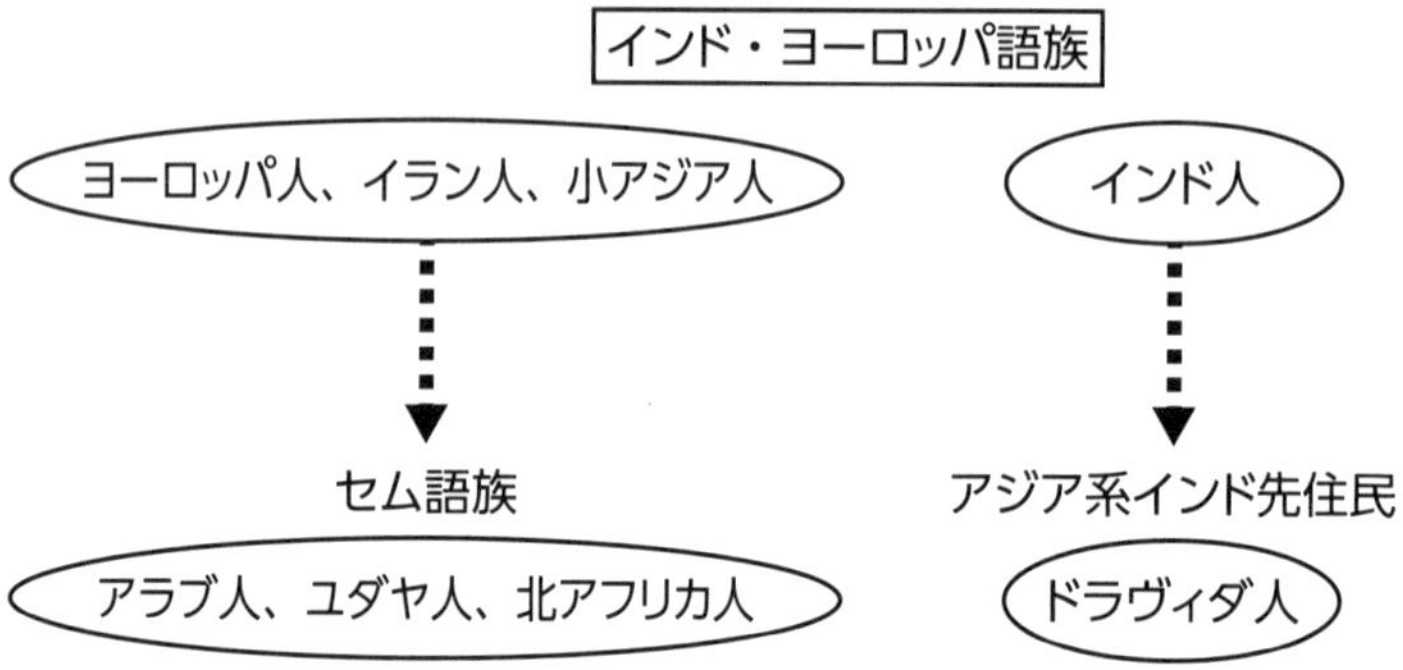

という意味であり、ペルシア語（イラン語）では「ariia」、サンスクリット語では「ārya」と表記されます。「イラン（アーラン）」は「アーリア人の国」を意味し、その言葉のとおり、アーリア人がイランにつくった国が「イラン（高貴なる者の国）」です。

このように、「イラン」というのは地名を表わすものではなかったため、「ペルシア」という地名を表わす国名が古代から一般的に使われていました。ペルシアは「騎馬者」という意味のパールス（Pârs）を語源にしており、「騎馬者たちの住む地域」という意味で「ペルシア」という呼称になります。

インド・ヨーロッパ語族は他の民族と比べ、自分たちを「高貴なる者」とし、自分たちの優位性を主張しました。彼らはその「優位性」によって、中東でセム語族＝アラブ人たちを支配し、インドではアジア系インド原住民であるドラヴィダ人を支配しました。

紀元前15世紀ごろ、インド・ヨーロッパ語族は当時のハイテクであった鉄器をもって、中東オリエントに移動します。小アジア（アナトリア半島）からイランに渡り、ヒッタイト王国などの強大な王国を建国し、セム語族の古バビロニア王国を滅ぼします。その後、インド・ヨーロッパ語族とセム語族の覇権争いが続きますが、紀元前6世紀ごろ、インド・ヨーロッパ語族のアケメネス朝ペルシアが中東オリエントを統一し、大帝国を築き上げます。

南へ向かったインド・ヨーロッパ語族は紀元前1500年ごろ、インド先住民ドラヴィダ人を征服します。彼らは先住民を支配するため、厳しい身分制度を敷きます。これが、有名な「カースト制」の始まりです（後段で詳述します）。

◆民族主義者に利用された「アーリア人」

アーリア人の呼称は、古代史のなかで使われる古い「歴史用語」であったのですが、19世紀になり、この呼称が再び使われるようになります。当時、オリエンタリズム（東方趣味）が流行するなか、「アーリア人」という言葉がその神秘的な響きと相俟って、大きな注目を浴び、しだいにオカルト的な意味合いをもつようになります。ヨーロッパ諸民族の祖先としてのアーリア人を崇《あが》めるという風潮が、民族主義者たちの間で強まります。

20世紀、このオカルト的な意味でのアーリア人をフルに利用したのが、ヒトラーのナチスです。ナチスは、南ロシアからロシア経由で東ヨーロッパ地域に入ったインド・ヨーロッパ語族を他の「劣等民族」との接触がなく、純血を保っているとして、「純粋アーリア人」としました。ナチスは「純粋アーリア人」の容貌の特徴として、白い肌、青い目、金髪といういわゆる白人の特徴（ブロンディズム）を挙げています。これに加えて、ナチスは後頭部の湾曲の膨らみが大きいのがアーリア人の特徴で、頭蓋骨の形を測定することによって、アーリア人であるかどうかを区分できるとしていました。

われわれ日本人をはじめ、アジア人は後頭部が扁平であるのに対し、白人は後頭部が出っ張っている傾向があります。ナチスは、後頭部の美しい膨らみをアーリア人が維持するためには、決して他の民族と混血すべきではないと主張していました。ユダヤ人かどうか疑わしい者は「プラメートル」という測定器で頭蓋骨の形状を調べ、後頭部が一定の数値以上に膨らんでいなければ、強制収容所送りとしました。

しかし、ナチスのいうアーリア人の容貌の特徴にしたがえば、ヒトラーは黒髪、黒眼で後頭部も扁平であるため、アーリア人ではないことになります。民族主義政策を推し進めた責任者のハインリヒ・ヒムラーも、黒髪、黒眼、扁平です。

ナチスの党章である「卍（鉤《かぎ》十字）」も、アーリア人と関係があります。「卍」は古代アーリア人が太陽のシンボルとして使い、神や幸運を表わすものとなります。「卍」は古代サンスクリット語で「スヴァスティカ（Svastika）」と呼ばれていました。ヒトラー自身が、この「卍」をナチスの党章とすることを決定しています。

古代アーリア人が使った「卍」はその後、洋の東西を問わず、神や幸運のシンボルとして、神殿や寺院などに用いられるようになります。日本では、寺院を表わす地図記号としても使用されています。

ヒッタイト王国の消滅で流出した製鉄技術

アーリア人であるインド・ヨーロッパ語族が、古代から他の民族と比べ「優位性」をもっていたことは事実です。その優位性として、以下の2点を挙げることができます。「鉄器」と「貨幣」です。

インド・ヨーロッパ語族が小アジア～中東地域に建てた国がヒッタイト王国です。ヒッタイト王国は、炭を利用して鉄や鋼を製造していました。彼らが化学的知見を豊富に有していたことをうかがわせます。ヒッタイト王国は、その高度な製鉄技術を国家機密としていました。

一方、インドへ移動したインド・ヨーロッパ語族は鉄器をもっておらず、彼らの武器は青銅器でした。つまり、小アジア～中東地域に移動した一派だけが製鉄技術を開発したのです。その後、ヒッタイト王国が紀元前1190年ごろに滅ぶと、製鉄技術が周辺民族に漏れ、全世界へと伝播していきます。

貨幣を生み出したのも、インド・ヨーロッパ語族です。紀元前670年ごろ、アナトリア半島（小アジア）のリディア王国は、エレクトロン貨と呼ばれる史上初の硬貨を鋳造しました。中国で鋳造貨幣が現われるのは、リディア王国よりも約200年遅れの紀元前5世紀ごろです。

貨幣が生まれた理由として、インド・ヨーロッパ語族のリディア人が優秀であったということよりも、以下のような地政学的な要因が大きいと思われます。まず、アナトリア半島には砂金を豊富に産出する鉱山や川があったこと。次に、アナトリア半島が中東オリエントの交易圏とギリシア・ローマの地中海交易圏をつなぐ中間地点にあり、これらの交易圏における取引の国際決済地でもあったこと。そして、その決済機能を十全に果たすために、貨幣が生み出されました。

ただ、貨幣という決済機能に着目し、それを積極的に構築したのはリディア人であることも事実であり、その意味において、彼らは経済能力に長けていたといえるかもしれません。

アーリア人は他民族の文字をパクった

アーリア人は、文字においては必ずしも「優位性」をもっていません。前述のサンスクリット語とその文字は、インド・ヨーロッパ語族の固有のものです。しかし、サンスクリット語はインドへ移動した一派だけのものであり、西側へ移動した派、つまり小アジア〜中東地域に移動した一派、さらにはギリシア〜イタリアなどのヨーロッパへ移動した一派は、彼ら独自の文字をもっていませんでした。彼ら独自の言語はあったのですが、それを表わす文字がなかったのです。

西側へ移動したインド・ヨーロッパ語族は、鉄器や貨幣を生み出した先進的な一面をもつ一方、文字ももたないような野蛮な一面もあったということを忘れてはなりません。

文字をもたない彼らは、セム語族が使っていた楔形《くさびがた》文字を借用（悪くいえば盗用）します。インド・ヨーロッパ語族はセム語族の楔形文字を基礎として、ペルシア文字を形成しています。

セム語族の古バビロニア王国の6代目の国王ハンムラビは紀元前18世紀、メソポタミア（イラク）を統一し、「目には目を、歯には歯を」で有名なハンムラビ法典をつくります。このハンムラビ法典は楔形文字で記されています。このように、セム語族は非常に先進的な文字文化をもっており、この分野において、インド・ヨーロッパ語族よりも優位性を誇っていました。さらに、天文・暦法においても、セム語族はすぐれていました。

セム語族のフェニキア人はシリア沿岸の都市シドンとティルスを建設し、地中海貿易で稼ぎ、莫大な富を蓄えていました。フェニキア人はセム語族のなかでも最も先進的で、すぐれた文字文化をも有していました。

彼らのフェニキア文字を借用したのが、インド・ヨーロッパ語族のギリシア・ローマ人でした。ギリシア・ローマ人は、フェニキア文字を基礎に、現在のアルファベットのもとをつくり出していきます。アルファベットは、もともとヨーロッパ人固有の文字ではなく、セム語族＝アラブ人の文字から生み出されたものなのです。

ギリシア・ローマ人ら原始ヨーロッパ人は、自分たちで独自の文字をつくることができるような言語文化をもっておらず、その意味では非常に後進的でした。インド・ヨーロッパ語族の諸民族は「アーリア＝高貴なる者」と自称しましたが、必ずしも他の民族と比べ、優秀だったとはいえない部分があるのです。

第2部

東アジアと日本

Chapter 4

ハイブリッド人種「中国人」の正体

◆日本人は「半中国人」？

中国では、ごく簡単な英語も通じないため、苦労します。私も、タクシーに乗って「airport（エアポート）」と言っても通じず、紙に「空港」とか「飛行機場」と書いて運転手に見せ、ようやく通じたことがありました。

漢字の筆談によって、中国人とたいていのコミュニケーションをはかることができます。複雑な話でも、漢字を書き合えば意味が通じます。こういうとき、われわれ日本人のルーツが中国にあるんだなということを実感します。漢字や儒教など、中国で生まれた文化や伝統の基礎の上に、われわれの今日がある。これは、紛れもない事実です。

古代中国は黄河流域から発祥し、黄河文明を形成します。この文明が発展し、紀元前16世紀に殷《いん》王朝が現われます。殷王朝は現在確認されている最古の王朝で、漢字がつくられたのも、この王朝です。漢字は南方の長江流域にも普及し、黄河と長江にまたがる南北の巨大な言語文明圏を形成していきます。

もともと、長江流域は黄河流域とは異なる社会・文化を有し、民族系統も異なっていました（東南アジア系民族が多かったのです）。しかし、漢字の普及が両地域の共通の言語基盤となり、中国というものの原形を生み出していきます。

このように、中国とは漢字を使う諸民族とその領域・社会・文明を指すもので、文字や言語の関係を規定する概念であるということができます。

この概念に照らせば、日本人は漢字とひらがなを半々に使う「半中国人（?・）」といえるでしょう。また、漢字を使用していた朝鮮人は15世紀にハングル文字を開発して「朝鮮人」になろうとしたのであり、それまでは実質的に中国文明の一部として、政治的にも文化的にも中国と区別することはほとんどできませんでした。実際、中国の王朝は朝鮮を中国の一部、あるいは属国と見なしていたのです。

また、北方のモンゴル人などの遊牧民で、漢字を使い、中国文明に同化した人々は中国人となることができました。

中国人とは多民族の集合・混合（ハイブリッド）であり、それぞれの民族の顔つき、風習、気質は異なっていても、漢字という共通の言語基盤をもつ集合です。人間が社会というものを形成するときに、言語が出発点となり、言語によってまとめられ、言語によって発展するということ、つまり人間社会と言語の関係がいかに密接であるかということを理解することができます。

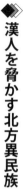

◆漢人を脅かす北方異民族

中国人という呼称に対し、漢人（漢族）という呼称があります。一般的に、漢人は純粋な中国人を指すとされます。中国はモンゴル人、チベット人、トルコ人などを含む多民族国家であることは、よく知られています。

図4-1のように、中国国家統計局は中国の現在の人口構成の92％を漢人（漢族）としていますが、これは実態とは異なります。そもそも、長い歴史のなかで漢人は周辺の他民族と混血を繰り返し、純粋な漢人はすでに存在しないからです。漢人の純粋な血が保たれていた時代は、せいぜい三国志時代の少し後の4世紀くらいまでであり、それ以降は周辺民族との混血が一気に進んでいきます。

有史以来、北方異民族の匈奴《きょうど》などのモンゴル人は中国に頻繁に侵入し、略奪を行なっていました。黄河流域で農耕を営む漢人は、北に隣接するモンゴル人の脅威に常にさらされていまし

図4-1　中国の民族分布

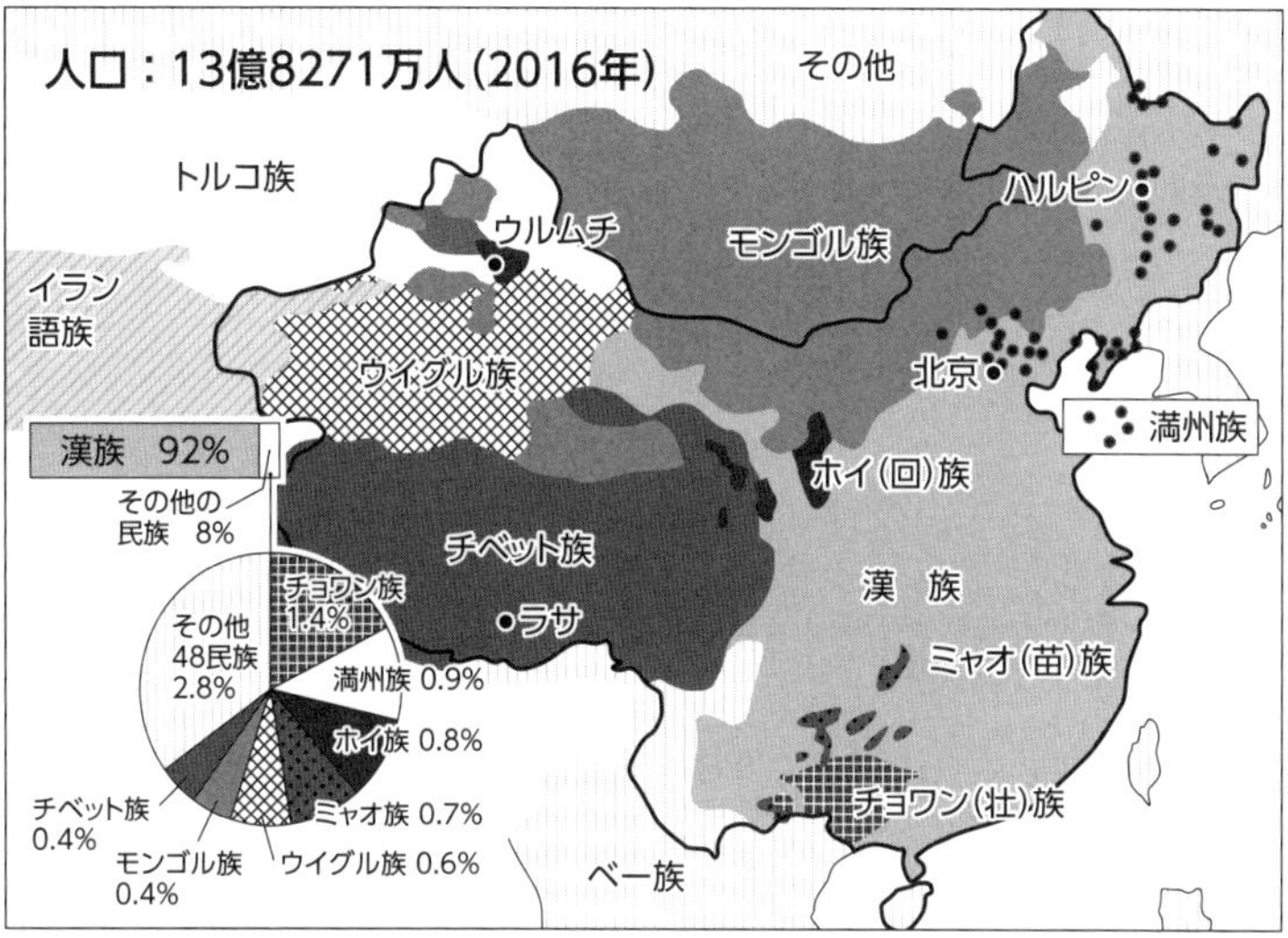

出典：中国国家統計局

た（農耕民族が狩猟民族に襲われるのは避けられないことであり、全世界共通です）。

中国の歴代皇帝にとって、北方異民族を抑えることは最重要課題でした。紀元前2世紀、漢王朝の武帝は巨額の軍事費を投じ、モンゴル人の匈奴を討伐しました。武帝の討伐は徹底したものであったので、モンゴル人たちは500年間、立ち上がることができず、息を潜めていました。その期間、中国では三国志の動乱が起き、国内は疲弊しました。

三国志の諸葛亮《しょかつりょう》のライバルとして有名な司馬懿《しばい》、その孫の司馬炎《えん》により晋《しん》王朝が建国され、280年、天下が統一されます。戦乱の時代は終わるかに見えましたが、晋は政権の基盤が脆弱《ぜいじゃく》で内乱が多発し、316年には早くもモンゴル人の匈奴の侵入で滅びます。中国全土の疲弊と荒廃が限界に達したとき、力を蓄えていたモンゴル人たちが襲いかかったのです。

◆晋の滅亡とハイブリッド人種の誕生

滅ぼされた晋は江南（中国南部）に逃れ、晋の後継国である東晋《とうしん》を建国しました。華北（中国北部）ではモンゴル人やチベット人などの異民族が割拠します。

モンゴル人たちは華北を支配し、386年に北魏《ほくぎ》を建国します。これ以降、華北のモンゴル人の王朝と江南の漢人の王朝が並行して存在する南北朝時代（6世紀末まで）となります。この期間、華北のモンゴル人たちは中国化政策を行ない、モンゴル人の文化・風習を捨て、漢字を使い、中国文化を取り入れ、中国人との婚姻を進め、わずか100年で華北に侵入したモンゴル人は中国化されました。

こうして大量に生み出された新しい混血人種は、中国の新たな支配者層として大きな力をもち、北方のモンゴル人をもしたがえて、モンゴル人と中国人の融和を図り、華北からモンゴル地域にわたる巨大な勢力圏を形成しました。その勢力は、長江流域の江南をも呑み込み、のちに隋《ずい》や唐《とう》といった統一帝国をつくり上げていきます。

春秋・戦国時代以来、鉄製農具の開発をはじめとする農業技術の発展により食糧が増産されて、中国の人口は増大しました。前漢の1世紀には人口は約6千万人に達しています。しかし、後漢末から三国志の動乱時代の3世紀に人口は急減し、推定で1千万人程度にまで減少したと見られています。三国志時代というのは、戦争、疫病、飢餓に見舞われた悲惨な時代であったのです。

図4-2 魏晋南北朝時代

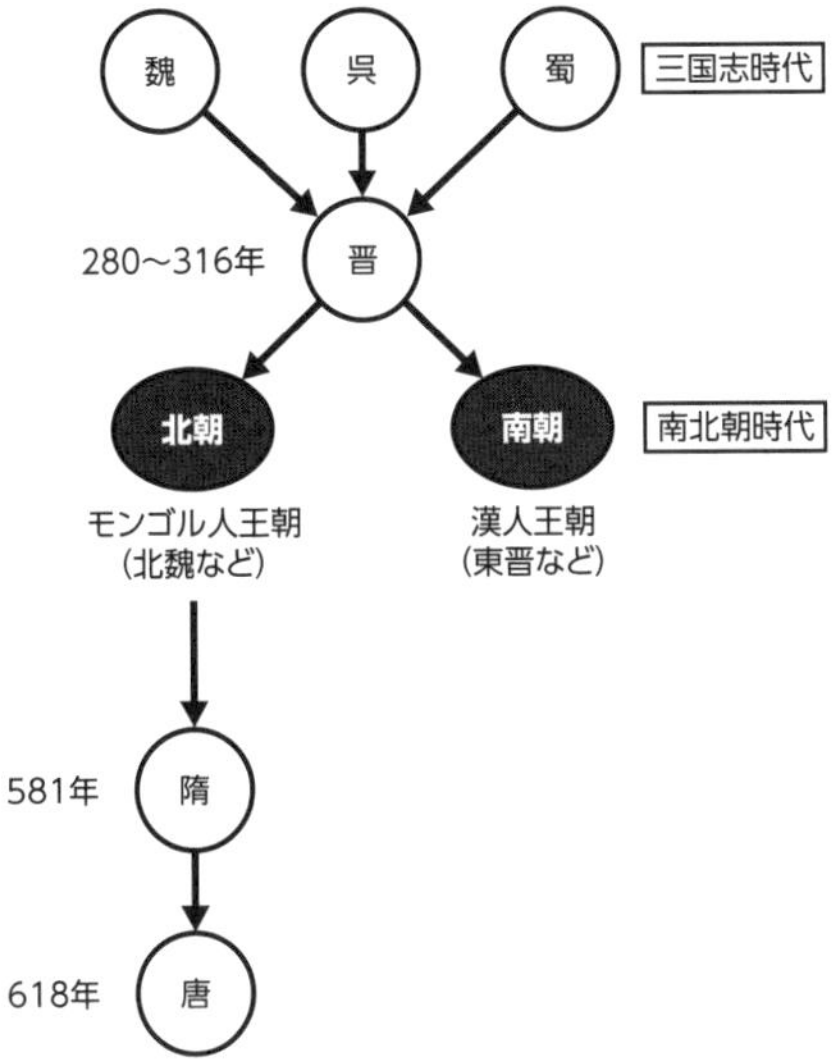

280年、晋が中国を統一したとき、人口は1千6百万人程度に回復しますが、モンゴル人などの北方異民族の侵入で再び動乱の時代に入り、人口が急減します。この動乱の時代に1千万人の人口が失われ、華北に居住していた多くの漢人が動乱を避け、江南に数百万人の規模で移住しました。

代わりに数百万人の規模で北方異民族のモンゴル人、チベット人が華北に移り住み、4世紀から5世紀にかけて、漢化政策により漢人との混血が進み、華北の「漢人」はかつての漢人とは人種の異なる新たなハイブリッドな人種となります。

中国は漢人という枠組みを超えて、それ自体がきわめて複合文化的な様相を帯びるようになったのです。

現在の中国政府が主張するような、「人口構成の92%が漢人（漢族）」とする根拠はどこにもなく、彼らの多くは実際には中世の時代にハイブリッド化された漢人（＝中国人）というべきでしょう。

◆北魏の激烈な婚姻政策

三国志時代～晋王朝の時代を経て、4世紀末、モンゴル人は華北に北魏という王朝をつくります。北魏の支配者層は中国の先進性に大きく感化されていきます。モンゴル高原で放牧の生活を送っていた彼らにとって、中国のきらびやかな文化は憧れの的でした。

5世紀、北魏の全盛時代を担った孝文帝《こうぶん》も中国文化の崇拝者でした。孝文帝は自らのモンゴル文化を野蛮として否定し、胡服《こふく》（モンゴル服）やモンゴル語も禁止して中国語のみを使用させて、漢人を積極的に登用し、中国的な中央集権の律令制（官僚制）を整備し、軍事力を増大させます。

また、モンゴル人と漢人の区別をなくすため、両民族の婚姻を奨励します。この婚姻政策というのは、具体的には激烈なものでした。漢人の若い女たちは有無を言わさず、その家族から引き離され、モンゴル人の男の妾《めかけ》にされました。そのなかには若妻もおり、漢人の夫から強引に奪い取られました。モンゴル人の男は、何十人もの漢人の妾をもっていたといいます。

モンゴル人の女は、漢人の男に嫁がされました。つまり、同族の結婚がほとんど許されないような状況だったのです。ちなみに、当時、モンゴル人に対して漢人の人口は数十倍ありましたから、モンゴル人の女は漢人の男のすべてに行きわたりません。漢人の男たちは、たいへんだったでしょう。

こうした孝文帝の徹底した漢化政策に対し、モンゴル人は自分たちのアイデンティティが損なわれると反発し、モンゴルの豪族が反乱を起こしています。いずれにしても、孝文帝の漢化政策により、モンゴル人と中国人との混血が進みます。

歴代中国王朝は漢人の王朝ではない

一方、モンゴル人の支配を嫌った漢人は江南地域へと移住します。彼ら漢人は、民族の純粋

図4-3　中国主要統一王朝の民族

王朝	建国者	氏族名	民族	建国時期
秦	始皇帝	趙氏	漢人	紀元前３世紀
漢	劉邦	劉氏	漢人	紀元前２世紀
晋	司馬炎	司馬氏	漢人	３世紀
隋	楊堅	楊氏	モンゴル人鮮卑族	６世紀
唐	李淵	李氏	モンゴル人鮮卑族	７世紀
宋	趙匡胤	趙氏	トルコ人沙陀族	10世紀
元	フビライ	ボルジギン氏	モンゴル人	13世紀
明	朱元璋	朱氏	漢人	14世紀
清	ヌルハチ	愛新覚羅氏	満州女真人	17世紀

さを保ちながら、江南に漢人社会を形成し、「六朝文化《りくちょうぶんか》」と呼ばれる漢人の優雅な文化を隆盛させます。

しかし、華北から移り住んできた渡来勢力と江南にもともと住んでいた土着の氏族勢力とが激しくぶつかり合い、統制がとれない状況が続きました。強固な発展を遂げた北朝（北魏など華北の王朝）に対し、南朝（江南の漢人王朝）は政治的に脆弱でした。

南北朝時代の末期には南北それぞれ人口も増大し、１千５百万人ずつと拮抗しますが、政治・軍事において統制がとれていた北朝が南朝を吸収するかたちで、５８１年に隋が建国され、南北統一が果たされます。統一後、江南でもモンゴル人と漢人の混血が進みます。

隋の建国者の楊《よう》氏も唐の建国者の李《り》氏も、北魏と同じ鮮卑《せんぴ》族というモンゴル人の出身とされています。隋や唐という中国を代表する王朝が漢人の王朝ではないということに対し、中国人史家のなかにはこれを否定する見解をもつ人もいるようですが、日本の中国史家の宮崎市定《いちさだ》氏が隋・唐が鮮卑系であるとの見解を戦時中に発表して以降、この見解が世界の学界の定説となっています。高校の世界史教科書でも、この見解を取り上げています。

そうすると、中国の主要統一王朝「秦《しん》→漢→晋→隋→唐→宋《そう》→元《げん》→明《みん》→清《しん》」のうち、いわゆる漢人がつくった統一王朝は秦、漢、晋、明の4つしかありません。中国はその歴史上、長期にわたり、異民族王朝によって支配されていたのです。

Chapter 5

「支那」が差別語ならば「中華」はどうなる？

◆民族の「血」の濃淡

中世の中国王朝の隋と唐は、前章でも述べたように、モンゴル人鮮卑族がつくった王朝です。隋と唐は「科挙《かきょ》」という官僚登用制度を整備しました。科挙は筆記試験の点数で合否を決めるオープンな登用制で、コネや地盤のない民衆にもチャンスが与えられました。科挙は孔子の教えである儒教や詩作を主な試験科目にしており、合格した大半の者が儒学や詩作に長けた江南の漢人でした。隋・唐は科挙を実施し、有能な漢人を大量に登用することで南部の支持を得て、南北協調の政治的な枠組みを構築しようとしました。

一方、これと逆のケースもありました。14世紀、漢人の朱元璋《しゅげんしょう》はモンゴルの元王朝を追い出し、明を建国しました。江南の南京から興った明は華北を統一した後、華北の知識人を懐柔するため、科挙を実施します。ところが、蓋を開けてみると、科挙の合格者のほぼ全員が江南の出身者でした。

不正を疑った朱元璋は、自ら試験官の調査に乗り出します。徹底した調査にもかかわらず、不正の痕跡は見つかりませんでした。そして、華北出身者の答案が江南出身者の答案よりも格段劣っていたということだけが明らかになりました。

中世以来、華北はモンゴル人などが侵入を繰り返し、異民族の血が多く入っていました。これに対し、江南は漢人の血が比較的、濃かったのです（混血は進んでいました）。

元王朝の時代、北京に首都が置かれ、華北一帯は経済が飛躍的に成長し、先進的な国際文化が栄えました。学問研究なども北京に集中していました。それにもかかわらず、科挙では華北出身者が高得点をとれませんでした。なぜでしょうか。

科挙試験は儒教や漢詩に関する理解を問うもの、つまり中国文化の素養を問うものです。漢人の血が濃い江南出身者が高得点をとり、漢人の血が薄い華北出身者がそれにおよばなかったというのは、当然の結果です。

明で実施された科挙は、中国の北部と南部における民族の血の濃淡を如実に表わすものとなったのです。朱元璋をはじめ、明の支配者層は、この結果をまったく想定していませんでした。朱元璋はこれ以降、儒教（朱子学）を国教化し、漢人の文化精神が全国津々浦々に行きわたるよう、教化政策を徹底します。

朱元璋が行なった「漢文化ルネサンス（復興）」とともに、漢人や漢文化という民族意識が再確認されていきます。

◆「支那」は差別語なのか

「支那《シナ》」という言葉は、中国という言葉よりも時間的にも空間的にも広い意味を含んでいます。中国という言葉は、一般的には「中華人民共和国」の略称であり、1949年、毛沢東《もうたくとう》によって建国され、今日まで続いている現国家を指すものです（もともとは、孫文《そんぶん》の「中華民国」の略称です）。

一方、支那は各時代の王朝・政権を超えた総称的な意味をもち、また各時代の王朝・政権の統治下にあった諸民族をも含みます。一部の論者は支那にはチベット人やウイグル人、モンゴル人は含まれないとしていますが、その用法は誤りです。

時空を超越した「大中国」という意味すらもつ支那という言葉ですが、差別語であるとされることが多く、最近はほとんど使われません。石原慎太郎氏が1999年に行なわれた東京都知事選の演説で中国を支那と呼び、問題にされたことを記憶している人もいるでしょう。その際、石原氏は「孫文も支那と言っているのに、なぜ日本人が言うと差別になるのか」と憤り、反論しています。

本来、支那という言葉に差別や蔑称としての意味合いはありません。むしろ、支那は尊称といってもよいかもしれません。支那は初代王朝の秦を語源とするもので、英語の「China（チャイナ）」にも通じ、仏典用語としては「思慮深い」という意味をもつ雅語でもあります。

では、なぜ支那という言葉が差別語ととらえられるのでしょうか。中国人の主張によると、支那は戦前、日本人が中国の蔑称として使っていたとされます。また、中華人民共和国（＝中国）という正式名があるにもかかわらず、あえて支那という昔の呼称を使うのは、侮蔑の意味が込められているとされます。さらには、多くの右派言論人が実際に侮蔑的な意味を込めて支那と呼んでいることも、大きな理由かもしれません。

いずれにしても、相手の嫌がる呼称をわざわざ使う必要はないでしょう。しかし、南シナ海や東シナ海という表記・呼称については、それらを使わざるを得ません。たとえ中国が嫌がっているとしても、それらの呼び方はわれわれ日本人にとって定着したものであり、呼び方を変えると混乱を生じさせ、実害を被るからです。ちなみに、中国は南シナ海を「南海」と呼び、東シナ海を「東海」と呼んでいます。

◆「中華思想」とは何か

しかし、あえて中国という呼び名を使うべきではないと主張する識者もいます。彼らは支那が差別語というならば、中国はそれ以上の差別語であると指摘します。中華人民共和国の「中華」は、いわゆる「中華思想」の「中華」だからです。

「華」というのは文明のことであって、漢人は文明の「中」にいる民族、すなわち中華であり、周辺の他の民族は文明の「外」にいる夷狄《いてき》（野蛮人）であるとされます。このように、中華という言葉の背景には他民族を侮蔑する主張があるため、中華を表わす中国という国号を使用することはできないと反発する識者がいるのです。

そもそも、中華を国号にするという発想を最初に打ち出したのは、革命家の章炳麟《しょうへいりん》でした。1911年の辛亥《しんがい》革命で清王朝が倒れ、翌年、南京において臨時政府が成立します。この臨時政府による新国家の国号を何とするか、さまざまなアイデアが出されました。中国の伝説の古代王朝である夏《か》王朝の名をとって「大夏」や「華夏」とするものや「支那」などの案が出ましたが、最終的には章炳麟が提案した「中華民国」が採用されました。臨時大総統となった孫文も、この新しい国号を気に入ったそうです。

そして、中華民国の名を引き継ぐかたちで、毛沢東らが中華人民共和国という名を考案しました。

中華という言葉は、唐の時代に編纂された歴史書『晋書《しんじょ》』などにも使われていますが、この言葉を概念として定着させ、一般化させたのは宋王朝の司馬光《こう》です。

司馬光が編纂した『資治通鑑《しじつがん》』（1084年完成）は全294巻の大歴史書で、編纂のための史局が設置され、宋王朝の全面的援助を受けて完成しました。時の皇帝神宗《しんそう》が「為政に資する鑑《かがみ》」と賞して、『資治通鑑』というタイトルになったのです。

「中華思想の父」と呼ぶべき司馬光。司馬光は歴史家であると同時に、宰相にまで登り詰めた大物政治家でもあった

司馬光は、この『資治通鑑』のなかで君主と臣下のわきまえるべき分を説く「君臣の別」や、漢人（華）の周辺異民族（夷）に対する優位を説く「華夷の別」を主張しています。「華夷の別」とともに、文明の「華」のなかにいる漢民族が歴史的に果たす使命というのは何かという「中華思想」が全面的に展開されます。

高度な文化を擁する漢人は、憐れな周辺蛮

族に施しを恵んでやる寛容さも時には必要であるということが記述され、周辺民族をかなりバカにした内容となっており、同時に極端な民族主義を誇張しています。そのなかで、日本や朝鮮などの東方の国は「東夷《とうい》」と呼ばれ、周辺の野蛮人の一派に位置づけられています。

南宋《なんそう》時代、朱子学を大成した朱熹《しゅき》は司馬光の『資治通鑑』を称賛し、これをもとに『資治通鑑綱目』を著し、大義名分論を展開して、中華思想が儒学の世界観のなかに統合されるにいたります。

異民族王朝で中華思想が形成された謎

宋王朝は中華思想を推し進めるため、司馬光だけでなく、他の歴史家・学者も積極的に支援し、その論理の体系化を図ろうとしました。欧陽脩《おうようしゅう》もその1人で、歴史書『新唐書《しんとうじょ》』『新五代史』を著し、『資治通鑑』と同じく華夷の別を明らかにし、中華思想を論じています。

宋王朝は民族主義を政治的に利用し、政権の求心力を高めようとしました。ところが、この宋王朝は実は漢人のつくった王朝ではありません。トルコ人「沙陀《さた》族」のつくった王朝です。

宋王朝は、文治主義という非軍事外交で異民族と宥和《ゆうわ》していく政策で知られるため、漢人の王朝と誤解されることが多いのですが、実はそうではありません。

唐王朝が滅んだ後、その混乱の隙を突いて、923年、トルコ人（突厥《とっけつ》）の李存勗《りそんきょく》が後唐《こうとう》を建国します。宋王朝の建国者の趙匡胤《ちょうきょういん》ら趙氏一族は、後唐の近衛軍の将官や武将でした。トルコ人王朝の後唐の要職にあった趙氏一族もやはり、トルコ人であるとされます。また、趙匡胤は騎射に秀でており、暴れ馬を乗りこなしていたとするエピソードもあって、トルコ人遊牧民の血統を継いでいると見られます。

では、トルコ人王朝の宋が、なぜ漢人の中華思想を奨励したのでしょうか。趙匡胤は自らの出自を隠し、自分は前漢の名臣の趙広漢《こうかん》の末裔であると称し、漢人であると主張していました。

宋王朝の建国者、趙匡胤。トルコ人沙陀族の出身とされる

これについて、江戸時代の日本の儒学者の林羅山《はやしらざん》は「蜀《しょく》の劉備《りゅうび》が中山靖王《ちゅうざんせいおう》の末裔と称したり、趙匡胤が趙広漢の末裔だと称したりすることは、系図が切れているため疑わしい。同様に、戦国武将たちが自分は貴人の末裔だと称していたことも疑わしい」と述べています。

趙匡胤の主張には何の根拠もありませんでしたが、自分が漢人であると主張することにより、多数派の漢人の共感を得ようとしました。

◆中華思想の誕生、その皮肉と矛盾

趙匡胤が建てた宋王朝は政権基盤が弱く、当時、強大化していたモンゴル人の契丹《きったん》族に軍事的に対抗することができませんでした。そこで、多額の金銭をモンゴル人に毎年、貢納することによって和平を請い、宥和関係を築きます。これが有名な「文治主義」と呼ばれるものです。中国王朝が異民族に和平を請うということは、大きな屈辱でした。この屈辱の実態を粉飾するために、中華思想がその役割を派手に与えられていくのです。文明人である漢人が未開の野蛮人を寛大に許し、施しを与えるという構図が繰り返し強調され、異民族への貢納は貢納とされず、「施し」とされました。宋王朝を「兄」とし、契丹族を「弟」とする取り決めによって、「兄が弟を助ける」という名目も導き出されたのです。

こうした関係は西方のチベット人にも適用されて、やはり宋王朝はチベット人にも多額の貢納金を払い続けました。

一方的にカネを貢ぐというあり得ないような国家的屈辱に対し、当然、批判と憤慨が沸き起こります。それらをかわすための巧妙な弁明が必要とされました。その弁明は、屈辱を屈辱としないような、発想を大きく転換させる仕掛けを内蔵したものでなければなりませんでした。そして、でき上がったものが中華思想だったのです。

司馬光や欧陽脩らによって形成された思想の論理体系は巨大なものであり、学識者は皆、これにひれ伏しました。極端な民族主義を掲げる中華思想は、当時の宋王朝の失われたプライドをカバーするに充分なものであったのです。

中華思想は優位性の喪失から生じた「虚構の優位性」であり、その思想の形成過程において、大いなる皮肉と矛盾が胚胎《はいたい》されていることをよく認識しておかねばなりません。

Chapter 6

日本人は朝鮮人の血を受け継いでいるのか

◆「文明」は朝鮮半島からやってきた？

小中学校の歴史の授業では、「渡来人が朝鮮半島から日本にやってきて、高度な文明を伝えた」と習います。われわれはこのことから、何となく、古代においては「朝鮮＝高」、「日本＝低」というイメージをもっています。しかし、このイメージは間違っています。

たしかに、弥生時代後期（2～3世紀）に製鉄技術や建設技術が中国から朝鮮半島経由で伝来していますが、当時の日本は独自の高度な技術を有していました。すぐれた冶金《やきん》技術で、大型銅鐸《どうたく》や精巧な銅器を鋳造したり、１４００～１５００℃の高温の炉でガラスを製造していました。

古墳時代（4～7世紀）における前方後円墳などの陵墓の建設も、渡来人から伝わった文化という俗説がありますが、そうではありません。仁徳《にんとく》天皇陵（大仙陵古墳）をはじめとする前

図6-1　朝鮮半島と前方後円墳分布地域（５世紀後半〜６世紀）

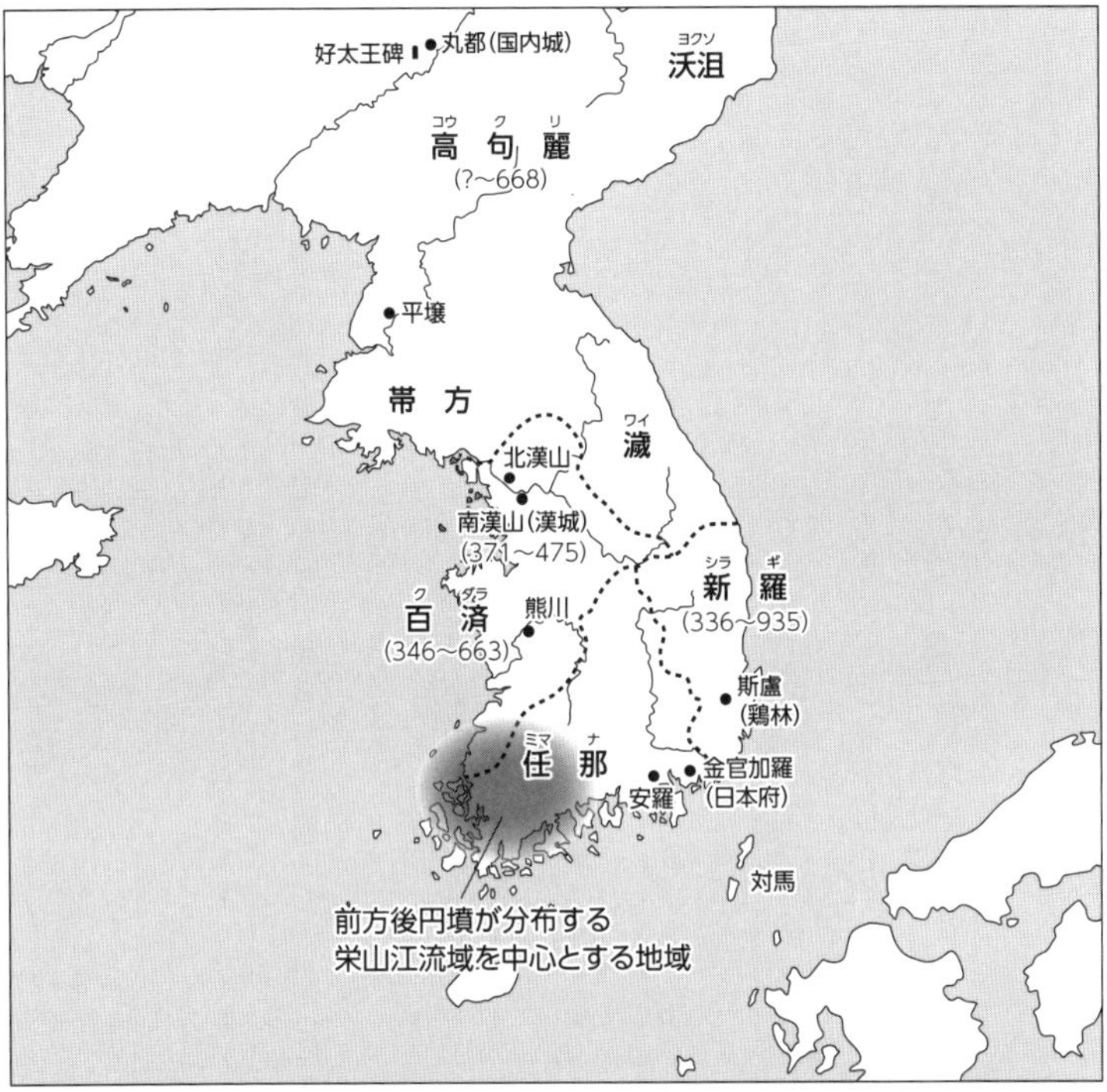

かつて、前方後円墳は朝鮮から日本に伝わったとされていたが、今日の調査で、建設時期が明らかになり、日本から朝鮮に伝わったことが判明している

方後円墳は日本の文化で、それが逆に朝鮮半島へ伝わったのです。朝鮮半島西南部の全羅南道・全羅北道に十数基の前方後円墳が分布しています。これらの朝鮮の古墳には、日本伝来の埴輪《はにわ》や銅器も埋蔵されていたことが確認されています。

朝鮮と日本の力関係は、どうだったのでしょうか。これは明らかに、日本のほうが上でした。「渡来人が高度な文明を伝えた」という冒頭のような教科書の記述からは想像ができないかもしれませんが、日本は古墳時代に朝鮮南部を服属させていました。

『日本書紀』の雄略紀《ゆうりゃく》や欽明紀《きんめい》では、日本（大和王権）が任那《みまな》をはじめ伽耶《かや》を統治していたことが記されています。ここでいう伽耶は朝鮮南部の広域地域を指す呼び名で、このなかに前述の十数基におよぶ前方後円墳の分布地域が含まれます。したがって、これらの前方後円墳は日本による統治の証拠と見ることもできます。

「広開土王碑《こうかいどおうひ》（好太王碑《こうたいおうひ》）」には、倭《わ》が新羅《しらぎ》や百済《くだら》を臣従させたと記されています。新羅と百済は、日本に対して王子を人質に差し出しています。

中国の史書『宋書』の「夷蛮伝」では、倭の五王の朝鮮半島への進出について、記述されています。中国によってつけられた「倭国」という名称が辺境の野蛮な弱小国家というイメージを強く与えていますが、日本は中国も一目置く、強国でした。

日本の学校では、どういうわけか、こうした古代日本の朝鮮統治の実態をほとんど教えません。日本が古代において後進的であったという通俗イメージは一度、リセットしなければなりません（とくに、そうした教育を受けた世代である40代以上の方）。

◆数百万人におよぶ渡来人との混血

4世紀から7世紀にかけて、日本では数百万人の人口の増大がありました。朝鮮の渡来人が大量にやってきたため、そのような人口増大がもたらされたとする説が有力です。

渡来人は、大和政権の中枢を担います。朝廷の最大の実力者であった蘇我《そが》氏なども、渡来系とされます。ただし、このように、公職者や技術者として迎え入れられたのはほんの一部の優秀な者だけで、渡来人の多くは奴隷として強制的に連行されてきたと考えるのが自然です。その他、7世紀に百済が滅亡したときに、日本が百済の難民を大量に受け入れましたが、この難民たちも奴隷扱いだったでしょう。

一般の概説書には、高度な文明をもった渡来人が皆、日本で厚遇されたかのような説明がされていますが、当時の日本では年に数万人規模で移住する渡来人を食わせることなどできず、未開拓の荒れ地で開墾事業に従事させたはずです。

しかし、奴隷だからといって、隔離されていたわけでもありません。長い歳月のなかで、日本人と渡来人との交流が深まり、混血が進んだと思われます。このとき、日本人はその純血を喪失しました。すでに弥生時代から渡来人は移住していましたが、このときの移住人口は弥生

図6-2　渡来人の日本への移動

	時期	形態	量
第１期	弥生時代後期（２～３世紀）	移住	少
第２期	古墳時代（４～７世紀）	連行	多
第３期	百済滅亡（660年）後	避難	非常に多

時代のそれとは比べものにならないほど、大規模かつ組織的でした。

古今東西、民族間の混血がなかった民族など、どこにもありませんので、それを残念がったり、否定する必要はありません。

平成13年12月18日、皇居での記者会見で、天皇陛下は以下のように述べておられます。

「私自身としては、桓武《かんむ》天皇の生母が百済の武寧《ぶねい》王の子孫であると、続《しょく》日本紀《にほんぎ》に記されていることに、韓国とのゆかりを感じています。武寧王は日本との関係が深く、この時以来、日本に五経博士《ごきょうはかせ》が代々招へいされるようになりました。また、武寧王の子、聖明《せいめい》王は、日本に仏教を伝えたことで知られております」（宮内庁ホームページより。ルビは編集部）

武寧王は、６世紀初頭に活躍した百済王です。『続日本紀』によると、桓武天皇の生母は武寧王を遠祖とする渡来人の和《やまと》氏の出身とされています。渡来人は、皇族とも縁を結んでいたと見られています。

日本人と韓国人のＤＮＡに、遺伝子的な結びつきがあるかどうかを調査したところ、ＨＬＡ（ヒト白血球型抗原）の分析の結果、両者の遺伝的同質性が低いという結論が出ています。ただし、これは今日の日本人と韓国人についての関係であって、1500年前の両者の関係を、この実験結果から推し測ることはできません。とくに韓国人は中国人、満州人、モンゴル人などとの混血が古代以降、加速的に進み、DNA遺伝子のかたちが大きく変わっていくからです。

実際に、韓国人は中国人、モンゴル人、そしてとくに満州人との遺伝的同質性が高いという結果も出ています（「遺伝的同質性」の定義については諸説があり、その高い低いという評価基準も、きわめて曖昧《あいまい》であることには注意が必要です）。

白村江の戦いに隠された謎

「広開土王碑」では、日本は391年、百済を服属させたとされています。日本は百済や任那を足場として、約200年以上、朝鮮半島へ大きな影響力を行使しますが、7世紀に中国で唐王朝が成立すると状況が変わります。唐は新羅を利用して、朝鮮半島を統一させようとします。唐の勢いに圧されて、日本の影響力は排除されていきます。

強大な唐の兵力によって、660年、百済はあっさりと滅ぼされました。これに対し、日本は朝鮮半島へ本格介入するための準備を始め、人質としてきていた百済王太子の豊璋《ほうしょう》王を擁立し、軍を起こします。

図6-3　白村江の戦い

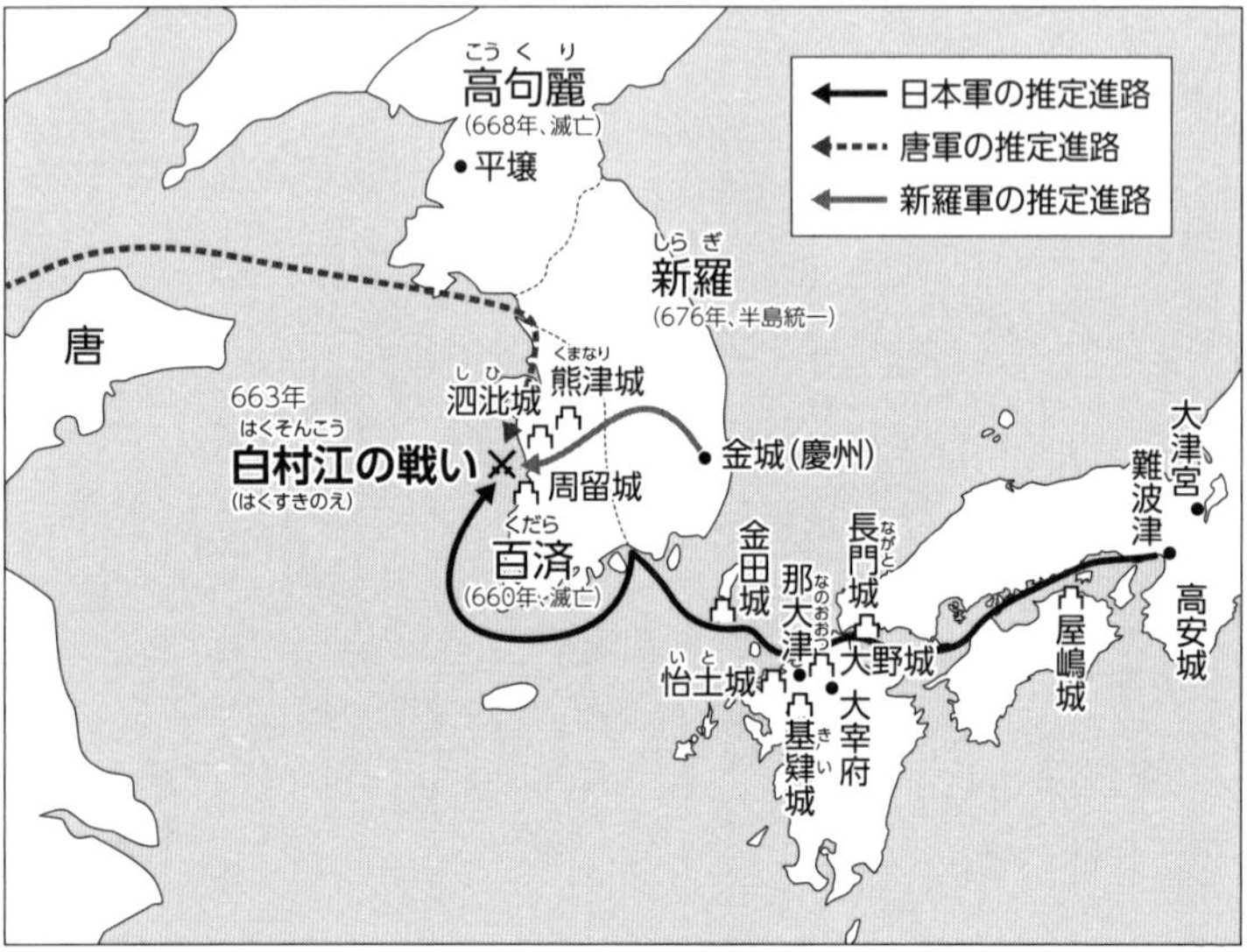

唐は百済討伐のために13万もの大軍を朝鮮半島に派遣していました。新羅軍は5万とされます。合計18万の唐・新羅連合軍に、日本はなぜ挑もうとしたのでしょうか。日本は4万7千の軍を送りますが、勝てる公算はほとんどありません。

当時の斉明《さいめい》天皇（中大兄《なかのおおえ》皇子の母）はなんと、自ら出陣しています。天皇が自ら外征に乗り出すという例は日本史上、この1件しかありません。

斉明天皇率いる日本軍は大阪を船出して、瀬戸内海を通り、福岡へ向かいます。残念なことに、斉明天皇は福岡で急逝します。死因は詳しくわかっておらず、暗殺されたという説もあります。645年の大化の改新以後、実権を握っていたのは中大兄皇子（後の天智《てんじ》天皇）でした。中大兄皇子は斉明天皇の朝鮮出兵政策を引き継ぎます。

韓国中部の都市大田（テジョン）を流れる錦江（クムガン）河口で、日本は663年、唐・新羅連合軍と戦い、水陸両面で大敗しました。これが、あの有名な白村江《はくすきのえ》の戦いです。

日本がこの無謀な戦いに、なぜ挑んだのか、さまざまな説があります。1つ確実にいえることとは、百済の滅亡は日本にとって、「遠い外国の話」ではなかったということです。事実上の自国の領土を侵犯されたという当事者意識と、その国辱に対する憤激が日本を突き動かし、天皇自らが外征することになったのです。日本の属国たる百済は日本の領土の一部であるという事実が前提としてあり、戦争の勝ち負けに関係なく、侵略に立ち向かう意志を為政者が示さなければ、政権の維持ができないほど、激しい国辱の意識が当時の日本を覆っていたと考えられます。

戦争の勝ち負けはその次の段階で、まずは外的脅威に対抗するため国内を戒厳下に置き、政権の求心力を一気に高めようとする中大兄皇子ら政権中枢部の打算が、ここに見てとれます。大化の改新以後、革命政権を担った中大兄皇子らの政権基盤はいまだ脆弱でした。彼らにとって、百済滅亡は政権を強化するための格好の利用材料だったに違いありません。

「防人歌」は無名戦士が詠んだのか

白村江の戦いの後、中大兄皇子は敗戦をさらなる危機にたくみに結びつけ、国内を戒厳統制します。中大兄皇子は、敗戦すら政治的に利用したのです。唐が日本に攻めてくるかもしれないという危機感を煽り、地方豪族に「協力」を求めました。「協力」は無理難題なものであり、それを拒絶すると、国家の敵と見なされ、救国の美名のもと、成敗されるという筋書きでした。

中大兄皇子らは危機を煽りながらも、実際には唐が来襲するとは考えていなかったでしょう。百済を滅ぼされた後も、朝鮮半島にはまだ高句麗《こうくり》が残っていました。唐や新羅は強大な高句麗と対立し、その対応に追われていたのであり、日本に攻め入る余力はありませんでした。

危機を最大限、利用することに成功した中大兄皇子は独裁権を固め、白村江の戦いから5年後の668年、天智天皇として即位します。地方豪族が各地に割拠し、バラバラであった日本が初めて天皇のもとに統一されたのです。

白村江の戦いの敗北によって、日本は朝鮮半島の支配権を奪われ、古来より続いていた半島との接合性を失います。しかし、それとともに日本列島の領域枠の意識が強く共有されて、国や民族のかたちが明確になります。ここに、日本という国家意識の原形が誕生するのです。

日本の領域枠を守るため、国防軍が創設されます。唐の来襲の危機に備え、北九州一帯に国防軍が配置されます。

『万葉集』にも収められている「防人歌《さきもりのうた》」が無数につくられるのは、この時期です。いにしえの名もなき兵士が詠んだとされる「防人歌」を、後年、太平洋戦争に出征した兵士らも心の拠りどころにしていました。

しかし、この「防人歌」は本当に名もなき兵士が詠んだものでしょうか。こういうことをいうとロマンも何もありませんが、「防人歌」の多くは政権が国威を発揚させるために創作したプロパガンダであった可能性が高いでしょう。防人に徴兵された当時の名もなき人々は、文字を読み書きすることはできなかったでしょうし、あのように文学性の高い詩歌を創作する能力をもっていたとは、常識的には考えられません。

白村江の戦い後、戒厳統制を敷いていた政権にとって、国防意識を人々に徹底させることこそが政権の正当性を公的に示す中核的な手段でした。その周知徹底のプロパガンダとして、「防人歌」が政権主導のもと、組織的に編み出されたとしても不思議ではなく、またそれは政権にとって、必要不可欠なものでした。

◆「日本」という国号に込められた気概

日本の国家意識の発揚とともに、日本の国号、つまり国の呼び名についても定まりました。

中国は、日本のことを「倭」と呼んでいました。後漢王朝の時代に編纂された字典『説文解字《せつもんかいじ》』によると、この「倭」には「従順」という意味があり、「つきしたがう者」という意味、さらにその意味を強めれば、「隷属者」という意味もありました。

当然、日本側はこの「倭」という文字を嫌い、「倭」の代わりに発音が同じ「和」を使うようになったのではないかと見る説もあります。さらに、「大」をつけ加え、「大和」という表記が8世紀につくられたともいわれます。

江戸時代の国学者、本居宣長《もとおりのりなが》は天智天皇の時代に「日本」の国号も使われはじめていたと主張しています。このころ、「日本」と書いて「ひのもと」と読んでいたとされます。「ひのもと」は太陽が昇るところ、という意味です。

６０７年の第2回遣隋使で、小野妹子は隋の煬帝に以下のように始まる有名な国書を差し出しています。

「日出處天子致書日沒處天子無恙云云」（日出ずる処の天子、日没する処の天子に書を致す。恙《つつが》無しや、云々）

日本はもともと「日出ずる処」の国という意識を強くもっており、これをそのまま国号にして「日本」としたのです。日本は隋王朝のような大国を相手に、決して怯《ひる》まず、自らを「日出ずる処」とし、また「天子」を名乗りました。中国の皇帝に対して「天子」を名乗るということは、対等の立場であることを主張するものに他なりません。煬帝は「日出處」「日沒處」の記述ではなく、日本が「天子」を名乗ったことに対して激怒しました。

10世紀、五代十国時代に編纂された中国の史書『旧唐書』には、「日本」という国号について、以下のような記述が見られます。

「日本国は倭国の別種なり。その国日辺《ひのべ》にあるを以《もっ》て、故《ゆえ》に日本を以て名とす。或いはいう、倭国自らその名の雅ならざるを悪《にく》み、改めて日本となす」

「その国日辺にあるを以て」の「日辺」というのは、日の出る辺《あたり》という意味です。「日出ずる処」の国、日本は古来より、その国号に国家と民族の誇りを抱いていました。わわれわれは、日本の国号の歴史的意味を振り返るとき、遠い祖先たちの溢れる気概を感ぜずにはおれないのです。

◆沖縄人やアイヌは「原日本人」

同じ日本人でも、顔の濃い・薄いの差があります。太眉で目が大きく、厚唇は濃い顔で南方系です。細眉、一重瞼《まぶた》の細い目、薄唇は薄い顔で北方系です。北方系の人々は厳しい寒さに適応するため、平坦で皮下脂肪が厚い一重瞼で眼球を覆い、凍傷を防ぐために唇が薄くなったとされます。

日本人の大半は、北方系の薄い顔です。しかし、日本人はもともと薄い顔だったわけではなく、むしろ濃い顔であったと考えられています。弥生時代に、大陸から北方系の人々が朝鮮半島を経由し、九州北部から日本列島に移住しました。ここで、南方系の濃い顔の先住日本人と混血をして、渡来系弥生人が生まれたとされます。薄い顔の血統はおおよそ、朝鮮半島経由のものと判断できます。

渡来人は沖縄や北海道へはほとんど入らなかったため、これらの地域では濃い顔の先住日本人の血統が保たれます（人類学では「二重構造説」と呼ばれます）。

沖縄の人々は今日でも、彫りの深い濃い顔が特徴であり、いわゆる「原日本人」の容貌であるとされます。北海道のアイヌもまた、「原日本人」の容貌をもっています。アイヌは主に北海道、サハリン（樺太）、千島に居住する少数民族で、かつては東北地方一帯にも居住しており、「蝦夷《えみし》」と呼ばれました（異説あり）。

アイヌは文字をもちませんでしたが、日本語と異なる独自の言語をもっています。ラッコやトナカイ、シシャモというのは、日本語になっているアイヌ語です。ちなみに、アイヌというのは「人間」という意味です。今日、日本国内に居住しているアイヌは約2万人います。

このアイヌは渡来人と混血をせず、民族の純血を保ちました。その彫りの深い美しい顔つきから、白人コーカソイドに属すると考えられたことがあり、19世紀、調査のためにドイツ人によって遺骨が盗掘されたことがありました。２０１７年、この盗掘された遺骨が北海道アイヌ協会に返還されて、ニュースになりました。今日の調査では、アイヌはコーカソイドではなく、モンゴロイドに属することが判明しています。

２０１２年の調査では、アイヌと琉球人が遺伝的に近縁であることが遺伝ゲノム解析でわかりました。この調査結果は、北海道や沖縄が本州から離れていたため渡来人との混血が少なく、先住日本人（縄文型）の血統が残ったとする「二重構造説」を裏づける結果として、注目されました。

Chapter 7

「朝鮮人」とは何か

2つの民族の流れ

朝鮮人、この悲哀に満ちた歴史を抱える民族について、われわれ日本人はもっとよく知らなければなりません。北朝鮮についても、韓国についても、日本にとって頭の痛い課題が山積です。こうした課題に向き合ううえでも、朝鮮人の根源を知ることが欠かせないのです。

朝鮮人は人類学上、複数の系列民族に区分でき、多様な形態をもっています。どこからどこまでが朝鮮人という明確な定義もなく、さまざまな解釈があります。しかし、朝鮮人のルーツを要約すると、大きな2つの流れにまとめることができます。それは韓人と満州人の流れです。この2つの民族の血統の流れが、今日の朝鮮人を形成していくのです。

韓人とは、朝鮮半島の南部から中部にいた民族で、半島の中心的な原住民であり、いわゆる朝鮮人の本家本元といえます。韓人は1世紀ごろから馬韓《ばかん》・弁韓《べんかん》・辰韓《しんかん》という国をつくります。

この3つの国を総称して、「三韓」と呼ばれます。「韓」には「王」の意味があると解釈されています。後に5世紀ごろ、馬韓は百済に、弁韓は任那に、辰韓は新羅に、それぞれ発展していきます。

一方、満州人の存在も重要です。実は、この満州人の存在が朝鮮半島においてきわめて大きく、長い歴史のなかで、彼らが朝鮮半島を事実上、支配し、韓人と混血を繰り返し、一体化していきます。

中国東北地方の満州を原住地とする満州人はツングース系民族であり、広義の意味でモンゴル人に含まれます。ツングース系民族は満州、朝鮮半島北部から南シベリアの地域にかけて住んでいた民族の総称です。ツングースとは「豚を飼育する人」という意味をもつとする説があります。

また、ツングース系民族は「文殊（マンジュ）菩薩」を崇拝していたことから、「マンジュ」に「満州」の漢字があてられたとする俗説がありますが、はっきりとしたことはわかっていません。

満州人は水に縁起を感じていたため、水を表わす「さんずい」をつけて、「満洲」と名乗っていました。「満洲」はもともと民族名でしたが、地名にも使われるようになり、「さんずい」のない「満州」と一般的に表記されるようになります。

◆対立する韓人と満州人

韓人とツングース系満州人は、もともと言語系統からも血統の面からも、異なる民族とされます。韓人は農耕民族で、満州人は狩猟民族です。

ソウルの南側を東西に流れる大河、漢江（ハンガン）があります。おおまかにいうと、漢江を境にして北側が満州人のエリア、南側が韓人のエリアでした。

ツングース系満州人が最初に建国した王国が、高句麗です。紀元前1世紀に朝鮮半島北部に建国され、4世紀末から5世紀に最大版図に達し、満州全域・遼東半島・朝鮮半島北部の広大な領域を支配しました。

高句麗の第19代の王、広開土王（好太王）はこの時代の王で、朝鮮半島南部に遠征し、百済を攻めました。百済と同盟を結んでいた日本（大和朝廷）は軍を朝鮮に派遣し、広開土王と戦います。この戦いについて、有名な「広開土王碑」に記されています。

高句麗の歴史は小学校の歴史教科書にも掲載され、朝鮮の歴史というカテゴリーで習うため、われわれは「高句麗は、百済や新羅と同じ民族の王国」というイメージを強くもっています。

しかし、高句麗はツングース系満州人の王国で、百済や新羅は韓人の王国です（百済の王族は高句麗王家出身なので満州人、一方、人民は韓人が多数派であったと考えられます）。

中国の唐王朝は660年、新羅と同盟を結び、百済を滅ぼします。663年に、唐と新羅の連合軍は、百済の遺民と百済の同盟国であった日本を白村江の戦いで破ります。その後、唐は高句麗に派兵し、668年、平壌を占領して高句麗を滅ぼしました。唐は平壌に安東都護府を置いて、統治します。

図7-1　ツングース系高句麗の最大版図

唐の高句麗征服を支援した新羅は唐の援助を受け、朝鮮を統一します。韓人のつくった新羅王朝が朝鮮の統一国家の始まりでした。この時代にいたるまで、韓人と満州人は対立してきましたが、まずは韓人が勝利しました。

ただし、新羅は事実上、唐の属国の立場でした。属国になることによって手に入れた勝利に過ぎないという点には、留意が必要です。

◆統一王朝「高麗」を建国したツングース系満州人

一方、高句麗が唐に滅ぼされた後、満州人は満州に「渤海《ぼっかい》」を建国します。建国者は大祚栄（テ・ジョヨン）という人物で、満州人の一派であるツングース系靺鞨《まっかつ》族の出身で、自ら「高句麗の遺民」と称していました。

9世紀末、唐の衰退とともに新羅も衰退すると、満州人の勢力が再び大きくなります。10世紀、開城（ケソン、現北朝鮮南部）に本拠を置く満州人の豪族の王建（ワンゴン）が新羅末期の反乱軍のなかから頭角を現わします。王建は「高麗」を建国して、新羅を滅ぼし、936年、朝鮮を統一しました。

この高麗が、英語のKorea（コリア＝韓国）の語源となります。高句麗も高麗も同じもので、「句」の字を入れる「高句麗」という言い方が古い表現であるため、古代の高麗を「高句麗」と表記し、中世の高麗を「高麗」と表記して、一般的に使い分けています。

高麗は王建をはじめ、ツングース系満州人を支配層とする朝鮮の統一王朝です。王建ら一族は、中国との海上貿易で富を得た商業豪族でした。そのため、王建は漢人系の血も引いています。王建は富を背景に、庾黔弼（ユ・グムピル）ら北方の満州人軍閥を取り込み、強大な軍隊を養成しました。王建のもと、満州人は結束し、韓人を屈服させて、朝鮮半島を支配します。高麗は首都を開城に置きます。満州人である高麗人は、漢江を越えた南側の韓人のエリアに首都を置きませんでした。

もともと、力の強弱でいえば、韓人よりも満州人のほうが圧倒的に強かったのです。満州に広大で肥沃な平野部をもつ彼らは人口も多く、中国との接触により、先進的な文化や技術を取り入れていました。

新羅時代に、韓人が満州人に対し優位を保つことができたのは、中国の唐王朝が新羅を支援したからです。しかし、唐王朝が弱体化すると、一気に満州人が攻勢を強めました。

また、韓人の政権である新羅は農耕民族らしく封建的な身分制に固執したため、組織や社会が硬直化し、発展が阻害されていました。北の満州人はこうした硬直を打ち破り、新たに新政権の高麗を樹立したのです。

なぜ、韓国で全羅道出身者が冷遇されるのか

今日でも韓国では、南西部の全羅道の出身者は政財界で少なからず冷遇され、出世しにくいという傾向があります。韓国の大統領で全羅道出身者は、金大中のみです。全羅道が冷遇され

るもともとの理由は、10世紀の高麗時代に遡ります。

　王建によって高麗が建国されて以降、朝鮮半島では満州人と韓人の混血がかなり進みます。しかし、一方で、支配者層の満州人による韓人への差別冷遇も続きました。

　王建が朝鮮を統一する前、後三国時代（892年〜936年）と呼ばれる戦乱の時代が続きました。王建率いる高麗（満州人勢力）に対し、新羅（韓人勢力）と後百済（韓人勢力）が対立していました。新羅はいち早く王建に降伏しますが、後百済は最後まで抵抗しました。後百済は今日の全羅道の全州市や光州市に拠点をもつ王国でした。後百済は強勢を誇り、一時、王建を追い詰めましたが、最終的に王建が後百済を倒し、朝鮮を統一します。

図7-2　大韓民国の地方行政区画

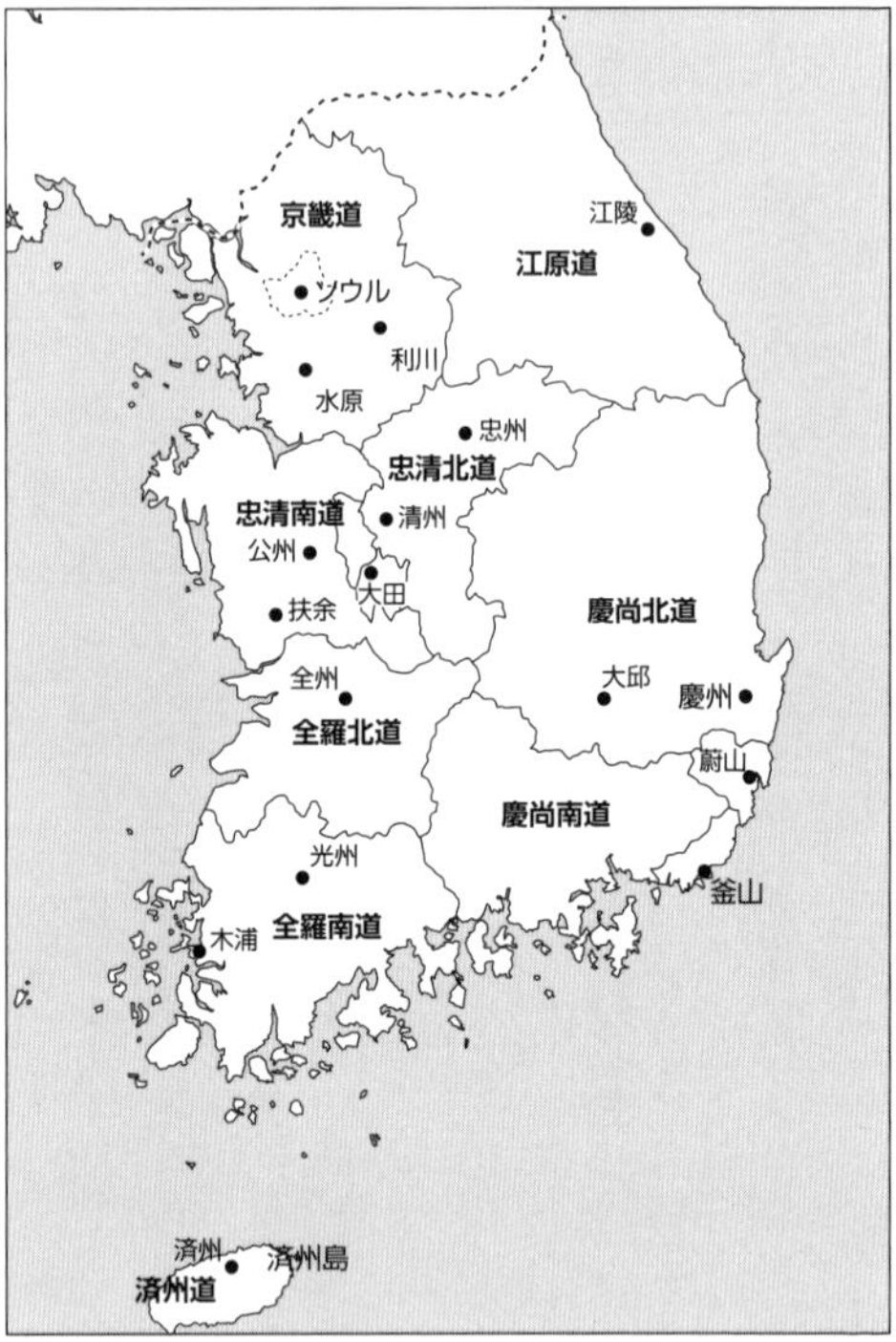

このとき、敵国の後百済の人々は、高麗によって奴隷民に貶《おとし》められました。全羅道は搾取の対象となったのです。同じ韓人の王国でも、新羅は前王朝を形成した国家であり、王都慶州を中心に先進的な地域でもあったため、高麗も新羅の人々には敬意を払いました。しかし、高麗は後百済の人々に対しては容赦しませんでした。

全羅道の地域は搾取され続け、政権への大きな恨みが蓄積します。韓人と満州人という民族の違いも、その恨みに輪をかけました。時に恨みが爆発し、反乱を起こすこともしばしばありましたが、徹底的に弾圧されました。弾圧された人々は、さらに隷従を強いられるという負の連鎖にはまっていきます。

こうした負の連鎖が高麗時代のみならず、次の李氏朝鮮時代にも続きます。長い歴史のなかで差別の構造が定着化し、今日にいたっても、それは完全に解消されることなく残っているのです。

反体制的な性格の強い全羅道の光州市では1980年、民主化を求め、大規模な暴動が起きています。軍がこれを鎮圧し、多くの死傷者を出しました（光州事件）。

◆実は満州人政権だった「李氏朝鮮」

高麗は、建国当初の10世紀から300年間、中国の支配を受けず、独立していました。この間の中国王朝は宋王朝で、彼らは文治主義を掲げ、軍事拡張政策をとりませんでした。そのため、高麗は朝鮮の統一王朝で唯一、国家としての主権を行使することができた王朝でした。

高麗では、宋から学んだ製陶技術も発達し、高麗青磁がつくられ、また仏教が保護され、高麗版『大蔵経』が編纂されるなど、文化的な高揚も見られます。高麗の時代は、朝鮮人の栄光として記憶されているのです。

しかし、13世紀に高麗はモンゴルの元王朝の侵入を受けて降伏し、元の属国となります。再び中国の属国となった朝鮮はこれ以降、その地位から脱け出すことができませんでした。中国と陸続きであった半島の悲しい宿命といえます。

1368年、中国で明王朝が成立すると、高麗は明と対立します。1388年、高麗と明が戦いはじめ、高麗の武将の李成桂（イ・ソンゲ）は、数万の軍を率いて遼東に向かいます。

しかし、李成桂は強大な明と戦うことは自殺行為であると考え、軍を引き返し、開城に攻め入り、クーデターを起こします。実権を握った李成桂は1392年、高麗王を廃し、自ら即位

図7-3 朝鮮統一王朝の支配層民族

	時期	支配層	首都	中国
新羅	7～10世紀	韓人 (統一者：文武王)	慶州	唐時代
高麗	10～14世紀	満州人 (建国者：王建)	開城（ケソン）	宋・元時代
李氏朝鮮	14～15世紀	満州人 (建国者：李成桂)	漢陽（ソウル）	明・清時代

して李氏朝鮮を興しました。李氏朝鮮は、明に臣従します。

李成桂はもともと高麗の支配者層の出身であるため、やはり満州人です。彼は高麗の満州人軍閥の頭目であり、その勢力基盤は漢江以北にありました。李成桂に仕えた李之蘭（イ・ジラン）は満州人女真《じょしん》族の指導者で、満州人を取り込むことに成功しています。高麗の後も、満州人政権が続いたのです。

李氏朝鮮の都は漢陽（ハニャン、現在のソウル）に置かれます。4世紀、百済が建国されたとき、最初に首都とされたのもソウルでした。しかし、このときの首都拠点は漢江南岸で、「漢城（ハンソン）」と呼ばれました。百済は韓人の国です。そのため、漢江を越えて北に首都を置くことはできませんでした。地政学上、漢江を防衛戦として、百済は満州人と対峙していました。

一方、満州人政権である李氏朝鮮はその逆で、漢江の北に陣取ります。現在の首都ソウルの中心が漢江北岸にあるのは、そのためです。

ただし、李氏朝鮮の時代にいたると、満州人と韓人の混血が朝鮮半島全域で進み、両者の区別はほとんど意識されなくなっていました。満州人と韓人が一体化し、いわゆる朝鮮人となっていたのです。

◆「李氏朝鮮」は国号ではない

李氏朝鮮は、成立時から中国の明王朝に服属しました。李氏朝鮮は国ではなく、また国号でもありません。新羅や高麗は国号ですが、李氏朝鮮は国号ではないのです。朝鮮は中国の明王朝の一部となり、国の名を名乗ることが許されませんでした。

国でないので国名がありません。しかし、名前がなければ呼ぶこともできないので、便宜的に「李氏朝鮮」という表記をあてて使っているに過ぎないのです。「朝鮮という国号があった」とする見解がありますが、そうではありません。朝鮮というのは国号ではなく、地域名です。かつて、中国人が「東方の朝陽の鮮やかなるところ」と表現したことにより、朝鮮という地域名が使われはじめたとされます。

李成桂以降の朝鮮王は、明の皇帝によって認められた地方王という扱いでした。そのため、李氏朝鮮の王は「陛下（ペハ）」ではなく、一段格下の「殿下（チョナ）」と呼ばれます。世継ぎも「太子（テジャ）」ではなく、「世子（セジャ）」と呼ばれます。

李氏朝鮮は宗主国の中国に毎年、多額の金銭・物品を貢納しなければなりませんでした。また、毎年、数千人規模の美女も中国に差し出されました。朝鮮には美女が1人も残らず、醜女ばかりが残され、このことが朝鮮人の容貌を長年にわたり劣化させた原因となったと考える見解もあります。

朝鮮は土地が痩せて貧弱な国であったので、中国が求める金銭・物品の貢納が慢性的に不足していました。その不足分を補うために、若い美女たちが送られたのです。中国送りにされた美女の数は増えていく一方で、減ることはありませんでした。若い女性が1人もいなくなった村も少なからずあったようです。あくまで、朝鮮は中国の一部であったのです。

民族文字への反発

15世紀、李氏朝鮮の政権が安定し、第4代の王、世宗（セジョン）が現われます。世宗は朝鮮最高の名君とされ、李氏朝鮮の全盛期を築きます。というよりも、李氏朝鮮の唯一の繁栄時期であったというほうが正確でしょう。

世宗は朝鮮の民族意識を高揚させ、王権の求心力を強化しました。そのためのツールとして利用されたのが、民族文字の制定でした。

図7-4　李氏朝鮮第４代王の世宗（10000ウォン紙幣の肖像）

世宗は１４４６年、訓民正音（ハングル）を制定します。朝鮮は漢字文化圏に属し、もともと朝鮮語には話し言葉があるのみで、文字はありません。そのため、文字はすべて漢字で記されていました。当時、民衆の多くは漢字を読み書きすることができず、これを哀れんだ世宗が表音文字の訓民正音をつくります。「訓民」は民に訓《さと》すという意味です。

当時、発刊された訓民正音のパンフレット序文に、世宗自らが以下のような文を寄せています。

「愚民たちは言いたいことがあっても書き表わせずに終わることが多い。予（世宗）はそれを哀れに思い、新たに28文字を制定した。民が簡単に学習でき、また日々の用に便利なようにさせることを願ってのことである」

世宗は、民のことを「愚民」と言っています。このあたりからも、朝鮮がいかに封建的な社会であったかがわかります。

世宗による朝鮮文字の制定は、中国の明王朝の怒りを買いました。明の一部である朝鮮がわざわざ民族固有の文字を制定するのは、明に反逆する意図があるからだととらえられたのです。明の軍事介入さえ招きかねない危機的な事態でした。

これに対し、世宗は「訓民正音は文字ではなく、漢字の素養がない民に発音を教える記号に過ぎない」と反論し、明に対する反逆ではないことを強調しています。

また、朝鮮人保守派の反発も招きます。保守派は朝鮮が中国の一部であることで一流の文化を享受できると考えていました。民族文字を制定すれば、中国文化から切り離されてしまうと激しく憤ったのです。世宗の側近たちも文字制定に反発しました。

保守派はモンゴル人、チベット人、満州人、日本人などを例に挙げ、彼らが民族文字をもち、中国文化圏の外に出たことによって、「夷狄（野蛮人のこと）」に成り下がったと世宗に訴えています。側近たちのなかには、世宗に「自分を殺して、文字制定をしてください」と猛然と立ちはだかる者もありました。文字情報の独占を守りたい特権階級の両班（ヤンパン）からも、猛反発を受けます。

世宗は激しい反対を受けながらも、民族文字制定を断行します。民族文字によって民族意識を高揚させることが、朝鮮の利益になると判断したのです。

しかし、問題はその後の時代でした。民衆を教化し、民族意識の高揚を成し遂げたものの、朝鮮には中国と伍する力などなく、中国の属国（一部）という地位は変わらなかったので、フラストレーションのみが鬱積していくことになります。

明王朝の支配を経て、17世紀以降、清王朝の時代になり、ますます中国の朝鮮支配は強まります。

19世紀後半、清王朝の衰退とともに、ロシアと日本が朝鮮に進出し、朝鮮はそのどちらを頼るかで内政の乱れが続き、最終的に日本の保護下に置かれることになっていくのです。

第3部

世界を支配したヨーロッパの国々

Chapter 8
「ヨーロッパ人」を形成する3つのカテゴリー

◆温暖な地域の人は怠慢になる？

厳格な人々が多いドイツ北部から暖かいイタリアへと南下していくと、人々の性質がだんだん緩く大らかになるのを感じます。ドイツ人はしっかりとお金を貯蓄するのに対し、イタリア人は死ぬまでにお金を全部使い切れないことを「人生の最大の後悔」とするそうです。

温暖な地域では作物や家畜がよく育ち、川には大きな魚が多くいて、食糧が豊富です。年間を通して、寒さに凍えることもなく、食糧が容易に手に入る環境で、人間は明日の心配をせずに済み、勤勉に働く必要はありません。貯蓄の必要もありません。

クーラーのなかった時代、暑さから逃れる効果的な方法は、「何もしないこと」です。温暖な気候が人間を怠惰な性質にさせ、それが歴史的に、その地域の人々のＤＮＡに染み込んでいき、働いて努力する意欲を失わせます。気候によって人間の気質が決定づけられるとする、こ

図8-1　ヨーロッパ人の3系列分布

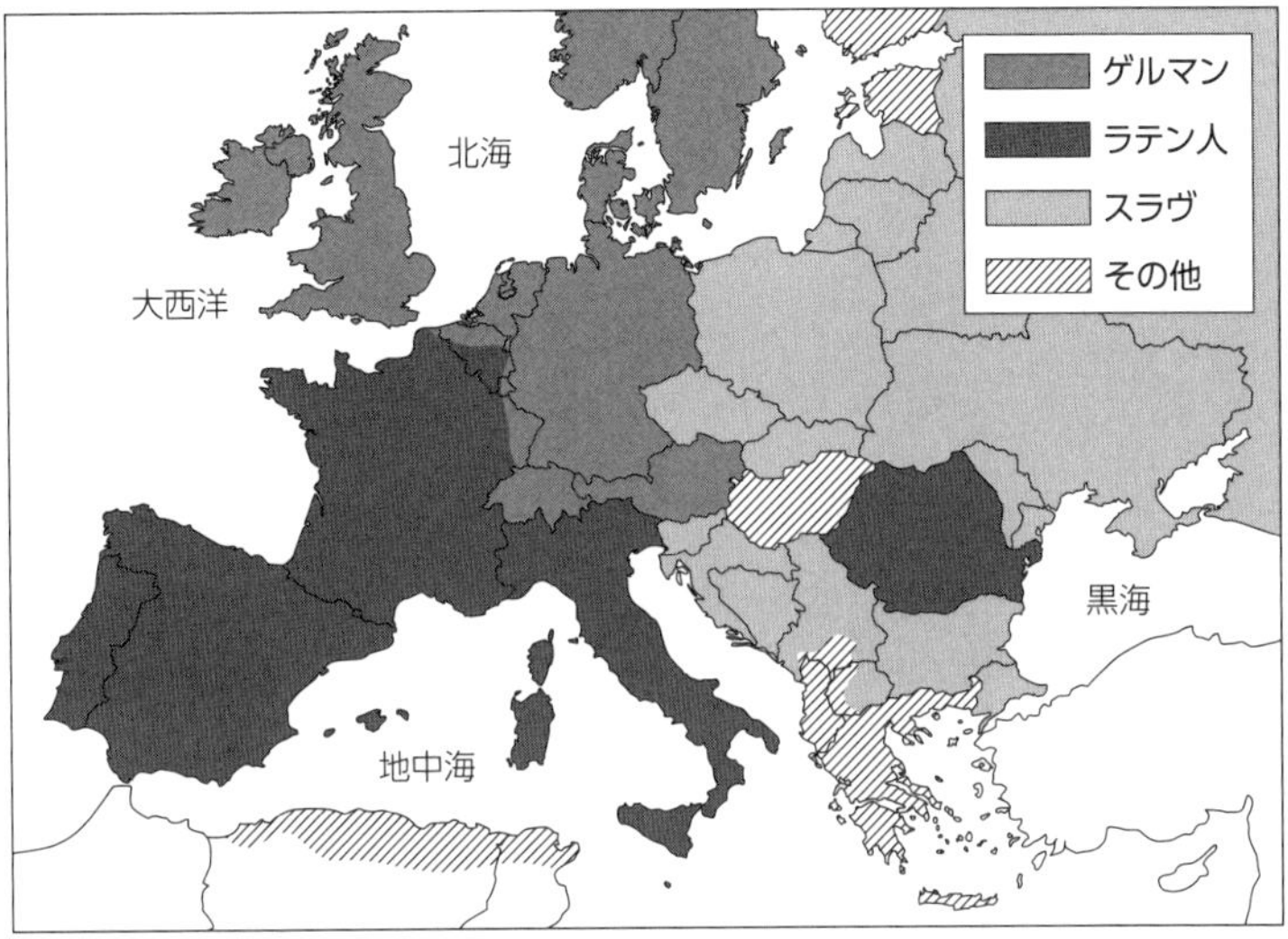

うした考え方は「気候地理説」と呼ばれます。

同じヨーロッパ人でも、北方のドイツ人と南方のイタリア人とでは気質がずいぶん違うのは、この気候地理説によって説明できることが多いでしょう。

ヨーロッパ人は大きく3つの系列、ラテン人、ゲルマン人、スラヴ人に分けられます。ドイツ人はゲルマン人、イタリア人はラテン人に分類されます。「なるほど、人種が違うのか」と思われるかもしれませんが、そうではありません。

ラテン人、ゲルマン人、スラヴ人という3つの系列の区分は、彼らの使う言語の文法などの形態の違いによって分けられる区分で、「血統や人種のカテゴリー」ではありません。彼らは皆、ヨーロッパ人であることに変わりなく、同じ血統や人種に属します。

しかし、ヨーロッパ人という括りがあまりにも広範なものであるために、それを細分化する必要があり、3つの系列の区分が用いられます。ヨーロッパ人としては同じ血統にありながらも、温暖な南方に住むヨーロッパ人は白人とはいえ、肌が褐色化し、体内色素が濃くなり、黒髪・黒目の人が多くなります。また、それぞれの地域でアジア系などの他民族との混血も進み、前述の気候地理説も相俟って、文化や慣習、政治や宗教の違いがはっきりと現われはじめます。

こうして、長い歳月を経て、ラテン人、ゲルマン人、スラヴ人の差異が明確となり、その分類は使用言語の区分だけに留まらず、「血統や人種のカテゴリー」にほぼ同義化していくのです。このような意味においては、「ドイツ人とイタリア人は人種が違う」というとらえ方は間違っていないともいえます。

◆ローマ人の末裔「ラテン人」

ラテンという言葉を聴いて、まず思い浮かぶのは、ラテン音楽ではないでしょうか。ラテン音楽は軽快なリズムを特徴とするラテン・アメリカ（中南米）の音楽です。サンバ、ボサノヴァはブラジル発祥で、タンゴはアルゼンチン発祥、レゲエやルンバはキューバなどカリブ海地域発祥とされます。

このラテンという言葉と前述のラテン人というのは、関係があるのでしょうか。一見、何の関係もないように見えますが、大いにあります。

ラテンというのは、「ラティウム」という地名に由来するものです。ラティウムはローマ郊外の南東にあった地域で、芸術・文化の盛んな場所でした。ラティウムの文字や言葉に由来するものはラテン語と呼ばれ、後にローマ帝国によってラテン語が公用語とされ、全ヨーロッパ共通の古典語となりました。

ラテン語を母語にする人々が、ラテン人（ラテン民族）です。ラテン人はローマ人やその末裔にあたる人々で、イタリア、フランス、スペイン、ポルトガルの人々を指します。ローマ帝国時代に、フランスやスペインにローマ人が大量に移住し、ローマの言語や文化を拡散させたのです。

15世紀末以降、南アメリカ大陸はスペインが植民地支配し、ラテン人のスペイン人が移住して言語や文化を拡散させたことから、ラテン・アメリカと呼ばれます。したがって、中・南米のラテン・アメリカ人はラテン人に含まれます。前述のラテン音楽やラテン・アメリカのラテンは、遡るとローマ時代のラティウムに行き着きます。

◆もともと奴隷を意味した「スラヴ」

ロシア、ポーランド、チェコなどの東欧の人々や、セルビアやクロアチアなどのバルカン半島の人々はスラヴ人（slav）です。この言葉を聞いて、英語の「奴隷（スレイブ、slave）」を連想されるかと思います。スラヴ人という民族の名称は、まさに奴隷という意味なのです。かつて、スラヴ人は奴隷民族と見なされていたのです。

古代ギリシアがその勢力を拡大していくなかで、バルカン半島北部のスラヴ人と出会い、ギリシア人がスラヴ人に「おまえたちの話している言葉は何だ？」と問うと、「言葉（スラヴ）だ」と答えます。スラヴというのは本来、言葉という意味です。「スラヴ」と聞いたギリシア人は「では、おまえたちをスラヴ人と呼ぼう」ということになりました。そして、ギリシア人はスラヴ人を奴隷にしたことで、ギリシア語でスラヴは奴隷の意味となります。

ギリシア語を受け継いだローマ帝国は、公用語としたラテン語において、「SCLAVUS（スクラヴス）＝奴隷」という言葉を定着させます。ローマ帝国もまた、多くのスラヴ人を奴隷にして酷使しました。

ギリシア・ローマ時代以来、スラヴ人奴隷が重宝されたのは女奴隷でした。スラヴ人は肌が白く、金髪で、今日でも美女が多い民族です。ギリシア人やローマ人はスラヴ人部族を襲い、美女たちを略奪しました。美女は市場で売られ、金持ちの性奴隷にされました。

中世以後、ゲルマン人やイスラム教徒は、スラヴ人が多く居住していたウクライナやバルカン半島でスラヴ人狩りを行ない、彼らを奴隷にします。

13世紀、チンギス・ハンによって急拡大したモンゴル人はロシア・東欧へと攻め入ります。

ジャン・レオン・ジェローム『ローマの奴隷市場』
1886年、フランスの画家ジェロームによって描かれたこの作品は、ローマ帝国時代の奴隷市場の競りの様子をよくうかがわせる。美しい女奴隷は途方もない値段で売られた

モンゴル兵たちは見たことのない金髪のスラヴ人女性の美しさに狂喜し、女たちを野獣のごとく奪い合いました。チンギス・ハンの幕僚に、スブタイという勇猛な武将がいましたが、スブタイはチンギスが止めるのも聞かず、女好きの兵たちを率いて東欧の奥地へと進攻し、スラヴ美女たちを襲

ったとされます。

スラヴ人を組織的に奴隷化したのは、16世紀に全盛期を迎えるイスラムのオスマン帝国でした（後段で詳述します）。

◆ビザンツ帝国の流れをくむスラヴ人

インド・ヨーロッパ語系は、ロシア南方のコーカサス地方を原住地とし、紀元前２０００年ごろから、地球の寒冷化を避け、大移動します（Chapter2 参照）。

一般的に、彼らはオリエント地域を経てヨーロッパへ移動したと考えられていますが、スラヴ人はオリエント地域を経ずに、西ロシアから現在のポーランド、ベラルーシ、ウクライナ北西部に直接入り、東欧地域全体に拡がったのではないかと考えられています。その意味で、スラヴ人はインド・ヨーロッパ系の血統を純粋に受け継いでいる民族といえるかもしれません。

スラヴ人が多く居住していたロシア・東欧地域は、古くからビザンツ帝国（東ローマ帝国）の影響を文化的にも宗教的にも受けてきました。ビザンツ帝国の保護のもとで、独自の発展を遂げていたコンスタンティノープル総主教は、自らの教えを正統なキリスト教であるとして「正教」と称します。コンスタンティノープル総主教は、現在のイスタンブルに本拠を置く東ヨーロッパのキリスト教統括者であり、西ヨーロッパのキリスト教統括者のローマ・カトリックに対抗していました。

9世紀以来、「スラヴの使徒」といわれたキュリロス兄弟によって「正教」の布教がスラヴ人になされ、拡がっていきます。キュリロス兄弟は布教にあたって、スラヴ人が文字をもっていなかったため、ギリシア語をもとに、スラヴ語を表記するための文字を考案しました。これはキリル文字と呼ばれ、ロシア語の文字として、現在も使われています。

「正教」は、一般的に「ギリシア正教」とも呼ばれますが、この呼び方は西ヨーロッパ側からの呼び方で、カトリックに対するギリシアの一地方のローカル宗教という侮蔑的な意味が含まれ、東側が自ら「ギリシア正教」という言い方をしたことはありません。東側はあくまで、「正教」と自らのキリスト教を呼んでいました。

また、「正教」の言語がギリシア語やそれにもとづいてつくられたキリル文字であったことから、西側が「ギリシア正教」と呼んだということも考えられます。

いずれにせよ、ビザンツ帝国やスラヴ人は古代ギリシアの言語や文化を継承しました。これに対し、イタリア、フランス、スペインなどのラテン人は、古代ローマの言語や文化を継承しました。古代ギリシアを源流とするか、古代ローマを源流とするかで、スラヴ人とラテン人は明確に区別され、それぞれが異なる文化系列をもっています。

ビザンツ帝国によって宗教と言語を与えられたスラヴ人たちは、東ヨーロッパ全域に巨大なスラヴ文化圏を形成していくことになります。

◆温暖化がゲルマン人の勢力を拡大した

大学で英語以外の第2外国語の選択をするとき、フランス語やイタリア語を選択履修する人がいます。「カッコいいから」という理由が、大半でしょう。しかし、こういうカッコつけの学生はドツボに嵌まって苦しむことになります。フランス語やイタリア語はラテン系言語で、英語とは文法構造などが大きく異なるため、一から勉強し直さなければなりません。

賢い学生は、ドイツ語を選択履修します。英語もドイツ語もゲルマン系言語の仲間で、ほぼ同一の文法構造をもち、英語を知っている人にとって、ドイツ語は理解しやすいのです。

ゲルマン（German）というのは英語のジャーマン、ドイツのことです。つまり、ゲルマン人とはドイツ系の人々で、このなかにイギリス人やオランダ人、スウェーデンをはじめとする北欧諸国の人々が含まれます。

イタリアのラテン人のつくったローマ帝国がヨーロッパに君臨した後、次に台頭するのがゲルマン人です。ゲルマン人はライン川以東、ドナウ川以北の北欧、ドイツ、オーストリア、東欧に定住していました。

ローマ帝国の政治家であり、歴史家のタキトゥスはゲルマン人のことを著書『ゲルマニア』(西暦98年発表)で記しています。タキトゥスはゲルマン人を自然と共生する慎ましい民族であると述べ、その質朴さを讃えています。一方、贅沢に溺れるローマ人の堕落を批判しました。『ゲルマニア』は近代において、ドイツの民族主義者に盛んに引用され、支持されました。

ゲルマン人は4世紀以降、ローマ帝国の弱体化とともに、帝国領内へ侵入移動します。ローマ帝国はその広大な領土を統治できず、395年、東西ローマに分裂します。ローマ帝国が衰退することと対照的に、ゲルマン人の勢いは増します。ついにゲルマン人は476年、西ローマ帝国を滅ぼしました。

一方、東ローマ帝国(ビザンツ帝国)はゲルマン人の侵入をよく防ぎ、スラヴ人とともに発展していきます。東ローマ帝国、つまりビザンツ帝国は東方貿易の利権を握り、成長しました。

ビザンツ帝国は6世紀、ユスティニアヌス帝の時代に全盛期を迎え、かつてのローマ帝国の領土をほとんど回復し、地中海世界の再統一を果たしました。しかし、ユスティニアヌス帝時代にはすでに、たび重なる遠征のために帝国財政が悪化し、広大な領域の経営を維持することは困難でした。ビザンツ帝国には、無理をしてでも広大な領域を維持しなければならない理由がありました。それは、食糧の確保です。

ヨーロッパ地域は、慢性的な食糧難に苦しんでいました。ローマ帝国時代から、ヨーロッパは食糧をエジプト、チュニジアなどの北アフリカから輸入していましたが、ローマ帝国の弱体化とともに、ゲルマン人が各地で割拠し、地中海諸地域が分断され、食糧を充分に確保することができなくなっていました。ユスティニアヌス帝は食糧調達のルートを再構築するために、無理な対外拡大政策をとらざるを得なかったのです。

ところが、ユスティニアヌス帝の時代の末期、550年ごろから、ヨーロッパの温暖化が始まります。この温暖化は、イギリスでもブドウが大量に収穫され、ワインが製造できたというほどの急激なものでした。

作物の増産が見込まれたヨーロッパでは、内陸部の森林地帯が伐採され、大規模な開墾が行なわれていきます。この開墾事業を主導したのが、ゲルマン人でした。

6~7世紀、ヨーロッパの農業生産力が増強されると、ヨーロッパはビザンツ帝国の食糧調達のルートに依存する必要がなくなります。ビザンツ帝国は、高いコストをかけて広大な領土を維持するインセンティブを失い、領土を縮小していきます。

◆ラテン人教皇とゲルマン人皇帝が協調する西ヨーロッパ

大開墾事業によって新たにヨーロッパの食糧供給を担ったのは、ゲルマン人でした。食糧増産とともにゲルマン人の人口が急拡大し、ゲルマン諸部族はヨーロッパ各地で小王国を建国していきます。

フランスやドイツに勢力をもち、ゲルマン諸部族のなかで有力であったフランク族は、ローマ教皇と提携協調することにより、自らの勢力を拡大します。フランク族は496年、カトリックに改宗し、教皇に接近。教皇の権威を借り、ゲルマン人の諸部族を併合し、フランク王国として拡大していきます。

8世紀、イスラム勢力がアフリカ北岸を越え、スペインに侵入し、ヨーロッパを脅かしていました。フランク王国は732年、トゥール・ポワティエ間の戦いでイスラム勢力を撃破し、西ヨーロッパを防衛することに成功し、フランク国王は西ヨーロッパの盟主となりました。

その後、歴代フランク国王はゲルマン人部族を統一し、教皇との連携を強化していきます。

800年、ついにゲルマン・フランクの力が認められ、フランク王カールは教皇から皇帝に任命されました。476年以来、空位であったローマ皇帝の冠が、教皇によって授けられたので

図8-3 カール大帝時代のヨーロッパ・地中海

す。

ローマ教皇は、強大化するゲルマン人の勢力を利用することで、西ローマ帝国の復興を図ろうとしました。ローマ教皇がゲルマン人の力を必要としたもう1つの理由は、強大なビザンツ帝国（東ローマ帝国）に対抗するためでした。もとは同じローマ帝国から派生したのですが、ビザンツ皇帝はローマ教皇の権威を認めず、対立していました。

こうして、フランク王カールが皇帝に任命されたことにより、教皇（ラテン人）と皇帝（ゲルマン人）が協調する「西ヨーロッパ世界」と、ビザンツ帝国（スラヴ人）の「東ヨーロッパ世界」の2極が現われることになったのです。

Chapter 9

ヨーロッパの国々はどのようにして誕生したのか

ヨーロッパに統一王朝が生まれなかった理由

中国は秦《しん》の始皇帝以降、近代にいたるまで、巨大王朝によって統一されました。しかし、ヨーロッパは中世以降、分断国家として歴史を歩むことになります。

800年、カール大帝が西ヨーロッパを統一するも、一代限りしか続かず、彼の死後、帝国はドイツ、フランス、イタリアの3国に分断されます。なぜ、ヨーロッパでは中国のような巨大統一王朝が形成されなかったのでしょうか。

中国王朝は黄河流域を支配し、大規模な灌漑農業を推進するために、水の供給を組織的に行ないました。そして、その組織を運営する精緻な官僚制が必要とされ、中央集権体制が整備されます。

中国の中心部に、中原《ちゅうげん》と呼ばれる黄河流域の大平野部があります。中原は生産の拠点であり、人口が集積していた場所でした。１つの平野に１つの河、これを統括する強大な政権が必然的に要請され、中国の統一王朝は形成されました。また、統一王朝は早い時期から漢字を統一し(秦王朝時代)、言語の共通基盤を形成することに成功しました。

一方、ヨーロッパは地政学的に、中国とは異なる特徴をもっています。複数の平野に複数の河、さらにそれを分け隔てる山脈、このような複雑な地形が勢力を分断させ、統一のインセンティブが働かない主な要因となっていました。

また、４世紀のゲルマン人の移動以降、ラテン人、ゲルマン人、スラヴ人の３勢力の力が均衡し、互いに牽制し合いながら、バランスをとるという政治力学が優先されました。こうした状況で、西ヨーロッパではラテン人の領域としてフランス、イタリアが、ゲルマン人の領域としてドイツが区分化されていくのです。

カール大帝の死後、８４３年のヴェルダン条約、８７０年のメルセン条約の2回の条約を経て、国境線が確定され、西フランク王国（フランス）、東フランク王国（ドイツ）、イタリア王国の3国に分断され、それぞれの国の基礎がつくられます。

これらの3国のなかで、ゲルマン人の文化や言語を受け継いだのは東フランク王国（ドイツ）でした。西フランク王国は、現在のフランスです。Franceはラテン語のFrancia（フランク人に支配されたところ）に由来しますが、ゲルマン人は言語までも支配するにはいたらず、ラテン語文化が残り、そこから派生してフランス語が形成されます。そして、人口の大半もラテン人が占めました。

イタリアには、教皇がおり、カトリックによる文化統治が徹底されたため、ラテン語文化が保持されます。イタリア王国でカール大帝の血統カロリング家が断絶したため、王国が早くも崩壊し、諸侯や都市が分立し、分裂状態となります。そのため、イタリアはドイツやビザンツ帝国の介入を受け、南イタリアはイスラムやノルマン人の侵入を受けます。

このように、中央ヨーロッパの3国の誕生にはゲルマン人が大きくかかわっているのです。

図9-1 ドイツ、フランス、イタリアの誕生

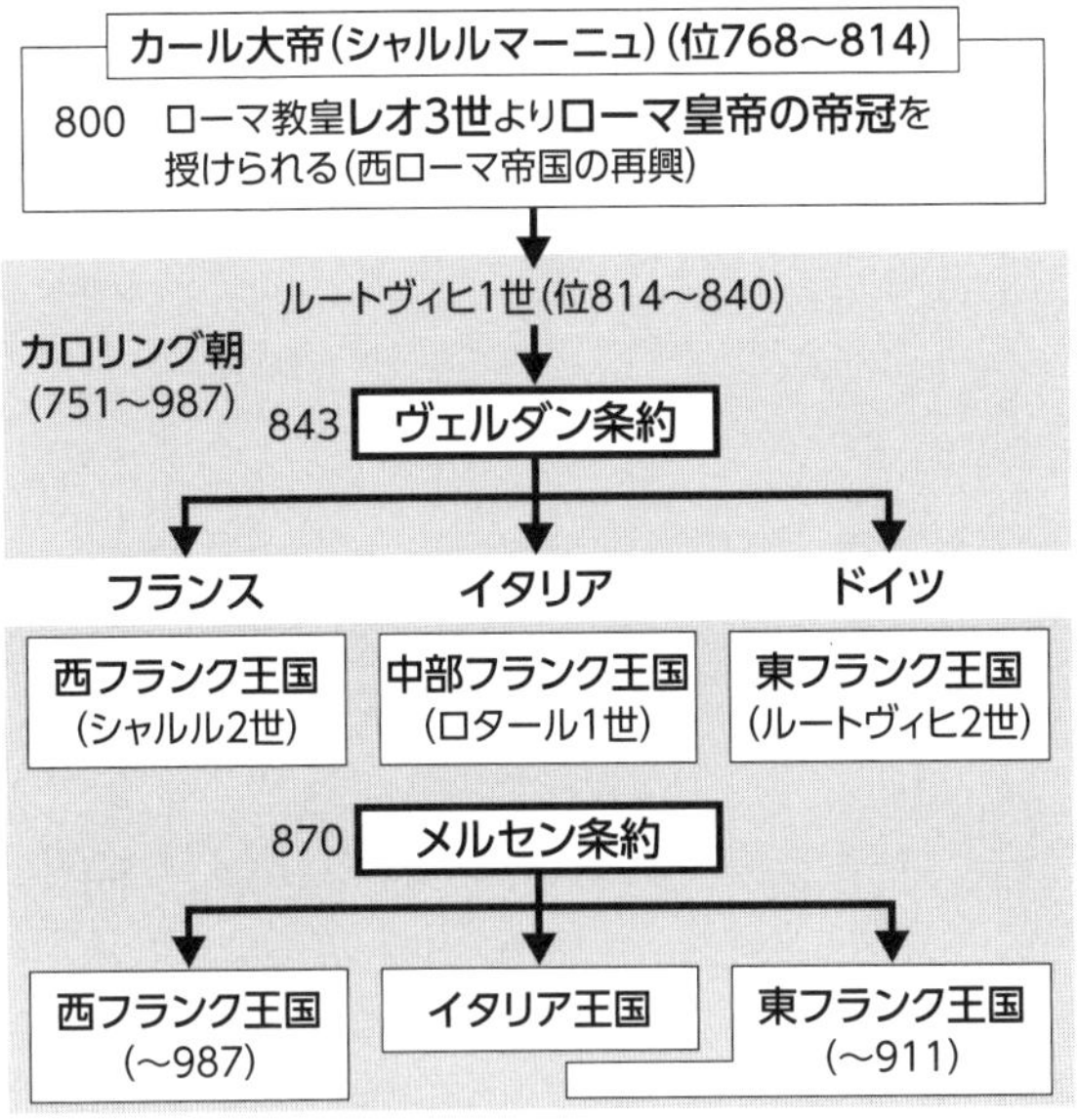

◆「グルグルとわからない言葉を使う人たち」

3国のなかで、ゲルマン人が言語・文化を直接支配したのが東フランク王国で、これはドイツの前身となり、ゲルマン人固有の国家として成長します。

ドイツは英語でGerman（ジャーマン）ですが、ゲルマン人自身は自らの国をGerman（ゲルマン）とは呼ばず、ドイツと呼びます。日本人もドイツと呼びます。ジャーマンとドイツは似ても似つきません。Deutsche（ドイツ）は古ドイツ語のdiutisc（ドイティス）に由来します。これは「人々の」という意味の単語です。したがって、Deutsche（ドイツ）は「人々の国」という意味になります。

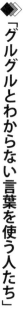

German（ゲルマン）はラテン人の側からの呼称で、もともとラテン語です。英語はこのラテン語のGerman（ゲルマン）をそのまま取り入れました。German（ゲルマン）という言葉の語源はよくわかっていませんが、「グルグルとわからない言葉を使う人たち」という意味合いがあったのではないかと推測されています。

古代ギリシア人が外国人を「バルバロイ」と呼びましたが、これは「バーバーとわからない言葉を使う人たち」という意味合いがあり、野蛮人と訳されます。バルバロイは英語の

barbarous（野蛮な）になります。German（ゲルマン）も、これと同じ解釈が成り立つのではないかと推測されるのです。

オランダは英語でDutch（ダッチ）ですが、このDutchはドイツのことです。まだオランダが独立国でなかったころ、イギリスはオランダとドイツを区別せず、まとめてDutch（ダッチ）と呼んでいました。16世紀にオランダが独立すると、イギリスはオランダとドイツを区別するために、Dutch（ダッチ）はオランダを、German（ジャーマン）はドイツを指すことにしたのです。

ちなみに、「go Dutch」という英語表現があります。「割り勘にする」という意味のこの表現は、イギリス人がケチなオランダ人を揶揄《やゆ》したことから始まったとされます。

◆ノルマン人は海賊だったのか

6世紀後半以降、ゲルマン人によって森林に深く覆われていた内陸部の伐採・開墾事業が進みました。農業生産が向上し、余剰生産物はヨーロッパ各地で売られ、都市の商業の成長を促進します。このころ、ヨーロッパは部族社会から脱却し、都市を中心にマーケットが現れました。

図9-2　ゲルマン人移動

第１次ゲルマン人移動（４世紀〜８世紀）

- ローマ帝国の領土を侵食、ヨーロッパ内陸部の大開墾事業
- 各地にフランク王国などのゲルマン王国建国

→ フランク族による収束（カール大帝の統一）

第２次ゲルマン人移動（９世紀〜11世紀）

- 北方ゲルマン（ヴァイキング）の沿岸都市形成
- 物流ネットワークの飛躍的発展

→ ノルマン朝（イギリス）やノヴゴロド国（ロシア）の建国

歴史家のフェルナン・ブローデルは著書『地中海』で「人口が増大し、農業技術が改良され、商業が復活し、産業が手工業段階での飛躍を遂げる、これらのことが、同時に起こったからこそ、ヨーロッパの全空間にわたって、都市網がつくりだされた」と述べています。

９世紀、西ヨーロッパは大きく成長し、豊かな経済がマーケットやそれをつなぐ商業ネットワークを生んでいきます。トラックや鉄道がなかった当時、モノの運搬は海の路をいく船で行なわれていました。

バルト海や北海のヨーロッパ北部沿岸部に物流拠点が形成されます。そして、その物流を担ったのが、「ヴァイキング（入江の民）」と呼ばれるゲルマン人の一派でした。彼らは、北方に住んでいたため、「北方の人＝ノルマン人」とも呼ばれます。ノルマン人はバルト海や北海を挟むノルウェー、スウェーデ

ン、デンマークなど一帯に住み、古来より漁を営み、内陸部の人々にはなかった高度な造船技術や操船技術を歴史的に有していました。

内陸部の発展とともに、物資の運搬の需要が急速に拡大し、ノルマン人がそれを請け負いました。ノルマン人は北海・バルト海を横断し、セーヌ川、ライン川、エルベ川、オーデル川などを縦断し、縦と横の動的なラインを組み合わせて、交易ネットワークを形成しました。

ゲルマン人に属するノルマン人のこうした動きを総称して、第2次ゲルマン人移動と呼ばれます。

ノルマン人は「ヴァイキング＝海賊」というイメージが強いのですが、沿岸地域を略奪した「破壊者」というよりも、海運業によって沿岸部をネットワーク化し、振興した「創造者」というのが実態です。当初、ノルマン人の沿岸地域の征服拡大が激烈で急進的であったため、海賊というイメージが根強く残ったものと思われます。

◆ノルマン人が建国したイギリスとロシア

一昔前まで、「イギリス王室は海賊の末裔」ということがよくいわれました。それは、そのとおりかもしれません。イギリス王室の始祖は海賊ノルマン人だったからです。イギリス同様

図9-3　ノルマン人の国家建設

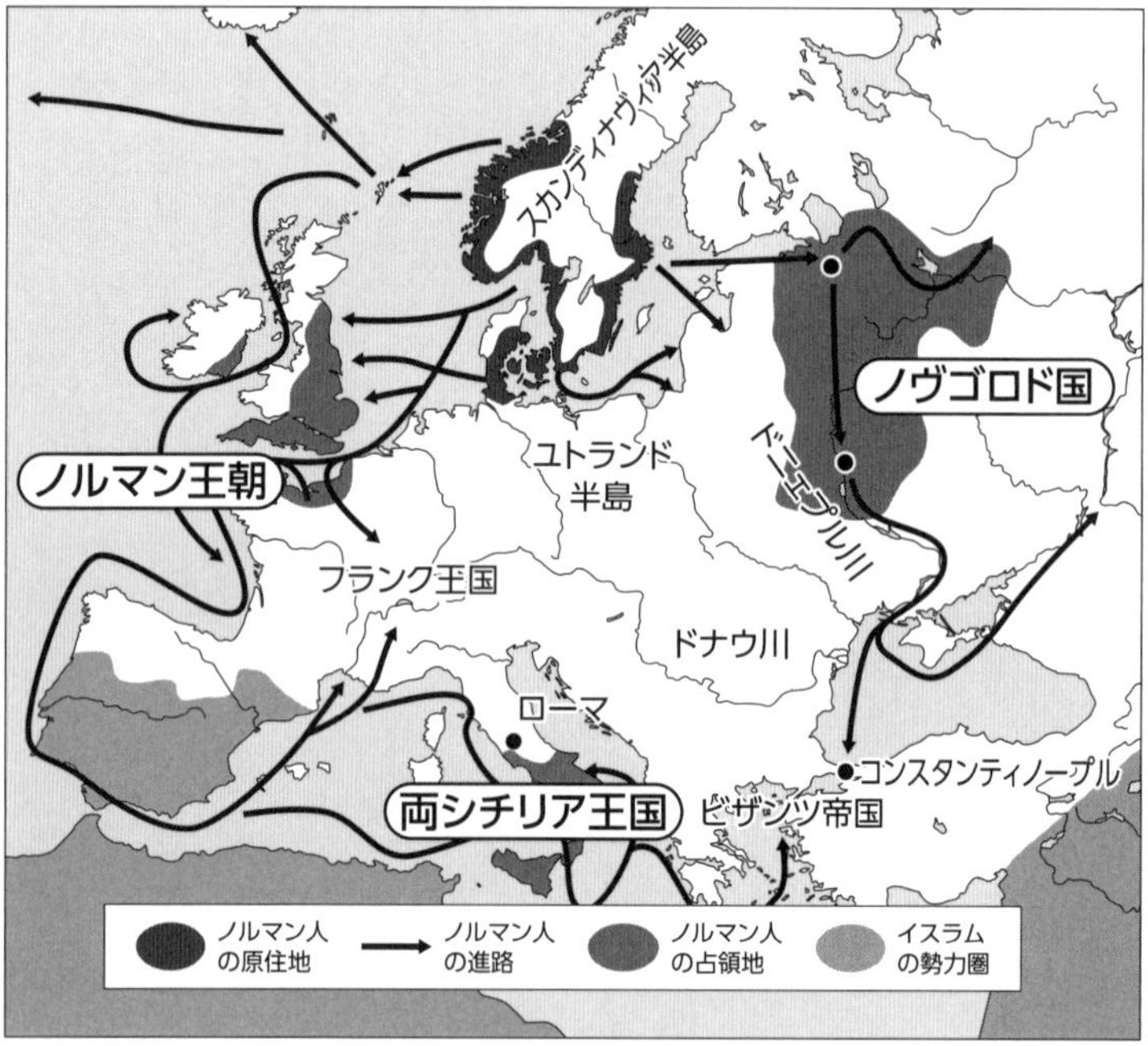

に、ロシア王室もまた、ノルマン人を始祖とします。

水上の交易ネットワークを独占したノルマン人は巨万の富を蓄積し、イギリスやロシアに自らの国を築いていきます。バルト海沿岸に9世紀、ノヴゴロド国がつくられ、これはロシアの母体となります。ノルマン人のルス族がこの国をつくり、「ルス」が「ロシア」の語源となりました。このノヴゴロド国から派生して、ロマノフ王朝（20世紀まで続くロシア王朝）へとつながっていきます。

一方、北海・ドーヴァー海峡

で現地人（アングロ・サクソン人のこと。後段で詳述します）やノルマン人同士の複雑な抗争を経て、1066年、ノルマン王朝がつくられます。ノルマン王朝はイギリスの母体となります。ノルマン王朝はドーヴァー海峡を挟み、イギリスとフランスにまたがっていた国です。そのため、イギリスの王朝はフランス北方に領土をもち続けて、フランス人貴族とも婚姻を繰り返し、こうしたことが後の英仏百年戦争におけるイギリス側のフランス王位とその領土を要求する根拠となります。

イギリスやロシアの国家の礎を築き上げたノルマン人の力は、拡がりゆく海上交易と経済発展のなかで培われました。

ノルマン人の海洋技術は、ローマ教皇からも高く評価されます。12世紀、十字軍が派遣されていた時代、地中海沿岸地域を進む十字軍の安全を海上から確保し、地中海の支配圏を拡大するため、ローマ教皇がノルマン人を地中海に招き入れ、イタリア南部に両シチリア王国を建国させました。地中海進出の野心を抱いていたノルマン人にとっても、好都合な話でした。

このシチリアのノルマン王ルッジェーロ2世は、地中海の果ての世界へ関心をもち、イスラムの地理学者ムハンマド・イドリーシーを招聘《しょうへい》します。イドリーシーはモロッコ出身で、当時、イスラム勢力の支配下にあったスペインのコルドバで地理学を学んだ学者でした。ルッジェーロ2世の求めに応じ、当時、最も正確であったといわれる世界地図を作製しました。

ノルマン人によって、造船などの高度な海洋技術がヴェネツィア、ジェノヴァなどのイタリアの港湾都市に伝わり、これらイタリア都市の急激な発展に寄与します。

◆世界の支配者となったアングロ・サクソン人

話が前後しますが、イギリスでは11世紀にノルマン王朝が成立する前に、アングロ・サクソン人が定住していました。アングロ・サクソン人もまた、ノルマン人同様にゲルマン人の一派です。

アングロ・サクソン人は5世紀ごろ、第1次ゲルマン人移動（図9-2参照）でドイツの北西部からブリテン島に移住したアングル人とサクソン人の総称です。現在のイギリス人の血統の大部分はこのアングロ・サクソン人から派生するもので、前述のノルマン人は後からイギリスに入ってきました。ノルマン人は支配者層を構成するものの、アングロ・サクソン人との混血を繰り返し、彼らに同化していきます。

アングル人はユトランド半島の東側のつけ根に位置するアンゲルン半島（現在のドイツのシュレースヴィヒ＝ホルシュタイン州の一部）に住んでいたため、アンゲル人やアングル人と呼ばれます。

サクソン人はドイツ語でいうザクセン人のことで、現在のドイツのニーダーザクセン州一帯にいたゲルマン人です。

アングル人とサクソン人はイギリス人を形成する主体となり、独自のアングロ・サクソン国家をつくっていきます。イングランドは「アングル人の国」のことです。イングリッシュは「アングルの人々」や「アングル人の言葉」という意味です。イングリッシュが日本人には「イギリス」と聞こえたため、イングランドは日本でイギリスと呼ばれます。

17世紀にはイギリス人がアメリカ新大陸に入植したため、アングロ・サクソン人はイギリス人とアメリカ人の両方を指すようになります。これが今日においても、「世界の支配者」と呼ばれるアングロ・サクソン人のルーツです。

図9-4　アングロ・サクソン人の移動

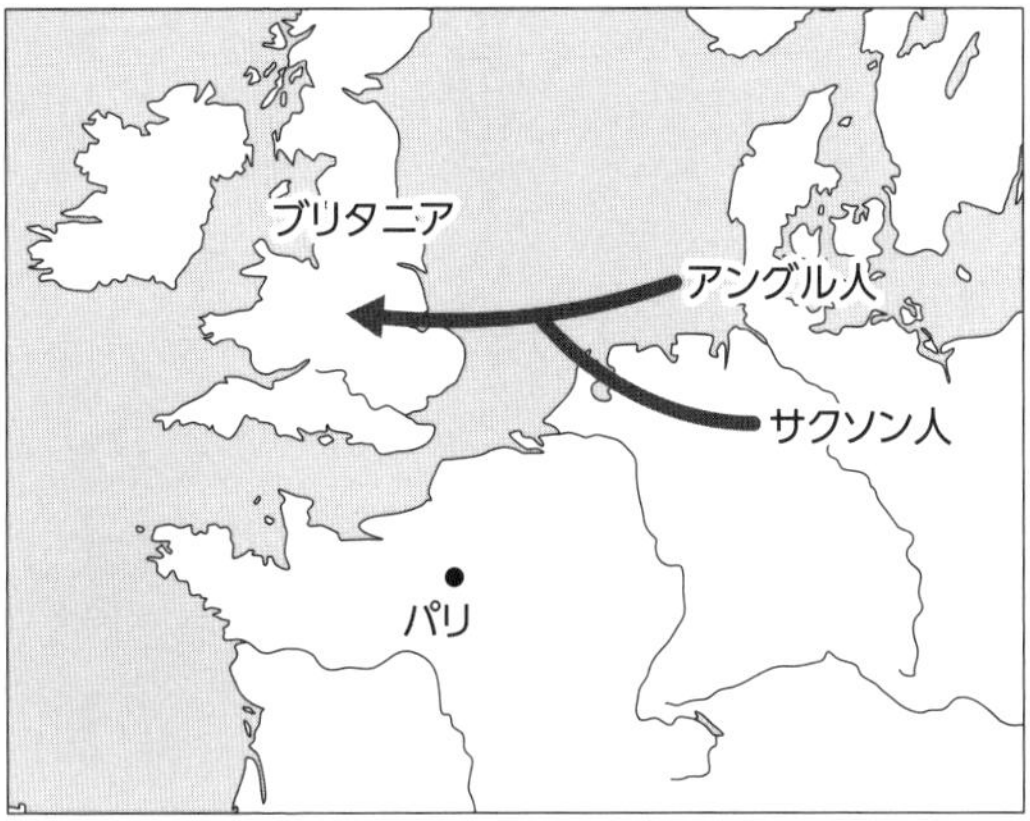

Chapter 10

アジア人とヨーロッパ人の血の結びつき

頭型で人種がわかる？

「長頭」や「短頭」という言葉を聞いたことはあるでしょうか。「細顔」や「丸顔」は聞いたことがあっても、長頭や短頭という言い方は初耳という方も少なくないかもしれません。

これらは頭型、つまり頭蓋骨上部の形のことで、形質人類学において、よく扱われます。頭を上から見た場合、図10-1のように、縦に長い頭型が長頭、縦に短い頭型が短頭です。

長頭は後頭部が膨らんでいるのに対し、短頭は後頭部が絶壁状態になっています。また、長頭は横幅が狭いため、細顔（面長）になりやすく、短頭は横幅が広いため、丸顔になりやすい傾向があります。白人は長頭が多く、日本人などのモンゴロイドは短頭が多いとされます。後頭部の膨らみに関していえば、日本人で膨らみのある人はほとんどいないでしょう。

19世紀の人類学で、このような頭型は脳の形にそのまま直結するため、知能や能力の差を表わしていると考えられました。白人が長頭である特徴をとらえ、長頭であればあるほど知能の高い進化した人間であるとする前提（もちろん、科学的な根拠はありません）に立ち、白人の優位が主張されました。ナチスは、ユダヤ人かどうかを選別するのに後頭部の膨らみを計測しました。

図10-1 白人とアジア人の頭型

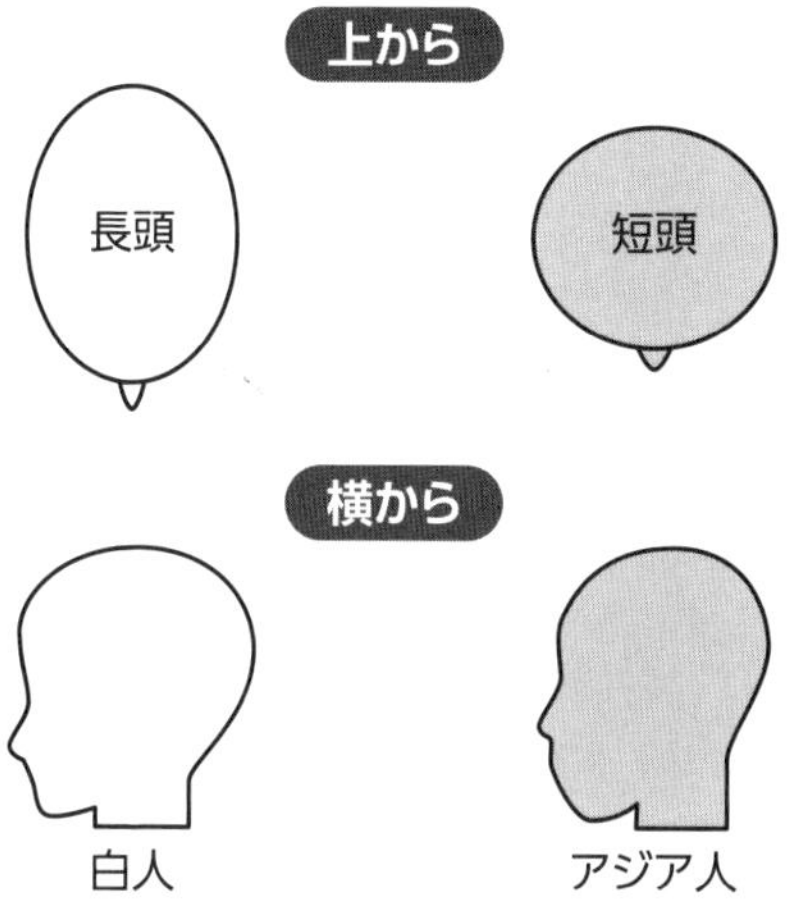

しかし、こうした白人の考え方には、大きな矛盾があります。彼らが劣等人種と見なしていた黒人は長頭が多く、後頭部の膨らみも白人以上です。このことに関する説明は、白人からなされませんでした。

それでも、19世紀以降、長頭を進化の証とする考え方に立って、長頭の多いドイツ人が長頭の少ないフランス人よりもまさっているなどとする論争が激しく巻き起こりました。

◆ノルディキズム（北方人種優位主義）とは何か

頭型によって、ヨーロッパ人を3つの区分に分けた学者がいました。アメリカの社会学者で人種学者のウィリアム・リプリーです。リプリーは1899年、北方人種・地中海人種・アルプス人種の区分を提起し、長頭の比率が最も高い北方人種が最優位の人種で、それに準ずるのが地中海人種、アルプス人種は短頭が多いため劣等人種であると主張しました。

アルプス人種は主にスイス、ドイツ南部、オーストリア、フランス中部、イタリア北部、東欧、ロシアなどヨーロッパ中部に分布します。この地域よりも北側に分布するのが北方人種、南側に分布するのが地中海人種です。

リプリーの頭型による区分は、一定のレヴェルでそうした傾向が認められ、遺伝子上の区分も一部、重なるところがありますが、今日では、リプリーの説にはほとんど科学的な根拠はないとされます（そもそも、頭型だけで人種区別はできません）。しかし、20世紀前半まで、リプリーの区分は欧米の人類学において定説とされました。

優秀な北方人種がヨーロッパ文明を創造し、すぐれた文化や芸術を生む才能の源であるとする説が急速に広まりました。このような説は「ノルディキズム（北方人種優位主義）」と呼ばれ、この立場をとる多くの学者が現われたのです。

とくに、ナチス・ドイツにおいてノルディキズムは強化され、北方人種はアーリア人としての白人純血を保った人種であると称賛され、「アーリアン学説」が生み出されました。

しかし、ノルディキズムはイタリアなどの学者から批判されました。ヨーロッパ文明は古代ギリシア・古代ローマから発祥したのであり、地中海人種こそがヨーロッパ文明創造の担い手であって、北方人種ではあり得ないと反論されたのです。

この反論に対し、ノルディキズムの学者はローマ帝国の初代皇帝アウグストゥス（オクタヴィアヌス）が北欧人の末裔であるという、苦し紛れの主張をしました。「アウグストゥスが北欧人」という珍説を唱えたのは、ドイツの人類学者ハンス・ギュンターでした。彼は、ナチスのお抱え学者で、「人種学の教皇」と呼ばれました。ギュンターは若いときに結婚したドイツ人の妻と離婚し、わざわざノルウェー人と再婚するほどの徹底したノルディキストでした。

ギュンターは「アウグストゥスが北欧人」と言ったとき、その根拠を示せと問われています。それに対し、「アウグストゥスは公正な人物であり、北欧人の特徴をよく備えていた」という、わけのわからない返答をしています。

◆広範なアジア人コロニー

欧米人の間では、北欧に対する憧れのようなものがあります。金髪・碧眼のいわゆるブロンディズムを体現した美しい容姿、そして近代において産業化を免れ、世俗とは隔絶されたことが北欧の神話的世界のイメージを膨らませました。

ドイツの作曲家リヒャルト・ヴァーグナーは、ドイツ神話に北欧神話・北欧伝説を織り混ぜて、北欧礼賛のオペラをつくり、ドイツ民族と北方人種との一体感を演出しました。ヴァーグナーは、ノルディキストたちに聖人のように扱われました。

しかし、北欧に行けばわかりますが、ただの田舎です。また、北欧人のすべてが金髪・碧眼ではなく、いろいろな人種の血が混ざっていることもわかります。ノルディキストが言うような、北欧人が純血を保った白人というのは、歴史を見ればすぐに否定されてしまいます。

北欧人は実際には、アジア人の血を濃く受け継いでいます。ヨーロッパ白人とアジア人を地理的に隔てていたのがウラル山脈です。ウラル山脈はロシア中西部〜中央アジアの山脈です（159ページの図13-5地図参照）。古来より、モンゴル人やトルコ人などのアジア人が、このウラル山脈を越えて北欧全域に住み着いていました。

図10-2 北欧・東欧の言語系統

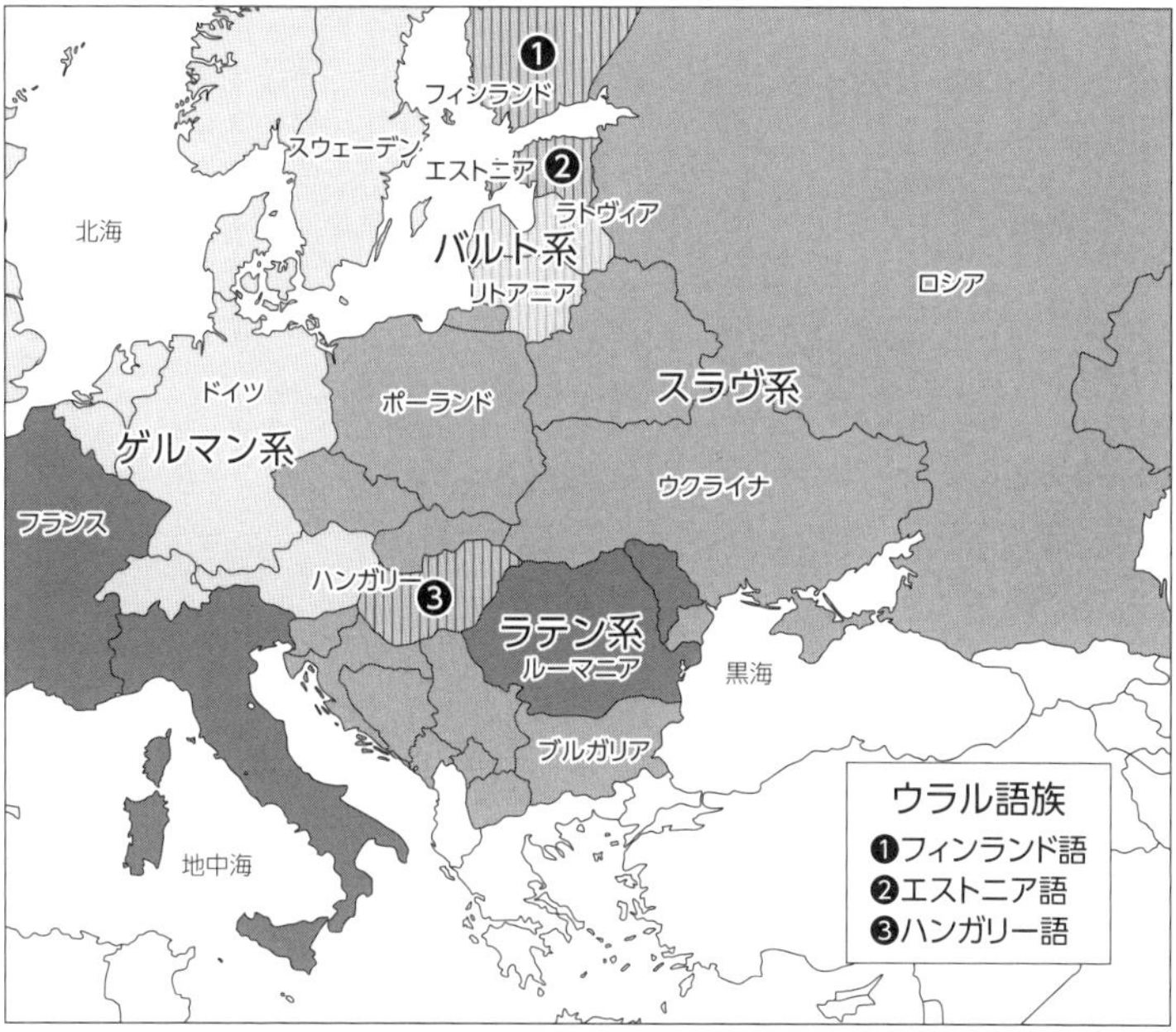

フィン人（フィンランド人）が、その代表です。フィン人のように、ウラル山脈の東にもともと居住していたアジア人は、ウラル語族と呼ばれます。ウラル山脈の南東にアルタイ山脈があり、この付近に居住したアジア人は、アルタイ語族と呼ばれます。ウラル語族とアルタイ語族をまとめることもあり（実質的には同じ民族だからです）、その場合はウラル・アルタイ語族と表記されます。

今日でも、フィンランドとエストニアはウラル語族の国とされています（北欧ゲルマン人の国には分類されていません）。フィン人とマジャール人（ハンガリー人主要構成民族。Chapter13参照）は、ともに中央アジアからやってきましたが、「フィン人はマヌケだったため、間違えて寒いところにたどり着いてしまった」といわれます。しかし、実際にはアジア人が北欧〜東欧の広範な地域に移住しており、そのアジア人のなかでも純粋な血統を保った末裔が、北部のフィン人として残ったと考えられます。

バルト三国のエストニア・ラトヴィア・リトアニアのうち、バルト語族はラトヴィア・リトアニアで、エストニアはウラル語族に分類されます。バルト語はスラヴ語に近く、バルト語族もスラヴ人の一部とされますが、彼らは近世以降、ロシア帝国の拡大のなかでスラヴ化されたのであり、もともとはエストニアと同じく、ウラル語族のアジア人が主流を占めていたと考えられます。バルト語には、ウラル語との親和性も強く残っています。

これらの地域に、なぜアジア人が広く分布していたのか、詳しく見ていきましょう。

◆北欧はアジア人の王国だった

13世紀、バルト語族の地域から発祥するリトアニア大公国という巨大国家が現われました。リトアニア大公国は、現在のバルト三国やウクライナ、ベラルーシ、ロシア西部にまたがる広大な領域を支配し、１３８６年にはポーランドを併合します。リトアニア大公ヤゲウォ（ヤゲロー）はポーランド女王と結婚し、ポーランド王とリトアニア大公を兼ね、ヤゲウォ朝を創始しました。

このリトアニア大公国（後のヤゲウォ朝）は、アジア系ウラル語族の国家、あるいは彼らの血統を濃く受け継いだ人々の国家と見ることができます。リトアニア大公国は、キリスト教国家ではありませんでした。14世紀末にヤゲウォがポーランド女王と結婚する際にキリスト教に改宗しますが、それまではキリスト教化されていなかったのです。このことは、彼らがヨーロッパにおいて異民族であったことを示しています。

図10-3 14世紀の東ヨーロッパ

また、リトアニア大公国が急速に強大化した背景に、モンゴル人の存在があります。13世紀、チンギス・ハンの孫バトゥに率いられたモンゴル人がロシア・ウクライナにキプチャク・ハン国を築いたことは、よく知られています。モンゴル人はロシアの領域を越えて、14世紀初頭

にリトアニアに移住し、リトアニア大公国と結合していきます。同じアジア人同士で、同化していくことは容易であったはずです。

リトアニアに移住したモンゴル人は「リプカ・タタール人」と呼ばれます。タタール人はモンゴル人を指し、リプカというのはモンゴル語で「リトアニア」を指します。

リトアニア大公国はモンゴル人勢力を取り込み、北欧から東欧へかけてアジア系民族の巨大国家を形成しました。彼らは、同じアジア系のフィン人とも連携していたと考えられます。

中世において、北欧の東半分がリトアニア勢力とフィン人の勢力によって占められていました。北欧がアジア人に侵食されていた事実からも、北欧白人の純血などは早い時期に失われていたことがわかります。北欧が白人だけの純粋で神聖な地域であったという「伝説」は、しょせん神話に過ぎません。

想像以上に強い血の結合

リプカ・タタール人の騎馬隊は、リトアニア大公軍の主力部隊として活躍しました。ヨーロッパ人から見れば、異形の異民族勢力を放置することはできず、彼らを駆逐することが「聖なる使命」とされ、13世紀以来、ゲルマン人のドイツ騎士団が彼らとたびたび戦いました。

その最終決戦が、1410年の有名なタンネンベルクの戦いです。この戦いで、ドイツ騎士団が敗北しました。

ドイツ騎士団は、北方ドイツ人のプロイセン人によって構成されていた勢力です。プロイセン人は本来、北方ドイツの盟主として、自らの国家をつくることができる力をもっていましたが、タンネンベルクの戦いで敗退し、15世紀の100年間、活躍の機会がありませんでした。

プロイセン人がドイツ人の国家としてプロイセン公国を建国するのは、16世紀です。

ドイツが他のヨーロッパ地域よりも後進的であったのは、中世以来、ドイツ騎士団が異民族との戦いに明け暮れ、疲弊し、国家建設が遅れたからです。しかし、ドイツ人はリプカ・タタールなどの異民族との戦いの記憶をその遺伝子に刻み込み、「民族の聖戦」なるものを使命とする意識が受け継がれてきたように思います。それが最も過激なかたちで現われたのが、ナチスという現象だったのです。

リトアニア大公国（ヤゲウォ朝）のアジア人たちは、ポーランド王国の併合以降、スラヴ民族のポラン人（ポーランド人）と混血し、同化していきます。

東欧では、ハンガリーがアジア系マジャール人の主要構成民族とされます。ポーランドやハンガリーはアジア人が入植していますが、その中間に位置するチェコ・スロヴァキアはどうでしょうか。この地域もやはり、アジア人の入植がありました。

アジア系のアヴァール人は6世紀に中央アジアからヨーロッパにやってきて、ドイツやハンガリー、チェコ・スロヴァキアを中心に9世紀まで王国を形成していました。アヴァール人は、ハンガリーのマジャール人と敵対関係にありながらも併存していました。カール大帝に討伐されて、アヴァール王国は崩壊します。13世紀には、チェコ・スロヴァキアの東部の都市オロモウツがモンゴル人に蹂躙されました。

西側のチェック人（チェコ人）、東側のスロヴァキア人はチェコ語とスロヴァキア語をそれぞれ話し、言語が異なりますが、両者の話者が互いに自国の言語で会話しても意味が通じるほど、近い関係にあります。チェコ人もスロヴァキア人も、ポーランド人とともに西スラヴ語族にまとめられます。

中世では、北欧と同じく、東欧全域がアジア人に侵略されていました。われわれが想像する以上に、アジア人とヨーロッパ人はその血統において結合しているのです。

ヨーロッパに侵入したアジア人は白人と混血し、同化していきますが、一部、彼らの血統が強く残された地域があり、それが北欧のフィンランド（フィン人）やエストニア、東欧のハンガリー（マジャール人）、南欧のブルガリア（ブルガール人）などです（Chapter13に続く）。

カタルーニャが独立したがる理由

「ケルト人」という少数民族がいます。ケルト人は白人で、インド・ヨーロッパ語族のなかで最も早い時期にヨーロッパ地域に移住しました。現在、アイルランド・スコットランド・ウェールズ・ブルターニュ（フランス北部）に居住し、独自の言語・文化をもっています。もともと、ケルト人はヨーロッパ全域に分布していましたが、ローマ時代にゲルマン人やラテン人に追われ、北西部の辺境へと逃れました。

ケルト人と並び、ヨーロッパの少数民族として有名なのが「バスク人」です。バスク地方には、スペイン側に約260万人、フランス側に約30万人が住んでいます。バスク人はインド・ヨーロッパ語族がヨーロッパへやってくる前から、イベリア半島に住んでいました。

バスク語はヨーロッパのどの言語グループにも属さず、起源が謎の言語とされています。世界でも最も難しい言語の1つとされ、バスク人のなかでも、バスク語を話せるのは20～30％程度しかいないといわれています。現在では、バスク人をクロマニヨン人（Chapter18 参照）の末裔とする説が有力です。バスク地方は1937年、スペイン内戦でフランコ・ドイツ連合から空襲攻撃を受け、その惨劇をピカソが『ゲルニカ』で描きました。ゲルニカは、バスクの中

図10-4 バスク州とカタルーニャ州

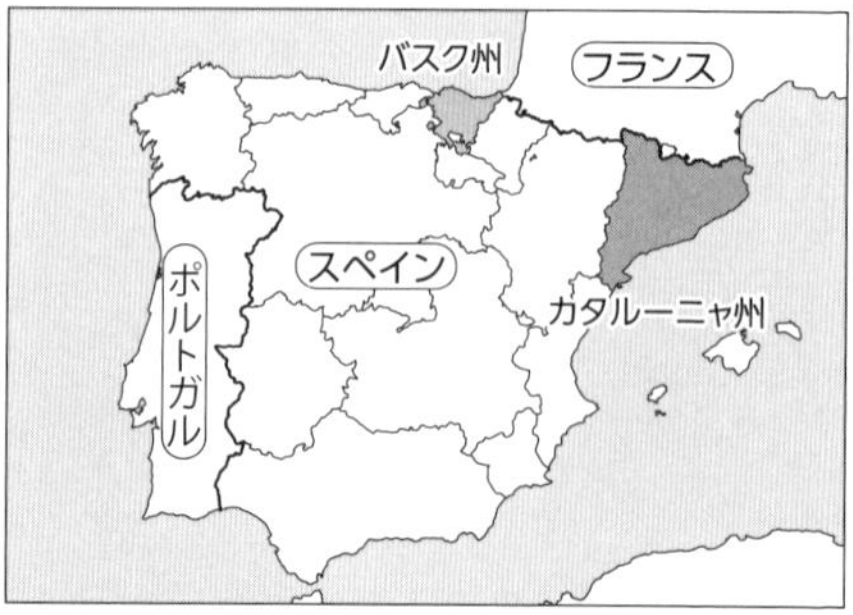

心都市ビルバオ近郊の町です。第二次世界大戦後、独立運動が強まり、武装集団「バスク祖国と自由（ＥＴＡ）」が結成され、武力闘争を展開、１９７９年には自治権を認められ、バスク自治州となります。

２０１７年、同じくスペインでカタルーニャ独立が大問題となっています。カタルーニャ州の州都は、世界有数の観光地バルセロナです。10月１日に行なわれた独立の是非を問う住民投票で、賛成が９割を超えました。カタルーニャは言語・習慣でスペインと異なる独自性をもっているため、昔から独立意識が強かったのです。

その他、スラヴ人地域のバルカン半島で、ルーマニアだけがラテン語の地域として孤立しています（１１７ページの図10-2参照）。ローマ人が３３０年、コンスタンティノープル（現イスタンブル）に遷都したとき、この地域一円のブルガリアやルーマニアもローマ化されました。ローマ人が入植し、ローマ語が使われていたのです。ブルガリアは中世にブルガール人に侵略されますが、北部のルーマニアはローマ人の血統が残り、現在にいたっていると考えられます。ルーマニアとは、「ローマ人の土地」を意味します。

第4部

インド・中東・中央アジア

Chapter 11

インドを支配した征服民たち

3200年続く「カースト制」の起源

インド社会には、今日でもカースト制という極端な身分制度があることはよく知られています。身分の低い階層は教育もろくに受けることができず、富裕層との格差が異常に拡大しています。インドでは相続税がないため、格差が固定してしまい、富が貧困層に再配分されることもありません。身分の低い階層に生まれたら、どんなに有能であっても、どんなに努力をしても、這い上がることができないのです。

「カースト」というのはポルトガル語のカスタ、「家柄」という意味で、15世紀、インドにやってきたポルトガル人がインドの厳しい身分制度に驚き、それをヨーロッパに報告したことから、広く知られるようになります。カスタは英語のclass（クラス）です。

1950年、カーストにもとづく差別は禁止されましたが、カースト制自体が廃止されたわけではないため、階級差別は根強く残っています。現在のインド12億人のカースト別構成比は、第1身分のバラモン（僧侶、司祭階層）が約5％、第2身分のクシャトリア（貴族階層）が約7％、第3身分のヴァイシャ（商人階層）が約3％、第4身分のシュードラ（奴隷階層）が約60％とされます。

この他、第4身分のシュードラよりも下位に位置し、カーストの枠外に放り出されている階層もあります。ダリッド（アウト・カースト）という階層で、約25％もの人々がこの階層に属します。彼らは「不可触民」、つまり、汚らわしく触ってはいけない（アンタッチャブル）とされ、差別をされています。

このカースト制はインドの民族の歴史と深いかかわりがあります。インドには、古代からもともと原住民ドラヴィダ人がおり、インダス文明を形成していました。そこへ、外国人のアーリア人が侵入してきます。アーリア人はインド・ヨーロッパ系白人種で、中央アジアを原住地に分布していましたが、紀元前2000年ごろ、西と南へ移動を始めます（Chapter2・Chapter3 参照）。彼らのうち西へ向かったものはペルシア人、小アジア人、ヨーロッパ人となります。南へ向かったものはインド先住民ドラヴィダ人を征服し、後に同化してインド人になります。

アーリア人は原住民ドラヴィダ人を支配するために、バラモン教という新しい宗教をもち込んで、自分たちを神に最も近い神聖な人種とします。神聖なるアーリア人の優位を示すのにヴァルナ（種姓）という身分制度が用いられます。アーリア人が階級の上位を占め、ドラヴィダ人は下位に隷属させられました。これがカースト制の始まりです。紀元前13世紀のことで、いまから約３２００年前になります。

ところで、インド原住民のドラヴィダ人はほとんどがアーリア人と同化しましたが、一部、スリランカでタミル人として現在でも残っています。スリランカでは、ドラヴィダ系でヒンドゥー教徒のタミル人とアーリア系で仏教徒のシンハラ人が対立しています。多数（約7割）を占めるシンハラ人に対し、少数（約2割）のタミル人が分離独立を要求、１９８３年、「タミル・イーラム解放の虎（ＬＴＴＥ）」が武装闘争を開始します。２００９年、ＬＴＴＥは完全制圧されましたが、いまだ対立は続いています。

インダス川の恵みを受けたシンドゥの民

白人種のアーリア人が今日のインド人のように肌が黒化していくのは、暑い地域で環境適応したためです。肌の黒化は、メラニン色素生成の作用です。低緯度地帯の日照の強い地域では、紫外線から細胞を守るため、メラニン色素が皮膚の表面に放出され、肌に入ってきた紫外線を吸収します。メラニン色素がカーテンの役割を果たし、紫外線をカットし、細胞が傷むのを防ぎます。メラニン色素の放出により、皮膚だけでなく、目の虹彩《こうさい》、毛髪も黒化していきます。

インドのアーリア人の肌が黒化したのは、環境適応の他、現地のアジア系ドラヴィダ人との混血を繰り返した結果でもあります。アーリア人は、原住民ドラヴィダ人をカースト制によって差別したにもかかわらず、性奴隷は大量に受け入れていたのです。

アーリア人はバラモン教を信奉していました。バラモン教は特定の開祖をもたない宗教です。ブラフマン（Brahman）と呼ばれる宇宙の根本原理を探究することから、ブラフマン教の名称が与えられます。バラモン教というのはそのカタカナ読みで、正しい発音はブラフマンです。中国でブラフマンは「梵」の字があてられ、日本語で梵天《ぼんてん》というのは宇宙という意味です。

バラモンの神によって選ばれたとするアーリア人たちは、自らを神格化するためにカースト制を強制しました。身分制度は支配者が秩序を得るために有効なツールでした。しかし、一方で、支配される側の反発も当然、生じてきます。仏教の開祖ブッダは、バラモン教の権威や儀式を認めず、またカースト制も否定しました。

インドでは中世において、バラモン教と仏教が併存する状態が続きます。バラモン教は4世紀ごろに、従来の儀式主義を排し、民衆生活と密着した宗教に変貌を遂げました。この時代から、バラモン教はバラモン教とは呼ばれず、ヒンドゥー教と呼ばれるようになります。仏教が貴族や商人に支持者が多かったのに対し、ヒンドゥー教は一般民衆に支持された大衆宗教となります。

ヒンドゥーとはバラモン古典語であるサンスクリット語のシンドゥ（sindhu）「水、大河」に由来しています。「水、大河」というのはインダス川を指しています。シンドゥがペルシア語のヒンドゥ（Hindu）となり、そこから派生して、ギリシア語でインド（Indos）となります。つまり、ヒンドゥー、インドという言葉は同じシンドゥという意味で、インダス川の恵みによって発生した地域や社会、そして民族全体を指す総称なのです。

◆「神の掟」に縛られつづける人々

ヒンドゥー教はバラモン教が変貌したものであるため、カースト制をそのまま引き継ぎます。インドのカースト制は征服民アーリア人が強制した支配のしくみであるにもかかわらず、継承され続けます。

インドの人々は農民（最下層の奴隷階級）を中心に、ヒンドゥー教を受け入れました。ヒンドゥー教を受け入れるということはカースト制も受け入れるということであり、自分たちが永遠に最下層に置かれるということです。それでも、なぜ彼らは征服民アーリア人がつくった宗教や身分制度を受け入れたのでしょうか。

中世のインド統一王朝の時代、都市型の商業経済が発展しましたが、インド経済の中心は農業で、人口の大半を農民が占めていました。農耕社会において、人々は自然と向き合わなければならず、偉大なる自然を支配する超越的なものへの畏敬は、神なる者への信仰に結びつきます。多神教であるヒンドゥー教において、雷神、水神、火神などは、自分たちを取り巻く自然のなかに存在するものでした。

その点、仏教は自然の神々への信仰を誘うものではなく、人間が苦しみからいかにして解放されるべきかを探究する方法、その実践や理念を説くものでした。当時のインドの農民たちにとって、仏教は都市生活を享受する貴族や商人のものであり、その教義は農民たちにとって、縁遠く、抽象的で、彼らの日々の暮らしに浸透するようなものではなかったのです。

また、ヒンドゥー教はバクティ運動と呼ばれる伝道活動をたくみに展開しました。バクティとは「信愛」を意味する言葉です。ヒンドゥー教の伝道者は儀式主義を排除し、ひたすら神を想い、神を愛し、神に身を捧げることを民衆に説きました。神の存在を強く意識し、神によって守られているという素朴な感覚が農民たちに拡がっていきました。

7世紀、統一王朝時代が終わると、保護者を失った仏教はインドで急速に衰退し、仏教に代わりヒンドゥー教が隆盛します。

現在、約13億人のインドの人口のうち、ヒンドゥー教徒が約80％、イスラム教徒が約15％に対し、仏教徒は１％未満しかいません。

ヒンドゥー教によって、厳しい身分制度を課せられることがわかっていながらも、農民をはじめとするインド人は自然の内に存在する神を必要としました。カースト制は神によって定められた掟であるため、それを変えることは神に逆らう行為となります。

江戸時代の日本の士農工商の封建的な身分制度は、幕府という世俗権力が定めた制度に過ぎず、幕府が倒れれば、当然、このような身分制度も消滅します。しかし、インドの身分制度は世俗を超えたもので、人間の意志で変えることができません。

ヒンドゥー教を信じるインド人にとって、厳しい身分制度は神から与えられた運命なのです。

なぜモンゴル人がインドを支配したのか

16世紀、インドはムガル帝国によって統一されます。７世紀、統一王朝時代が終わって以降、インドはずっと分裂状態でしたが、約９００年ぶりに再び統一されたのです。「ムガル」は「モンゴル」が訛ったもので、その名のとおり、ムガル帝国はモンゴル人による異民族王朝です。

なぜ、モンゴル人がインドにまでやってきたのでしょうか。

チンギス・ハンのモンゴル帝国は彼の死後、息子たちによって分割継承されます。そのうち、中央アジアのハン国は14世紀にティムール帝国に発展統合されます。建国者ティムールはその出自において、トルコ人やモンゴル人の血が混ざっていますが、自らも主張するように、チンギス・ハンの後継者を自称し、モンゴル人政権としてのティムール帝国をつくりました。

ティムール帝国はシルクロードを支配し、交易がもたらす富によって発展しました。しかし、16世紀になると大航海時代を迎え、東西が海上交易路で結ばれ、陸路のシルクロードが急激に衰退します。

図11-1 バーブルの侵攻ルート

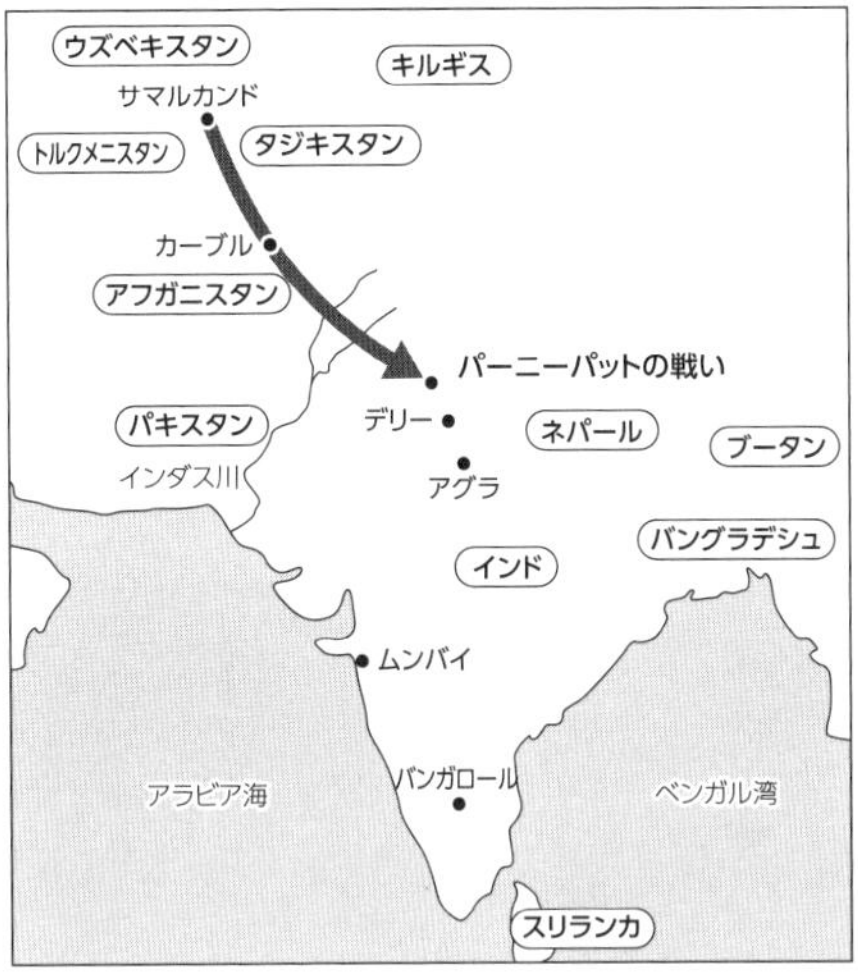

ティムール帝国はシルクロード経営に将来性のないことを感じ、中央アジア地域をトルコ人ウズベク族に明け渡し、自らは大軍勢を率いて豊かなインドへ南下します。ティムールの末裔バーブルはインダス川を越え、1526年、パーニーパットの戦いでインドに進出し、インドにムガル帝国を建国しました。ムガル帝国はティムール・モンゴル政権の継承国であり、その国名に「モンゴル＝ムガ

ル」の名を冠しました。
ムガル帝国はイスラム教を奉じていましたが、現地インド人のヒンドゥー教信仰を認めたため、ヒンドゥー教やカースト制は存続します。

◆支配者による民族の分断

ところが、17世紀後半、ムガル帝国の第6代皇帝アウラングゼーブは熱心なイスラム信徒であったため、ヒンドゥー教徒のインド人を弾圧しました。これ以降、ムガル政権とインド人との間に対立が生じます。対立の混乱に乗じて、イギリス・フランスの植民地侵略が始まります。18~19世紀、インドに進出したイギリスはカースト制をインド支配のツールとして利用しました。イギリスは現地インド人の上級カーストの有力者たちをたくみに懐柔し、さまざまな利権を与えながら下級カーストを代理支配させました。

イギリスは上級カーストの下級カーストへの徴税権を認め、その税収の何割かがイギリスに上納されました。上納金を獲得したイギリスは、現地の有力者の土地の支配権を認めます。古来から続くカースト制の階級分断が、インド人の国民意識の統合を妨げる大きな原因となっており、その分断のおかげで、イギリスは容易にインドを支配することができました。

ムガル帝国のイスラム政策により、インド西北部を中心にイスラム教徒が拡大していました。イギリスはこのイスラム教徒を利用し、ヒンドゥー教徒と互いに争わせました。イギリスは漁夫の利を占めるかたちで両者を支配したのです。

インドにおけるヒンドゥー教徒とイスラム教徒の対立は続き、1947年、イギリスがインドの独立を認めた際、ヒンドゥー教徒の国であるインドとイスラム教徒の国であるパキスタンが分離して、それぞれ独立します。

両国の独立直後に国境のカシミール帰属問題が発生し、3回にわたるインド・パキスタン戦争が起こります。インドは1974年に核を保有し、パキスタンもこれに対抗して、1998年、核保有しました。インドとパキスタン両国の対立は、今日まで続いています。

Chapter 12

イスラムがもたらした諸民族の混血

◆イラン人はアラブ人ではない

イラン人とイラク人を見分けることはできるでしょうか。両者を容貌から区別することは、難しいでしょう。日本にやってきているのは、ほとんどがイラン人で、イラク人はわずかです。

イラン人とイラク人は本来、まったく異なる民族系列に属します。イラン人はインド・ヨーロッパ語族、いわゆるヨーロッパ人の仲間であるのに対し、イラク人はセム語族、いわゆるアラブ人です。

イラン人は、アラブ人ではありません。しかし、イラン人は中東地域にあって、長い年月をかけ、アラブ人との混血を繰り返し、事実上、アラブ人化して今日にいたります。もともと、イラン人の容貌はアラブ人よりも白人ヨーロッパ人に近かったと考えられます。7世紀にムハンマド（英語名マホメット）が出て、中東地域全体がイスラム化されはじめると、イラン人と

図12-1　イラン人の王国推移

①紀元前６世紀～紀元前４世紀　アケメネス朝ペルシア

アレクサンドロスの東征　ヘレニズム時代（ギリシア人）

②紀元前３世紀～３世紀　パルティア

③３世紀～７世紀　ササン朝ペルシア

アラブ人の混血が急速に進みます。ちなみに、ムハンマドは純然たるアラブ人です。

では、中東の民族の状況を順を追って見ていきましょう。中東オリエント地域における最初の長期統一政権を担ったのは、イラン人です。紀元前６世紀、イラン人の王国アケメネス朝ペルシアが現われます。イラン人は騎馬民族であったので、騎馬者という意味のパールス（Pârs）を語源にする「ペルシア」が国号となりました。

紀元前３３０年、ギリシア人勢力を率いるアレクサンドロス大王が来襲し、アケメネス朝ペルシアは滅ぼされ、ギリシアとオリエントを統合し、ヘレニズム帝国をつくります。しかし、アレクサンドロスの死後、帝国は分裂します。

間もなく、イラン人はギリシア人勢力を追い出し、自らの勢力を回復させます。イラン人はパルティア王国という国を建国し、イラン・イラクに領土を広げ、中東を支配し、ローマ帝国と対等に戦います。イラン人国家パルティアは５００年間も続きます。

３世紀に入ると、パルティア王国の国力はしだいに衰え、王国内の地方豪族として台頭したササン家に王位が引き継がれ、226年、ササン朝ペルシアが建国されます。やはり、ササン朝ペルシアもペルシアという名のとおり、イラン人王朝です。

なぜイラン人は中東の覇権を奪われたのか

ササン朝は強大な力を誇り、中東から中央アジア、インド西北部にいたるまで支配領域に入れた王朝です。この時代、イラン人がユーラシア大陸中部の覇者でした。イラン人はイラク人などのアラブ人、中東の諸部族を従属させていました。

ササン朝はイラン人独自の宗教ゾロアスター教を国教化し、国威の発揚を図ります。一方で、ササン朝はマニ教を禁止します。マニ教の開祖マニはゾロアスター教の神官でしたが、ゾロアスター教をもとにしてキリスト教、仏教の諸要素を融合した新宗教であるマニ教を創始します。マニ教は商人層を中心に広く信仰されましたが、ササン朝により弾圧され、マニは276年、処刑されます。

ササン朝は、イラン人優位主義を掲げる軍国主義政権でした。少数のイラン人支配者層が多数のアラブ人などの諸部族を統治するにあたり、イラン人を神聖化し、イラン人の統治を正当化するシステムが必要とされたのです。そして、イラン人独自のゾロアスター教が国教化されました。キリスト教や仏教を融合させようとするマニ教では、イラン人を唯一的に神聖化することはできません。

ササン朝のイラン人優位主義、極端な排外主義により、ヨーロッパやアジアとの東西交易が停滞します。ササン朝の硬直した姿勢に対し、王朝の内外の諸民族の不平・不満が鬱積します。

こうした状況で、新たに登場するのがイスラム教です。イスラム教はアラビア半島西岸のアラブ人ムハンマドによって創始されます。

イスラム教は寛大な宗教で、ゾロアスター教のような選民思想を排し、「神の前の平等」を説きます。イスラム教はキリスト教徒やユダヤ教徒を「啓典の民」として尊重し、他宗教を敵視することはありませんでした。啓典とはユダヤ教の聖典の『旧約聖書』やキリスト教の聖典の『新約聖書』のことです。

イスラム教は、ササン朝の民族主義への不平・不満を糾合し、急成長します。とくに、東西交易に従事していた商人層がイスラム教を支持しました。商人は諸民族と取り引きを行なっていたため、彼らと融和を図ることのできるイスラム教が商売の助けになると考えたのです。

イスラム勢力はアラビア半島を統一し、ササン朝に対抗します。642年、ニハーヴァンドの戦いでササン朝はイスラム教を掲げるアラブ人勢力に敗退し、滅びます。以後、中東の覇権はイラン人からアラブ人に移り、アラブ人によってイスラム帝国が形成されていきます。アケメネス朝ペルシアからササン朝ペルシアまでの1200年間にもおよぶイラン人の優位が、ここで崩れたのです。

◆ヨーロッパの背後を突いたウマイヤ軍

イスラム勢力は、ウマイヤ朝という統一王朝を建国します。ウマイヤ朝はアラブ人を支配者層として、イラン人などの諸民族を統治しました。ウマイヤ朝は勢力を拡大させるため、ヨーロッパへ進出しようとします。ウマイヤ朝の前に立ちはだかったのが、ビザンツ帝国（東ローマ帝国）です。

ウマイヤ朝は673年、ビザンツ帝国の首都コンスタンティノープルを包囲します。しかし、コンスタンティノープルの守備はきわめて堅く、攻撃は失敗します。

コンスタンティノープルを落とすことのできないウマイヤ軍は、バルカン半島を越えてヨーロッパへと中央突破することができません。やむを得ず、ウマイヤ軍は北アフリカ経由の迂回ルートを進むという戦略の大きな転換を迫られました。北アフリカからスペインへと回り込み、ヨーロッパの背後を突くという新戦略です。698年、ウマイヤ軍はビザンツ帝国領カルタゴを占領、北アフリカにおける足場を確保しました。711年、スペインを占領、西ヨーロッパ

図12-2　北アフリカ経由の迂回ルート

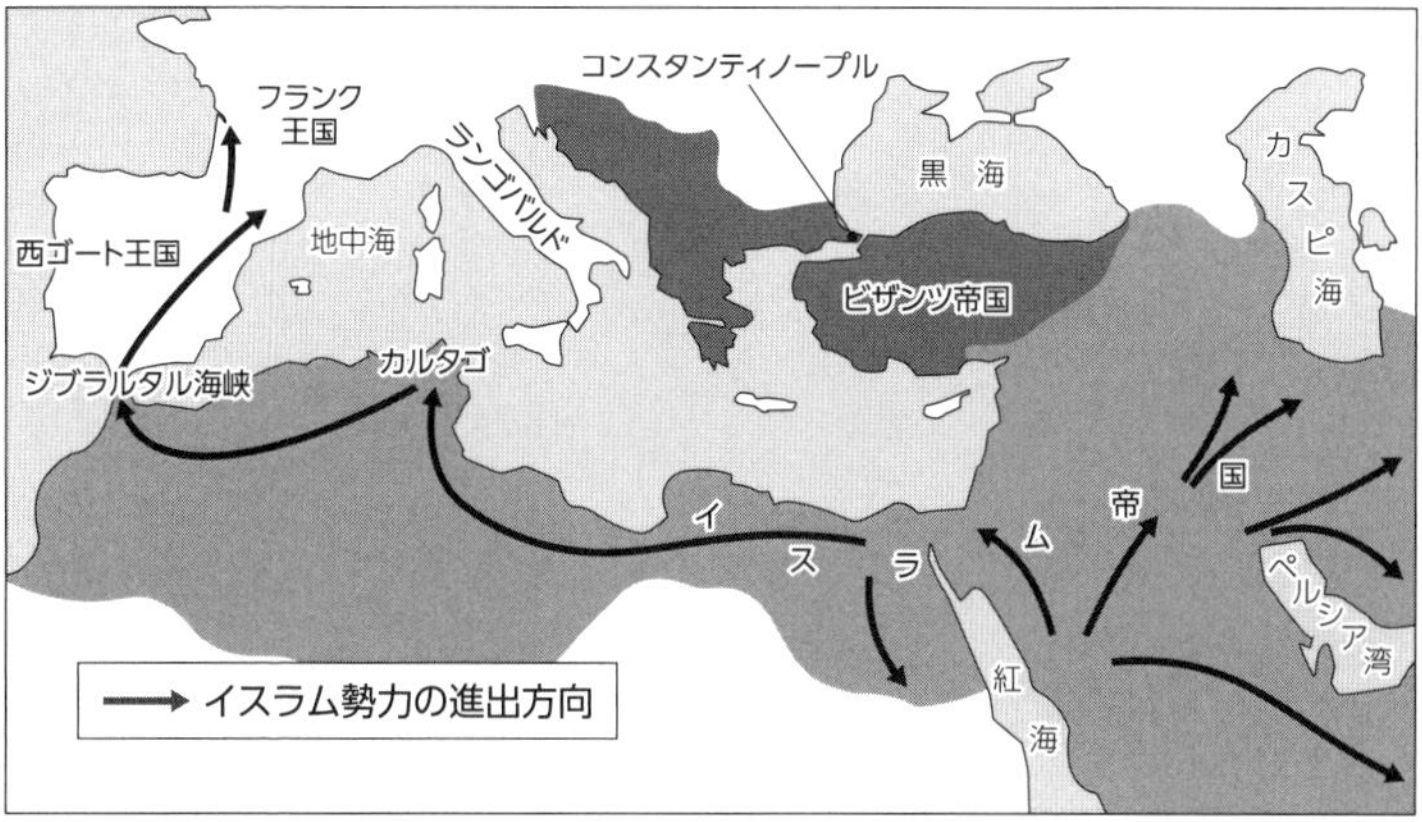

勢力と対峙します。

このとき、西ヨーロッパはゲルマン人部族が各地に割拠し、バラバラの状態でした。そこへ、イスラムの脅威が突如、現われたのです。ゲルマン人の諸部族に緊張が走り、イスラムの脅威に対抗するため、団結が進みます。この団結の中心となったのが、最も有力であったゲルマン系のフランク族です（Chapter8参照）。

フランク族のカール・マルテルは732年、トゥール・ポワティエ間の戦いでウマイヤ軍を破りました。このカール・マルテルの子孫が、西ヨーロッパ世界を統一するカール大帝です。

ウマイヤ朝は、軍事主義的な性格の強い政権でした。軍事主義は、その巨大な軍事機構を養うために、常に侵略膨張を続けなければならないという宿命に必ずとらわれます。

ウマイヤ朝は北アフリカを越え、スペインを侵略・略奪している間は機構を維持し、国家を繁栄させることができました。しかし、ひとたび、トゥール・ポワティエ間の戦いで敗れ、その侵略が止まると、機構はすぐに動揺し、脆《もろ》くも崩れ去っていきました。異民族・異教徒に敗北したという事実は、ウマイヤ朝の存在意義を失わせたのです。

◆非アラブ人の不満を利用したアッバース朝

750年、ウマイヤ朝が崩壊し、新たにアッバース朝が建国されました。アッバース朝はウマイヤ朝のような軍事国家ではありません。ウマイヤ朝の軍事膨脹主義の限界を反省して、経済成長により政権の求心力を維持することに努め、また軍人たちの強い影響力を排除しようとしました。

ウマイヤ朝において、アラブ人のみが軍事的権限を与えられました。イラン人などの外国人に軍事的権限を与えれば、彼らが武器をもって歯向かってくるかもしれません。想定される反乱を未然に防ぐ必要がありました。外国人は従軍したとしても、一兵卒の扱いに過ぎません。

ウマイヤ朝において、アラブ人の軍人集団はエリート特権階級で、税は免除されていました。これがイスラムの「神の前の平等」に反するとして、イラン人などの非アラブ人のイスラム教徒たちが不満を募らせていました。

アッバース朝は、こうした非アラブ人の不満を利用して台頭します。アッバース朝はアラブ人の軍人エリート層の特権を廃止し、他の外国人と同じように税負担を求め、軍事主義偏重をあらためようとしたのです。軍人たちの役割や権限が大きく、縮小していきます。

アラブ軍人たちは、これに大いに怒ります。とくにウマイヤ朝時代、命を賭してスペインの外地にまで遠征していたアラブ軍人たちにとって、特権廃止は受け入れがたい屈辱でした。彼らはアッバース朝にはしたがわず、スペインで後ウマイヤ朝を建国し、独立しました。アッバース朝は、その成立早々に分裂含みの状態でした。

新人種「ベルベル人」とは何か

アッバース朝から分裂した後ウマイヤ朝以降、700年間にわたり、イスラムのアラブ人がスペインを支配します。この期間、アルハンブラ宮殿が建築され、現存する宮殿の大部分が13世紀に造営されます。

いま、ヨーロッパで急速に多くの観光客を集めているのはスペインです。ヨーロッパ文化とイスラム文化の融合によって生み出される文化交差の空間、その独特の雰囲気がスペインの爆発的な人気の大きな要因となっています。

中世の時代に、イスラムはスペインに進出し、ヨーロッパと接続しますが、イスラムはヨーロッパだけでなく、他地域とも接続します。前述のように、ウマイヤ朝は北アフリカを経由してスペインにやってきました。このとき、アラブ人は現在のチュニジア、モロッコ、アルジェリアなどの国々の民族、主にアフリカ系黒人種を服属させながら軍を進めました。もともと、ローマ帝国の時代からヨーロッパ人やアラブ人がこれらの地域に入植し、人種の混血が進んでいましたが、イスラムがこれらの地域を統合したことで、さらに混血が進みます。

白人、アラブ人、黒人の混血種が多数現われ、彼らは「ベルベル人」と呼ばれます。ベルベルとはヨーロッパ側からの呼称でBerberと表記され、野蛮人という意味です。ベルベル人は、北アフリカからスペイン・イベリア半島に定住しました。イスラムのヨーロッパ侵攻は複雑な人種間の交配をもたらし、ベルベル人という新人種を生んだのです。

国家や民族を超越するベルベル人

11世紀以降、モロッコのマラケシュを首都とするベルベル人王朝ムラーヴィト朝とムワッヒド朝が誕生します。ともにイスラム王朝です。これらの王朝はマラケシュを政治的な首都とし

図12-3 イベリア半島勢力の変遷

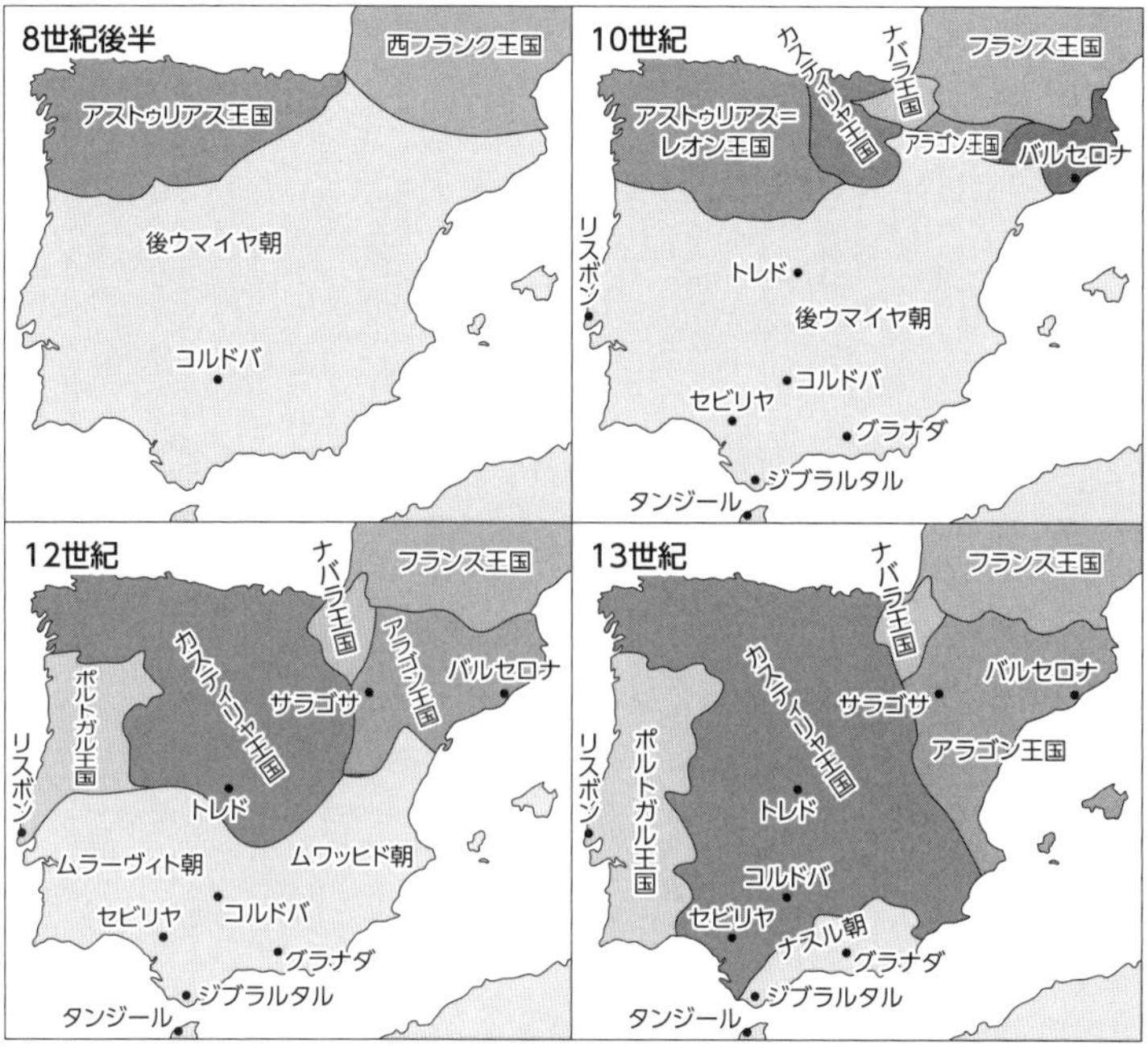

ましたが、支配下のイベリア半島側のコルドバやセビリヤを経済的・文化的な中心都市としました。

コルドバの学者で有名な人物がムラーヴィト朝時代の地理学者ムハンマド・イドリーシー、ムワッヒド朝時代の哲学者イブン・ルシュドです。両者ともベルベル人、つまり混血種とされます。イブン・ルシュドは、ヨーロッパに隣接するコルドバの地理的な好条件を利用し、アリストテレスなどのギリシア哲学の文献を集め、混血種ならではの研究を行ない、中世のイスラムとヨーロッパの両方に大きな文化的影響を与えました。

14世紀にはベルベル人のなかから、イスラム最大の歴史学者イブン・ハルドゥーン（チュニジア出身）、大旅行家で地理学者のイブン・バットゥータ（モロッコ出身）が輩出されます。

ベルベル人が世界を広く、客観的にとらえることができたのは、彼らがさまざまな人種や文化の融合体であり、1つの国家や民族にとらわれることがなかったからです。

13世紀、ムワッヒド朝が内紛で衰退し、ヨーロッパ側がレコンキスタを強めます。レコンキスタは英語でいうrecovery（リカバリー）、回復の意味です。スペインの前身であるカスティリャ王国やアラゴン王国が中心となり、イスラムに奪われた領土を回復しようとしました。

1230年、コルドバが陥落し、ムワッヒド朝の本隊はイベリア半島から撤退します。一方、撤退に反対した分隊がスペイン南端のグラナダを本拠にして、レコンキスタに抵抗し、ナスル朝を建国します。しかし、ついに1492年、スペインによりグラナダが陥落させられ、ナスル朝は滅亡、イスラムはイベリア半島から撤退します。

Chapter 13

「狄（てき）」と呼ばれたトルコ人

トルコ人の起源とは何か

日本人にとって、トルコ人のイメージは「アラブ人でもない、ヨーロッパ人でもない、その中間の民族」といったところでしょう。実際に、現在のトルコ共和国は中東とヨーロッパの中間（小アジア）に位置し、民族としてもアラブ人とヨーロッパ人の血統を継承しています。

あるトルコ料理店に入ったときのことです。店のスタッフたちの容貌はアジア人で、中国語と中東語が入り交じったような雰囲気の言葉を話していました。私は彼らに「あなた方は何人《なにじん》か」と尋ねました。そうすると「トルコ人です」と答えるので、「どこの国の人か」と尋ねると「中国です」と答えました。彼らは、中国の新疆《しんきょう》ウイグル自治区出身のウイグル人でした。ウイグル人は、トルコ人の一派です。

中国がウイグル人を差別し、彼らを弾圧していることはよく知られています。これに反発を

図13-1　アルタイ語族の３系列

- **テュルク語族**……トルコ人
- **モンゴル語族**……モンゴル人
- **ツングース語族**……満州人

したウイグル人は２００９年、新疆全域で大規模な騒乱を起こしました。中国政府は軍を投入して騒乱を鎮圧しましたが、多くの死傷者が出ました。

ウイグル人は、たしかにトルコ人です。しかし、アナトリア半島に位置する現在のトルコ共和国のトルコ人と、そこからはるか遠く離れた新疆ウイグル自治区のトルコ人は、本当に同じ民族なのでしょうか。

トルコ人は、もともと中央アジアからロシア中南部にいたるまで、きわめて広い範囲に分布していました。トルコ人は、われわれと同じくモンゴロイド人種でした。

モンゴル人に、匈奴《きょうど》という代表的な一派がありました。匈奴は中国にたびたび侵入した北方異民族として有名ですが、この匈奴などのモンゴル人とトルコ人は、どこが違っていたのでしょうか。民族の血統や容貌など、両者に違いはほとんどありませんでしたが、言語に違いがありました。使用言語の違いから、トルコ人とモンゴル人は区別されるのです。

トルコ人とモンゴル人は、アルタイ語族という大カテゴリーのなかに共通して入れられますが、末節のカテゴリーにおいて、図13-1のように異なります。

◆「テュルク」「突厥」「トルコ」

トルコ人は古代（殷《いん》、周の時代）において、中国から「狄《てき》」と呼ばれていました。狄は北方異民族を意味します。この狄がテュルクという発音になって北方に伝わり、さらにテュルクに対する漢字のあて字として、丁零《ていれい》・鉄勒《てつろく》・突厥《とっけつ》となり、時代によって、この3つのあて字が変遷しました。つまり、狄という中国の呼称が「トルコ」の起源なのです。

紀元前2世紀、漢王朝の武帝がモンゴル人の匈奴を討伐して以降、モンゴル高原で匈奴が衰退していきます。一方、トルコ人がしだいに勢力を拡大させます。トルコ人勢力は魏晋南北朝時代から隋唐時代にかけ、モンゴル高原全体に拡がり、このとき中国から突厥と呼ばれました。繰り返しますが、突厥とはテュルク（トルコ）の漢字あてです。

拡大するトルコ人に追い出されるようにして、モンゴル高原から南の華北（中国北部）方面へ移動するのが、匈奴と同じモンゴル人の鮮卑《せんぴ》です。彼らは華北に侵入し、4世紀末に北魏《ほくぎ》を建国します。この時代、北から突厥が圧力をかけながら、中国北部に北魏、中国南部に南朝が構成されています（次ページ図13-2参照）。

図13-2　トルコ人、モンゴル人、中国王朝の動き

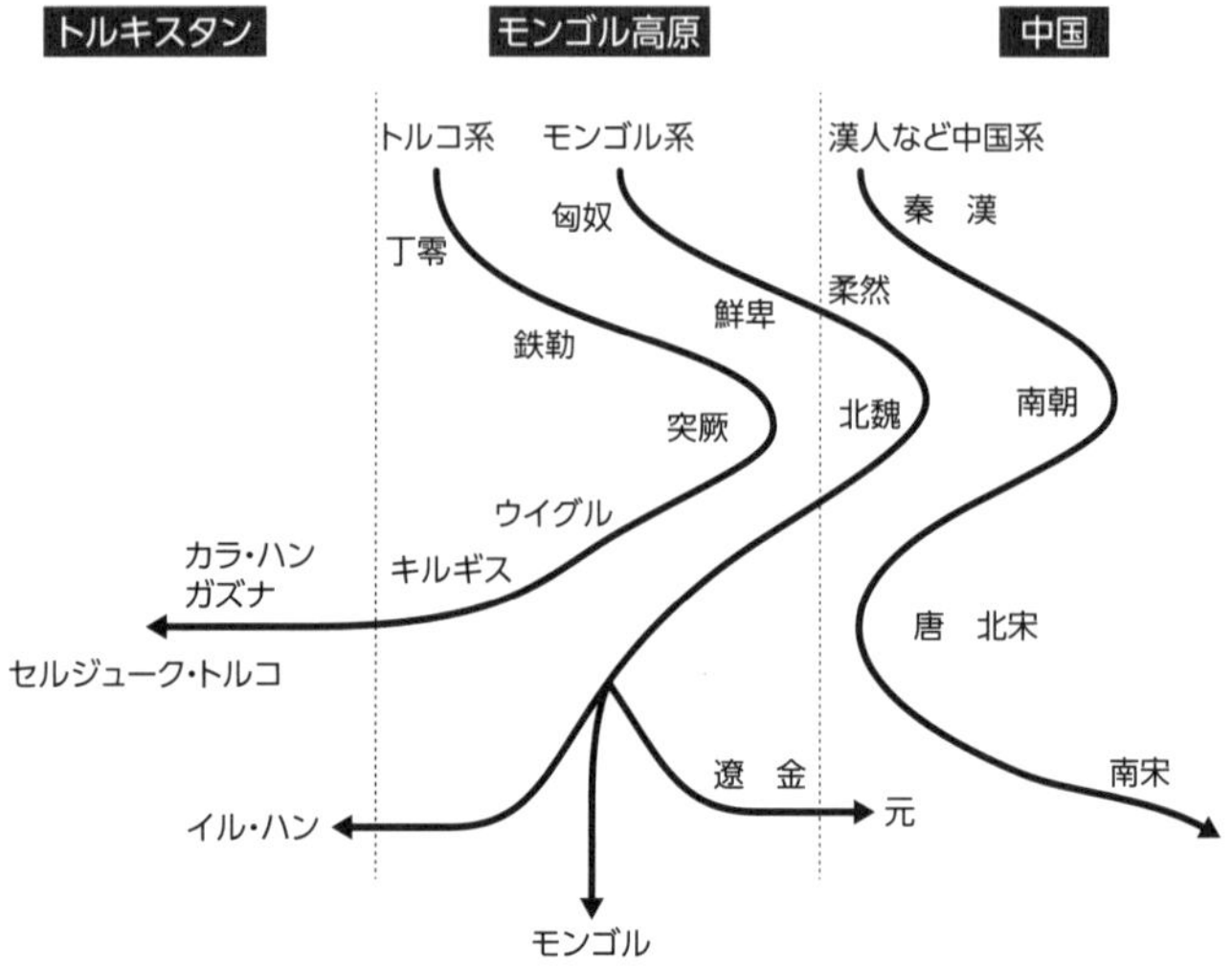

4世紀末から7世紀まで、中国北部では突厥が大王国を形成し、強勢を誇ります。あまりよく知られているとはいえない突厥ですが、なぜ、これほどに強大化したのでしょうか。

突厥のトルコ人部族は、もともとエニセイ川上流域にいました。エニセイ川はモンゴル高原の北部、ロシア中部を流れる川です。この地域一帯で、鉄鉱石が豊富に産出されました。4世紀末以降、突厥は製鉄技術を飛躍的に発展させて、鉄を量産するようになりました。突厥は中国で「鍛奴」、つまり鍛鉄をする野蛮人と呼ばれます。

製鉄によって莫大な富を得た突厥は、南の中国方面に向かって、モンゴル人らの諸部族を平定しながら、勢力を急拡大させま

す。

なぜトルコ人は西へ向かったのか

中国にも野心をもっていた突厥ですが、6世紀に隋・唐王朝が成立し、中国の力が強まると逆に押し戻されていきます。突厥は唐に討たれ、モンゴル高原を捨て、西方へ大移動を開始します。

モンゴル高原からタリム盆地（現在のカシュガル市一帯）・ジュンガル盆地（現在のウルムチ市一帯）へ移動します。8世紀、突厥はウイグルと名前を変えます。「ウイグル」とはトルコ語で「われ、主君なり」という意味です。当時のトルコ人を率いた首領が自らをこのように名乗ったことから、「ウイグル」の呼称が使われるようになります。ウイグル人は唐王朝で起こった反乱（755年の安史《あんし》の乱）につけ入り、唐を揺さぶりました。

冒頭に挙げた中国の新疆ウイグル自治区のウイグル人は、この時代にやってきたトルコ人の子孫です。18世紀の半ば、清王朝がタリム盆地・ジュンガル盆地を征服し、この地は「新しい土地」を意味する「新疆」と呼ばれるようになります。

9世紀、トルコ人はさらに西進し、この時代にウイグルからキルギスと名を変えます。「キ

図13-3　トルコ人の移動ルート

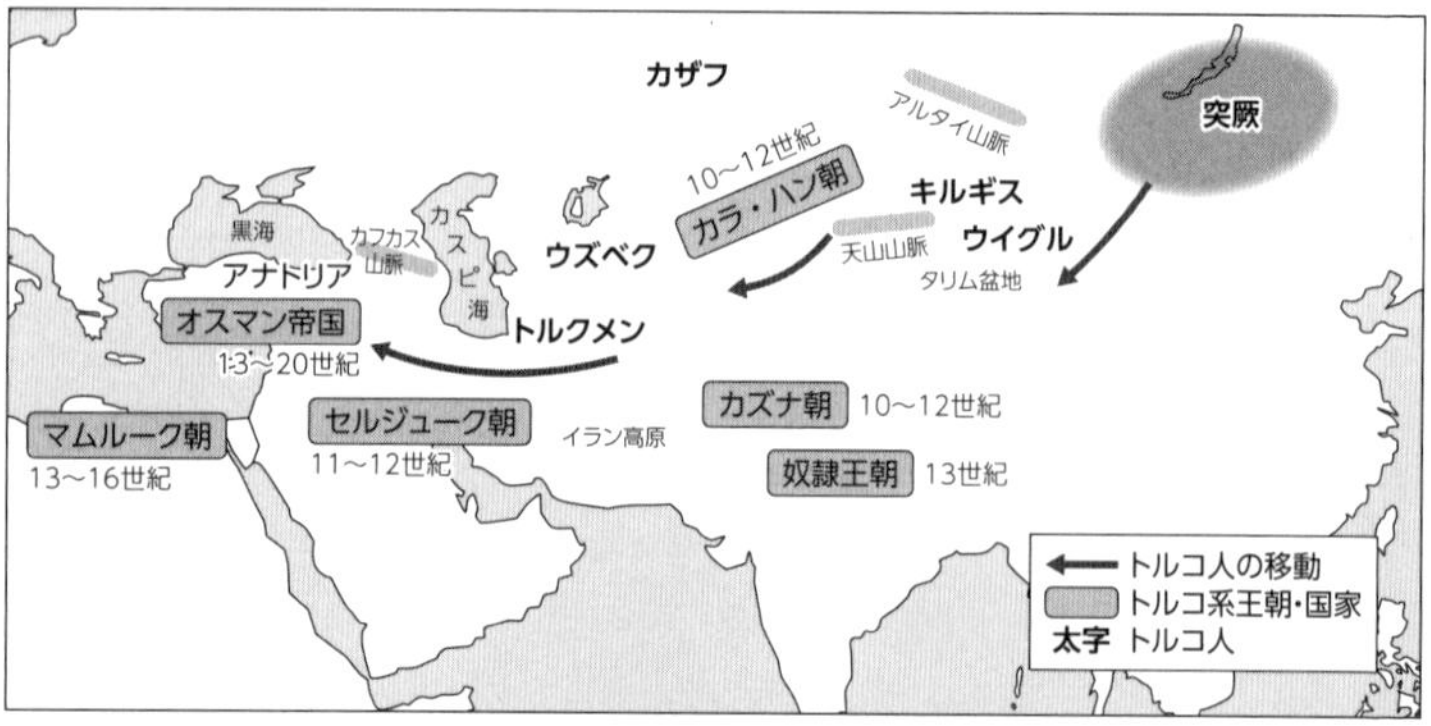

ルギス」はトルコ語の数字「40」を意味する「クゥルク」から派生するロシア語読みの言葉です。キルギスが40のトルコ人部族から成り立っていたため、このような呼称になりました。

さらに、トルコ人はトルキスタンへ西進し、10世紀にはイスラム化され、カラ・ハン朝をつくります。トルキスタンは「トルコ人の住む地域」という意味で、パミール高原を中心とする中央アジアの大部分を指します。今日の国名でいうならば、トルクメニスタン・ウズベキスタン・キルギス・カザフスタン・タジキスタン・アフガニスタン北部にあたります。

トルキスタンは多くのオアシス都市を有し、東西交易で栄えました。トルキスタンはイスラムと中国の中間地点にあり、シルクロードを通る東西交易の利権を一手に担いました。東西交易がもたらす富は莫大で、トルコ人が飛躍するための大きな資金源となったのです。

ところで、「カザフスタン」などに見られる「〜スタン」という国名は、ペルシア語で「〜が住む場所」や「〜が多い場所」を意味します。

中東を支配するトルコ人王朝

10世紀、トルコ人はトルキスタンへ入り、イスラム教を受け入れます。中国の絹や陶磁器などの交易品をイスラム教徒に販売するには、トルコ人自身がイスラム教徒になるのが有利であったためです。また、イスラム教は国際色が強く、トルコ人のような外来民族もイスラム文化に同化しやすかったということも大きな要因でした。

トルコ人はトルキスタンで、イスラム王朝カラ・ハン朝を建国します。さらに、カラ・ハン朝の南部のアフガニスタンを中心に、西北インド地域にもトルコ人勢力が拡がり、ガズナ朝が並立してつくられます。

11世紀、さらにトルコ人勢力は大きく西に拡大し、イラン・イラクに進出し、セルジューク・トルコ（セルジューク朝）を建国します。このとき、トルコ人とイラン人・イラク人との混血が急速に進んだと考えられます。セルジューク朝は弱体化したアッバース朝から実権を奪い、スルタン（皇帝）として、イスラム圏を統治します。

セルジューク朝は、アジアの端の小アジア、アナトリア半島に領土を拡げます。アナトリアのトルコ人化が進み、現在のトルコ共和国の民族的な基盤がつくられます。

セルジューク朝はビザンツ帝国（東ローマ帝国）とも戦い、大勝しました。強大な力を誇ったセルジューク朝でしたが、12世紀、内部分裂で早くも崩壊します。

13世紀にアナトリア半島からトルコ人のオスマン・ベイが出て、トルコ人王国を復活させます。これが、オスマン・トルコ（オスマン帝国）の始まりです。

オスマン帝国はビザンツ帝国を１４５３年に滅ぼし、イスタンブルに首都を置き、バルカン半島をも支配します（後段で詳述します）。オスマン帝国の時代に、トルコ人と旧ビザンツ帝国領のギリシア人、南スラヴ人などの白人との混血が進み、今日のわれわれがイメージする多国間民族であるトルコ人が誕生します。オスマン帝国は20世紀まで続き、現在のトルコ共和国へとつながります。

こうして、モンゴル高原を中心に建国された突厥が、アジアから中東へ、さらにアナトリア半島やバルカン半島まで大移動して、現在のトルコ共和国にいたるのです。トルコ共和国は突厥をトルコ民族国家の発祥としています。そのため、１９５２年、トルコ共和国で「突厥建国１４００年記念祝典」が催されました（突厥の統一王国としての始まりは５５２年です）。

図13-4　アジア人による主なヨーロッパ侵攻

名称	主要構成民族	時期	主な戦い
フン人来襲	トルコ人？	4世紀	カタラウヌムの戦い
ウマイヤ朝来襲	アラブ人	8世紀	トゥール・ポワティエ間の戦い
モンゴル人来襲	モンゴル人	13世紀	ワールシュタットの戦い
オスマン帝国来襲	トルコ人	16世紀	ウィーン包囲

◆中世ヨーロッパを襲った謎のアジア人

近代ヨーロッパによる帝国主義時代、アジアはヨーロッパに侵略されました。しかし、それ以前の16世紀までは、アジアがヨーロッパを侵略していました。その主な侵攻は図13-4のように、4回におよびます。

この4回の侵攻のうち、謎のベールに包まれているのが初回のフン人来襲です。フン人というのは聞いたことがないという人が多いと思います。

375年、フン人はゲルマン人の定住地の東ヨーロッパに侵入します。ゲルマン人はフン人に圧迫され、西進し、ローマ帝国領内に移動します。

一方、フン人はアッティラ王に率いられ、ゲルマン人定住地を越え、ローマ帝国領内深くにまで侵入します。ローマ帝国の人々はフン人の侵入に怯えました。当時のヨーロッパ人は「フン人の顔は浅黒く、鼻が低く扁平で、野獣のように見えた」と記しています。ヨーロッパ人は、いままで見たことのない異民族の姿に恐怖を掻き立てられたのです。

フン人はアジア系民族で、トルコ人かモンゴル人、もしくはトルコ人とモンゴル人の混血人種とされます。

フン人をモンゴル人の匈奴の一派と見る学説があります。匈奴は、中国の漢王朝に討伐されます。その後、匈奴の一部がモンゴル高原を去り西進し、ヨーロッパへ来襲したと考える説です。この説を唱える学者は、匈奴は中国語で「フンナ」と発音され、フン人の名の由来となったと主張します。

しかし、今日ではフン人はモンゴル人ではなく、トルコ人に近いととらえられています。「フン」という名の由来もはっきりしたことはわからず、匈奴と結びつけることはできないのです。ヨーロッパに侵入したフン人は、モンゴル高原に居住していた匈奴と考えるよりも、ヨーロッパに近いロシア中南部や中央アジアに居住していたトルコ人と考えるほうが、地政学的に納得できます。

ハンガリー人は「フン人」なのか

このフン人を率いていたアッティラ王は、破竹の勢いでヨーロッパに進撃しますが、451年、フランス・パリ東方のカタラウヌムの戦いで西ローマ帝国軍に敗北し、東ヨーロッパまで撤退します。フン人はそこに定住し、以後、この地域はフンガリア（Hungaria）と呼ばれます。アッティラの兄ブレダは、アッティラとともに兄弟で共同王でした。ブレダの名に由来するブダ城が今日のハンガリーの首都ブダペストの起源です。

ローマ語読みのフンガリアが現在のハンガリー（Hungary）となったとする説が一般に流布していますが、これを否定する見解もあります。ハンガリーという国名はフン人やフンガリアとはいっさい関係なく、後に侵入してきたトルコ人が自分たちをオノグル（Onogur）と名乗ったことが起源であるとされます。オノグルは「十本の矢」「十部族」を意味します。これが「ウンガーン（Ungarn）」というドイツ語になり、無声語頭の「h」を補い、ハンガリーと変化したと説かれます。

この2つの説は、今日のハンガリー人の血統をどのように考えるかということに直接、関係しています。ハンガリーの主要構成民族は、アジア系のマジャール人です。マジャール人がフン人の末裔であると考える派は、フンガリアが転じてハンガリーになったと主張します。一方、フン人とは別に、9世紀にロシアのウラル山脈以西にいたトルコ人が移住し、これがマジャール人となったと考える派は、オノグルが転じてハンガリーになったと主張します。

どちらが正しいのか、はっきりと証明ができないというのが実情ですが、フン人とマジャール人とは関係がないとする後者の説が、現在では有力です。9世紀にハンガリーに移住したトルコ人たちがマジャール7部族とハザール3部族の連合であったということもわかっており、「十部族」を意味するオノグルにも適合します。

ところで、マジャール人の「マジャール」が何を意味する言葉なのかは、よくわかっていません。マジャール人は長い年月を経て、現地のヨーロッパ人と混血を繰り返しながら、今日のハンガリー人を形成していきます。今日のハンガリー人の容貌に、どことなく(はっきりとではなく)アジア人の雰囲気が残っているように感じられるのは、このような歴史が背景にあるからなのでしょう。

「自由の人」「冒険家」を意味するコサックの正体

トルコ人の原住地は中央アジア・ロシア中南部でした。このうち、ロシア中南部に居住して

図13-5　ウラル山脈以東のトルコ人移動

いたトルコ人はウラル山脈以東、アルタイ山脈以北の西シベリア平原に分布していました。トルコ人の系列民族がウラル語族やアルタイ語族と呼ばれるのは、この2つの山脈の名に由来しています。

この地域には、エニセイ川とオビ川が流れており、前述の突厥などはエニセイ川の鉄鉱石を資源としていました。

突厥の崩壊後、トルコ人が西方のトルキスタン地域へ大移動するのと同じ時期に、ウラル山脈以東のトルコ人もまた、大移動を開始します。7世紀から9世紀の間、彼らはウラル山脈を越えて、ボルガ川流域へと進出します。

この地域に入ったトルコ人たちは、「コサック」と呼ばれます。「コサック」はトルコ語のQazaq（カザーク）に由来し、「自由の人」や

「冒険家」を意味します。コサックはロシア人と激しく対立し、近世以降、ロシア帝国やソ連の苛烈な弾圧を受けました。コサックは主要な2つの分布をもちます。ボルガ川流域に定住したボルガ・コサックとウクライナに定住したウクライナ・コサックです。

ウクライナ・コサックは西のポーランド、東のロシア、南のオスマン・トルコの間に挟まれ、たくみな駆け引きを行ない、クリミア半島にいたるウクライナ全域に勢力を拡げていきます。しかし、17世紀から18世紀前半にかけてロシア帝国が強大化すると、大砲の威力でウクライナ・コサックの騎馬隊を蹴散らし、ウクライナを併合します。ロシア帝国によりウクライナ・コサック語を禁止され、ウクライナ人に重税が課せられ、まさに「生かさず殺さず」の奴隷的な扱いを受けます。

さらに、トルコ人たちはロシアを越えて東ヨーロッパに入ります。このとき、9世紀にハンガリーに定住したのが前述のマジャール人です。

その他、7世紀にバルカン半島へ入り、トルコ人王国をつくったのがブルガール人です。このブルガール人の国が、現在のブルガリアにつながります。

同時期に、スカンディナヴィア半島へ入り、トルコ人王国をつくったのがフィン人です。このフィン人の国は、現在のフィンランドにつながります。

以上の経緯から、ハンガリー・ブルガリア・フィンランドの3か国はアジア系に分類されます。どうして、ヨーロッパにアジア系の国があるのかという疑問が、学習者を常に悩ます点だと思います。教科書や参考書にも、そのあたりの経緯が書かれておらず、学習者が頭を抱えるのも当然です。

これら3か国は7世紀から9世紀、ウラル山脈以東のトルコ人たちがヨーロッパへ移動してつくった国がもととなっています。3か国は当初、トルコ人の国でしたが、長い年月をかけて現地の白人と混血を繰り返し、しだいに白人に同化していきます。

国を残すことができなかったトルコ人もいます。ドイツに入ったトルコ人はアヴァール人と呼ばれ、8世紀にフランク王国のカール大帝によって討伐され、消滅します。おそらく、民族の大虐殺が行なわれたものと推察されます。

7世紀から9世紀の時代は、トルコ人の大移動の時期でした。中央アジアから中東へと入ったトルコ人、ウラル山脈を越えてロシアから東ヨーロッパへ入ったトルコ人、この大きな2つの波が中世の時代を揺り動かしたのです。トルコ人はまさに「コサック（自由の人、冒険家）」の名にふさわしい民族でした。

Chapter 14

ユダヤ人――民族の離散（ディアスポラ）

アラブ人の同系民族「ユダヤ人」

私は20代のころ、ベルギーのアントワープに長期で滞在したことがあります。アントワープ中央駅周辺にダイヤモンド関係の取引所・研磨所・小売店があり、そこに多くのユダヤ人たちが出入りをしています。シナゴーグと呼ばれるユダヤ教の教会もあります。アントワープのダイヤモンド・ビジネスにかかわっているユダヤ人は、約1万5千～2万人といわれます。

彼らユダヤ人たちの姿を見れば、その異様さに驚くでしょう。黒い帽子を深々とかぶり、黒い衣装に長く伸ばした髭、そそくさと足早に移動する姿、まるで秘密結社の密使のごとき姿です。アントワープは、ヨーロッパのなかでも昔ながらのユダヤ人たちの姿、そのコミュニティを見ることができる有数の都市で、「西のイェルサレム」と呼ばれています。

ユダヤ人が歴史的に迫害を受け、嫌われてきた理由は、ユダヤ人たちが醸し出す秘密結社のような閉鎖的な雰囲気が疎外感を与えるからなのかもしれません。

ユダヤ人というと、一般的には白人のイメージが強いと思います。しかし、ユダヤ人はヨーロッパ各地に移住し、白人と混血を繰り返し、結果的に白人のような容貌になったのです。もともと、ユダヤ人はアラブ人と同じセム系民族で、その容貌もアラブ人に近かったと考えられます。

図14-1 ヘブライ王国

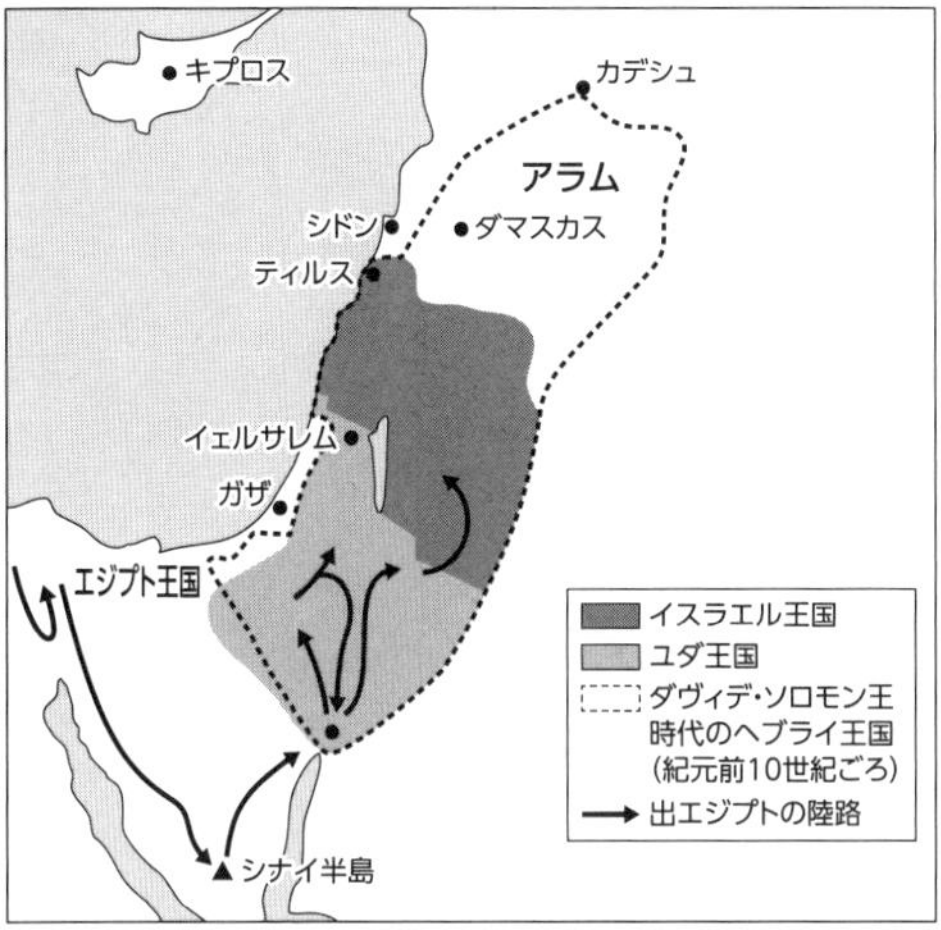

ユダヤ人は、現在では多くの民族の血が混合しており、民族的な分類が難しいとされます。そこで、ユダヤ教を信奉する宗教的ユダヤ人がいわゆる「ユダヤ人」と定義され、また、その直系の子孫もユダヤ人に含まれます。

ユダヤ人はシナイ半島に居住していましたが、いまから約3000年前にエジプト新王国がシナイ半島に攻め入り、ユダヤ人はシナイ半島を追われ、パレスティナに移住しました。

亡命地パレスティナでヘブライ王国がつくられ、紀元前10世紀、ダヴィデ王、ソロモン王時代に繁栄します。この時代に、ユダヤ教が確立します。ユダヤ人の宗教であるユダヤ教の聖典は『旧約聖書』で、ヘブライ語で書かれ、ユダヤ人の救済がテーマとなっています。ユダヤ教は極端な律法主義と「ユダヤ人だけが救済される」という排他的な選民思想を有します。

このユダヤ教の閉鎖性と排他性が、ユダヤ人が嫌われる大きな一因となっていると、一般的に指摘されます。

◆白人化する「さまよう人々」

当初、繁栄したヘブライ王国は内部分裂で勢力を弱めていき、周囲のアラブ人に支配されます。ヘブライ王国を建国したユダヤ人たちは、もともと「ヘブライ人」と呼ばれていました。「ヘブライ」はヘブライ語で「さまよう」という意味があったとされています。ヘブライ王国分裂後の後継国家が、ユダ王国です。

紀元前6世紀、アラブ人の新バビロニア王国がユダ王国を滅ぼし、多くのユダヤ人が奴隷としてバビロン（バグダードの南90キロの古代都市）にとらわれました（バビロン捕囚）。彼らはユダ王国の遺民という意味で、「ユダヤ人」と呼ばれるようになったのです。

紀元前1世紀、ローマ帝国が建国されると、ユダヤ人はローマによって迫害され、各地に離

図14-2　ユダヤ人の3系統

アシュケナジム	……ドイツ、東欧系ユダヤ人、現在の米国のユダヤ人の大半
セファルディム	……スペイン系ユダヤ人
ミズラヒム	……中東に留まったユダヤ人

散しました。これを「ディアスポラ」といいます。ヨーロッパに渡ったユダヤ人は、現地のヨーロッパ白人と混血を繰り返します。ユダヤ人の容貌が白人化していくのは、この時代以降です。

「ディアスポラ」のなかで、ユダヤ人は大きく3つのグループに分かれます。ドイツやフランス、そして東欧に移住したユダヤ人は「アシュケナジム」と呼ばれます。アシュケナジ（Ashkenazi）とはヘブライ語で「ドイツ」を意味します。

イベリア半島スペインに渡ったユダヤ人は「セファルディム」と呼ばれます。セファルディ（Sephardi）はヘブライ語で「イベリア」の意があるとされます。白人化したユダヤ人は、アシュケナジムとセファルディムです。

ディアスポラ後もパレスティナをはじめ中東地域に留まったユダヤ人は、「ミズラヒム」と呼ばれます。ヘブライ語でミズラは「東」の意味です。

◆財産は奪われても、知識は奪われない

金融業などで成功した商才豊かなユダヤ人はヨーロッパ各地で尊敬されて、畏れられると同時に、迫害や差別を受けました。長いユダヤ人迫害の歴史のなかで、ナチスのユダヤ人虐殺なども起こりました。

ユダヤ人は、自らの国をもたない少数民族です。兵力数で強者に抗《あらが》っても、勝てる見込みはありません。そこで、ユダヤ人は異国に根を拡げ、カネを稼ぎ、経済力によって力をもとうと考えたのです。

とくに、イギリスのように18世紀以降、議会制民主主義の進んだ国家に入り込み、カネをばらまくことで権力を掴《つか》んでいきます。こうしたユダヤ人の徹底した姿勢が反発を生み、差別や迫害の一因となります。

20世紀に入ると、アメリカの新天地に渡ったユダヤ人はアメリカ経済の発展の波に乗り、金融業で大成功します。今日のアメリカの証券会社大手は、ユダヤ人によって築かれた会社が多くあります。ゴールドマン・サックス、モルガン・スタンレー、ベア・スターンズなどは、ユダヤ人資本によって発祥するか、ユダヤ色が強い会社です。２００８年、リーマン・ショック

を引き起こしたリーマン・ブラザーズもユダヤ系です。また、リーマン・ショック後、バンク・オブ・アメリカに買収されたメリルリンチもユダヤ系です。

ユダヤ人は、歴史のなかで欧米人に同化し、欧米社会を牽引する力をもち、少数民族でありながら、常に大きな存在感を発揮してきました。

ユダヤ人は経済力だけでなく、知識・学術を重んじます。ユダヤ人の勤勉さは凄まじく、子供はスパルタ式で徹底した英才教育を施されます。「本と服を同時に汚してしまったら、本から先に綺麗にしなさい」と教えられます。いかに迫害を受け、財産を奪われたとしても、知識は奪われることはありません。

ユダヤ人は、学術の世界でも多くの人材を輩出しています。ユダヤ人は世界の人口のなかで0・2％しかいませんが、ノーベル賞受賞者の約20％を占めます。そのなかには、アインシュタイン（物理学賞）、ボーア（物理学賞）、ベルグソン（文学賞）、キッシンジャー（平和賞）、サミュエルソン（経済学賞）、フリードマン（経済学賞）らがいます。

なぜユダヤ人は迫害されたのか

成功し、社会的な名声を獲得していくユダヤ人に羨望《せんぼう》の目が向けられ、同時に反発も大きくなります。とくに、不景気の時代に世の中が閉塞感に覆われると、民族主義者らはユダヤ人を槍玉に上げることで鬱憤晴らしをし、政治もそれに便乗して、人気取りをするということが繰り返されてきました。その典型例が、ナチスのユダヤ人迫害です。

第一次世界大戦後から1929年の世界恐慌にかけて、ドイツ企業の多くがユダヤ系金融の支援を受け、ユダヤ資本の傘下にありました。ドイツ企業はナチスのような民族主義政党と癒着し、反ユダヤ人キャンペーンを巻き起こし、ユダヤ人を駆逐することで巨額のユダヤ資本への債務を消し去ろうとしました。

ユダヤ人を迫害したのは、ナチス・ドイツだけではありません。ヨーロッパ諸国でユダヤ人迫害をしなかった国を見つけるのは、困難でしょう。

帝政ロシアは国内の社会的な不満をそらすために、ユダヤ人迫害を頻繁に行ないました。ポグロムという「虐殺・破壊」を意味するロシア語が生まれ、ドイツよりも多くのユダヤ人が殺された可能性があります。ちなみに、同じく「虐殺・破壊」を意味するホロコーストはギリシア語から派生したドイツ語です。

フランスでも、中世にユダヤ人が井戸に毒を入れているという噂が流れ、ユダヤ人が虐殺されるなどの事件が多くあります。フランスの啓蒙思想家ヴォルテールやルソーは、反ユダヤ主義を唱えたことでよく知られています。ナチスのフランス占領時代、フランス人の保守派のなかには、ナチスのユダヤ人虐殺に共感し、進んでナチスに協力した者も少なくありません。

古来より、キリスト教徒はユダヤ人の排他性を激しく批判し、敵愾《てきがい》心を抱いていました。たとえば、ドイツの宗教改革家マルティン・ルターは『ユダヤ人と彼らの嘘について』（1543年）という論文を著し、キリスト教徒のユダヤ人に対する嫌悪を代弁し、ユダヤ人迫害には必然的な理由があることを説いています。

大混乱に陥る「約束の地」パレスティナ

かつてヘブライ王国があったユダヤ人の古代の故地パレスティナを支配していたのは、16世紀以来、オスマン帝国（Chapter22参照）でした。しかし、19世紀、オスマン帝国が弱体化すると、故地パレスティナの再建が現実味を増し、ヨーロッパ在住のユダヤ人たちが「シオニズム運動」を起こします。「シオン」はイェルサレムを指す古い呼称で、ユダヤ人たちは約束の地パレスティナへ、「ディアスポラ（離散）」から帰還を果たすべきと考えました。

1914年、第一次世界大戦が始まると、イギリスはドイツやその同盟国オスマン帝国と戦い、苦戦していました。戦争の資金繰りに苦しんでいたイギリスは、ユダヤ人財閥ロスチャイルドに資金援助を依頼します。ユダヤ人は援助と引き換えに、パレスティナの地にユダヤ人の国を建国することをイギリスに約束させました。

この約束は１９１７年、イギリス外相バルフォアがユダヤ人財閥ロスチャイルド卿に宛てた書簡に記されています。

第一次世界大戦後、イギリスがパレスティナを占領統治し、バルフォアの書簡にもとづき、イギリス主導でユダヤ人のパレスティナ移住が進められ、ユダヤ人国家が建設されはじめます。ユダヤ人が入ってきたことで、この地域に住んでいたパレスティナ人（アラブ人）が追い出されます。怒ったパレスティナ人はユダヤ人と武力衝突し、パレスティナは大混乱に陥ります。

ユダヤ人をパレスティナに移住させれば、現地のパレスティナ人（アラブ人）と対立が生じ、多くの人々の血が流れることは、最初からわかっていました。では、イギリスはなぜそんな無謀な約束をしたのでしょうか。戦争を遂行するための資金が必要だったからです。

第一次世界大戦でドイツと戦っていたイギリスは、戦争に負ければ国家が崩壊してしまいます。戦争に勝つためなら手段は選ばない、パレスティナがどうなろうと、まずは目先の資金獲得が優先、とイギリスは考えたのです。

イギリスにとって、背に腹は代えられない選択でした。当時のイギリスの政治家に限らず、同じ状況に立たされたならば、どこの国の政治家でも自分の国が生き残ることを優先し、他の民族を犠牲にするでしょう。それが政治というものです。

◆大国アメリカを動かした巨大な資金力

ユダヤ人がパレスティナに移住し、案の定、ユダヤ人とアラブ人が激しく争いはじめます。しかし、イギリスが想定外だったのは、紛争の原因をつくったイギリスに国際世論の猛烈な批判が浴びせられはじめたことでした。

当時、電信メディアが発達・普及し、報道機関は世界の隅々で起こっていることを瞬時に世界に伝えました。世界はすでに新しい時代に入っていたのです。批判を浴びせられたイギリスは慌てて、事態の収拾に踏み出します。イギリスはユダヤ人のパレスティナ移住を制限し、パレスティナにおけるユダヤ人勢力の拡大を抑え、アラブ人との衝突を緩和させようとしました。しかし、もはやユダヤ人とアラブ人との衝突は避け難く、イギリスも手をつけられない状態になってしまいます。

また、第一次世界大戦中、エネルギー動力が石炭から石油に変わったことを背景に、イギリスは油田を所有するアラブ人にも気を使わなければならず、ユダヤ人の要求どおりに動くことができなくなっていました。

このような状況で第二次世界大戦が始まり、ナチスのユダヤ人迫害が本格化します。ユダヤ

図14-3　イスラエル建国の推移

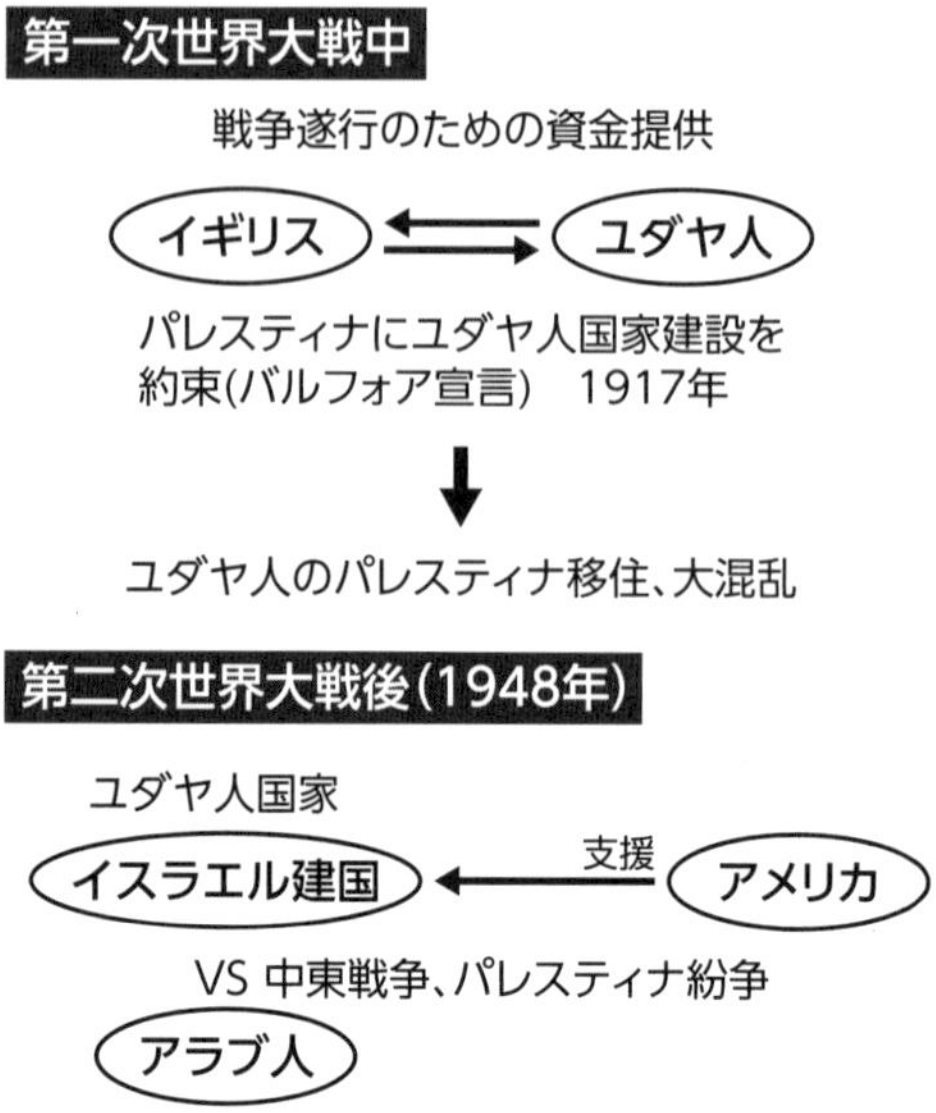

人にとって、パレスティナへの避難は急を要しましたが、イギリスはパレスティナの対立激化を恐れ、移民制限を変えませんでした。ユダヤ人はイギリスの保身的な姿勢に失望し、支援要請をアメリカへと振り向けます。ユダヤ人はアメリカでロビィ活動を行ない、ユダヤ人国家建設の支援を約束させます。

　こうして、イギリスにとってパレスティナは手に負えない問題となり、第二次世界大戦後、国際連合とアメリカに問題を丸投げしてしまいます。そして、国連とアメリカの支援によって、ついにユダヤ人国家イスラエルが1948年、建国されます。アメリカは資金力のあるユダヤ人にコントロールされ、ユダヤ人を支援せざるを得なかったのです。

　現在、ユダヤ人の世界の総人口の約1千5百万人のうち、イスラエルに住んでいるユダヤ人は約6百万人です。

パレスティナ紛争のゆくえ

イスラエル建国後、パレスティナ人(アラブ人)は東西の端の地域へ強引に追い出されました。その地域の東側がヨルダン川岸地区、西側がガザ地区です。ユダヤ人とパレスティナ人との紛争が本格化し、それが今日まで続きます。

パレスティナ紛争は、エジプトやヨルダンなどの周辺諸国を巻き込み、アメリカがイスラエルを支援するなどして泥沼化しました。この間、停戦や和平合意を締結し、共存の道を探りはじめるということもありましたが、そのたびに過激派が台頭し、再び紛争となるということを繰り返してきました。また、ユダヤ人とパレスティナ人の双方の内部において、主戦論を主張する過激派と和平を主張する穏健派が対立し、内部抗争にもいたっています。

過激派の勢いが強まったり、穏健派の勢いが強まったり、そのときどきによって双方に波があります。殺し合いにも限界がありますが、親兄弟を殺された宿敵同士、簡単に和解などできないのです。

現在、東側のパレスティナ人地域(ヨルダン川岸地区)は穏健派(ファタハ)が主導しているため、イスラエルとの直接的な紛争は生じていません。しかし、西側パレスティナ人のガザ

図14-4　ガザ地区とヨルダン川岸地区

地区において、２０１４年以降、過激派のハマスがイスラエルとの対立を激化させています。

同年、イスラエル軍がガザに侵攻し、空爆をするなど、多くのパレスティナ人を殺したことに対し、欧米で批判の声が上がりました。ドイツ、フランス、オランダでは、若い人々を中心に反イスラエルのデモが行なわれ、一部が過激化しました。やはり、ヨーロッパでは反ユダヤ主義は根強く残っているといえます。

イスラエルはガザ地区を経済封鎖し、ハマスは抗戦を続けます。しかし、経済封鎖で苦しい生活を強いられたガザ住民の不満が強くなり、ハマスは強硬路線の転換を余儀なくされています。ハマスは、ガザの行政権限をパレスティナ暫定自治政府に返還すると表明しており、東側のヨルダン川岸地区と穏健路線で共同歩調をとると見られています。しかし、トランプ米大統領が２０１７年12月、イェルサレムを「イスラエルの首都」と正式認定したことに対し、パレスティナ側が反発しており、再び事態が深刻化するリスクがあります。

第5部

複雑に入り組む東南アジアの諸民族

Chapter 15

民族の交差点、東南アジア①

外国人が知らない「スラム街」の実態

世界には、国民１人あたりが１日、およそ3ドル以下で生活する「最貧国」と呼ばれる国が48か国あります（２０１７年現在）。世界の国々のおよそ4分の1です。正式名を「後発開発途上国（LDC：Least Developed Country）」とされる、これらの国々のうち、ミャンマー、カンボジア、ラオスの３か国が東南アジアの国です。

私が２０１３年、ミャンマーを訪れたときのことです。ミャンマーは２０１１年ごろから市場の大幅な自由化が認められ、日本をはじめ外資が参入し、活気に沸いていました。経済首都ヤンゴン近郊に工場が建ち並び、日本企業の看板もたくさんありました。

ヤンゴンの街の人々の暮らしは、他の東南アジアの国々と比べると貧しいといえるものの、浮浪者がいるわけでもなく、「最貧国」という哀れな極貧のイメージはありません。

図15-1　発展途上国と後発開発途上国

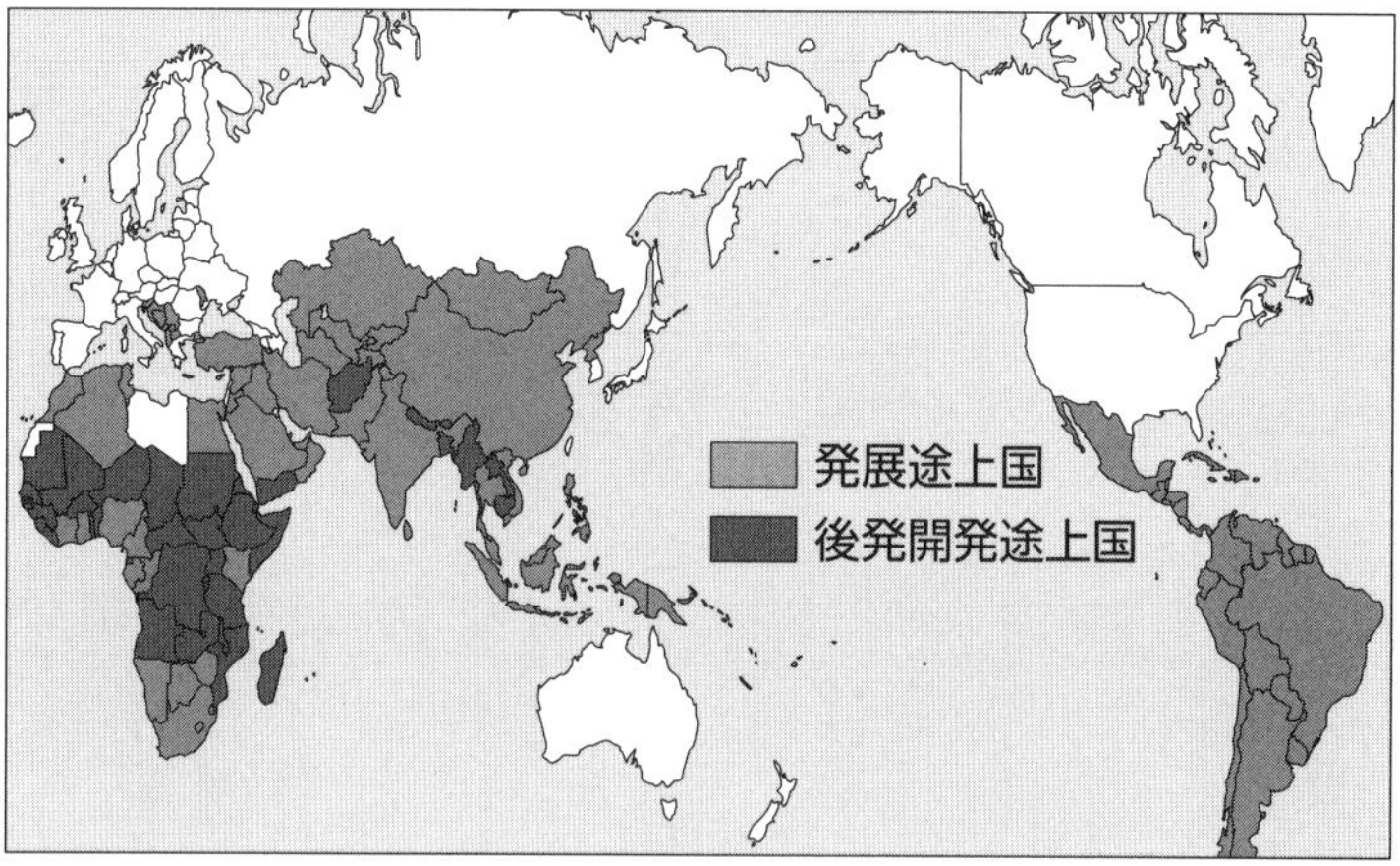

　しかし、外国人が立ち入ることのないヤンゴン郊外や地方都市の貧困スラムに足を運ぶと、都心部とは異なる風景が拡がっていました。「これが人間の住む場所か」と思うほど、ボロボロの小屋が並び、下水道もなく、異臭が立ち込め、ゴミ処理場がないためにゴミがあたりに散乱していました。人々は仕事がなく、その日その日の無為な暮らしを強いられています。スラムの通りの道路脇では横たわっている人があちこちにいて、死んでいるのか生きているのか、判別さえできません。病院もまともにないので、病気にかかれば命の保証はないでしょう。

　このような光景が、やはり「最貧国」の実態なのです。地方に土地をもつ人は、貧しいながらも牧歌的な田園生活を営むことができます。そうでない人は、都市郊外のスラムに住む他ありません。

カンボジア、ラオスなども同様に、都市や観光地は整備されていても、その区域から一歩、外へ出ると、都市がスラムに取り囲まれている状況を把握することができます。カンボジアの首都プノンペンの郊外も、ヤンゴン郊外のスラムとその悲惨さにおいて変わりません。

彼らの生活を見ると、われわれが豊かであることを実感します。われわれ日本人にとって、あたり前と思っている生活水準は、世界においてはあたり前ではありません。その生活水準の差は凄まじく、「最貧国」のスラムを目にすれば、われわれ日本人は絶句してしまいます。

◆「インドシナ半島人」とは何か

東南アジア人は、モンゴロイド人種です。モンゴロイド人種は図15-2のように、大きく4つの語族のグループに分けられますが、このうち3つのグループが東南アジア人に関係するグループです。シナ・チベット語族、オーストロネシア語族、オーストロアジア語族の3つです。

東南アジアの複雑な民族構成を理解するうえで、インドシナ半島部とインドネシアなどの島嶼部に分けて考えるとわかりやすいでしょう。まず、半島部です。

インドシナ半島の「インドシナ」はインドとシナ（中国）の中間にあることから、このように名づけられました。ちなみに、インドネシアの「ネシア（nesia）」は「諸島」を意味する接

図15-2　東ユーラシアの主な語族（人種：モンゴロイド）

アルタイ語族　モンゴル人、満州人、トルコ人

シナ・チベット語族　中国人、チベット人、ミャンマー人

オーストロネシア語族　台湾、東南アジアの島嶼部

オーストロアジア語族　東南アジアのインドシナ半島

（タイ語族を含めるか諸説あり）

東南アジアに関係する語族

尾語です。ヨーロッパ人が「インドの向こうの島々」という意味で、このように名づけました。

インドシナ半島部には、シナ・チベット語族とオーストロアジア語族の2つのグループがあります。シナ・チベット語族が多数派を占めるのはミャンマーのみで、その他の国々はオーストロアジア語族が多数派を占めます。

シナ・チベット語族は中国人の仲間で、ミャンマー人は中国人とチベット人との混血種とされます。シナ・チベット語族が外来の語族であるのに対し、オーストロアジア語族が半島部のもともとのオリジナルの原住民です。そして、オーストロアジア語族の中心をなすのがクメール人（カンボジア人）です。クメール人はインドシナ半島部の真ん中に、12世紀、アンコール・ワットを建設し、強大な力を示しました。

外来のシナ・チベット語族と原住のオーストロアジア語族によって区分される図15-3（次ページ）のような分布図が基礎となりますが、実際には、このような白黒ハッキリとした分布になっていな

図15-3　インドシナ半島の２つの語族

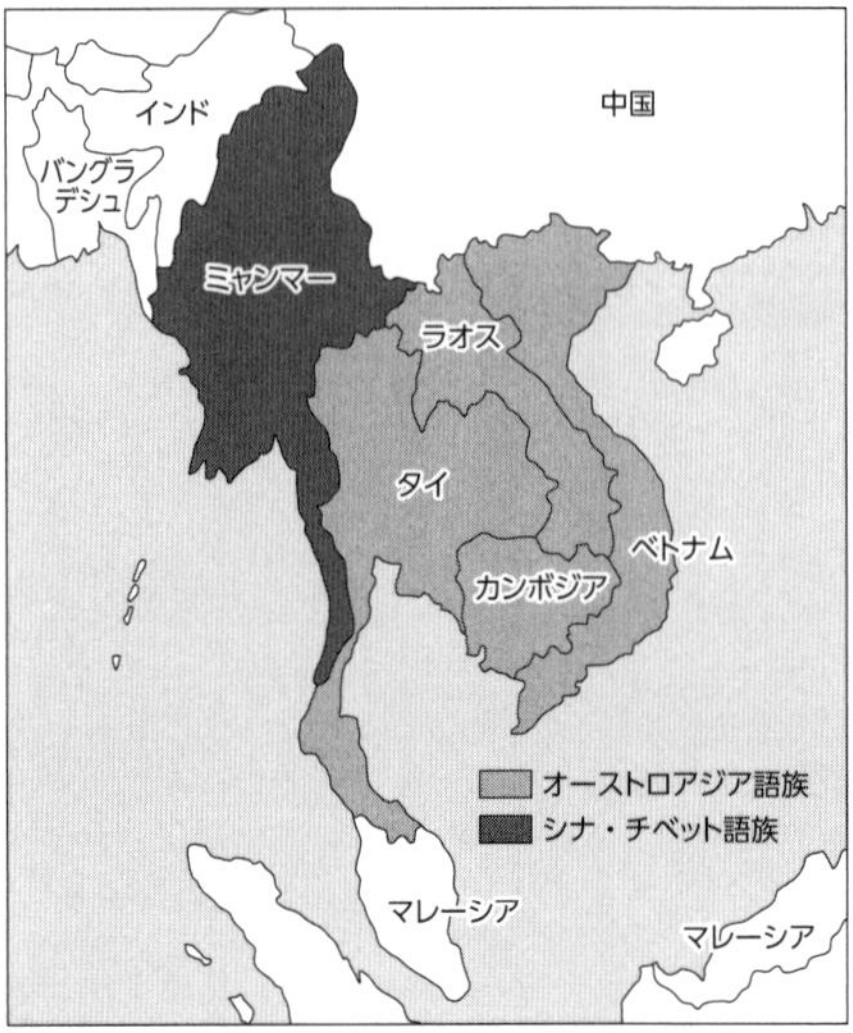

いのが現実です。半島部原住民のクメール人のみがカンボジアでほぼ純血を保ち、その他のベトナムやタイについては、中国人やインドネシア人が多数、移住し、オーストロアジア語族としての純血を失い、これらの外来民族と混血していきます。

ベトナム北部には、中国人が移住します。そのため、長い時代にわたり漢字文化圏となります。ベトナム南部には、インドネシア人の一派チャムパー人（チャム人）が移住し、インドネシア文化をもたらします。タイにも中国人が押し寄せ、この地域にいたクメール人と混血します。

つまり、カンボジアのクメール人のみが純粋なオーストロアジア語族（インドシナ半島人）であり、その他の国々の半島人はすべて外来民族の血が多く入っているのです。

全盛期を迎えた12世紀のクメール王朝

クメール人（カンボジア人）は、東南アジアのなかで最も勤勉な民族でした。アンコール遺跡群の緻密な建造物の数々が、それを物語っています。アンコール遺跡はタイのアユタヤ遺跡などと比べても、建築の堅牢さ、装飾の繊細さなどの点で格段、すぐれています。アユタヤ遺跡はレンガ造りの粗雑な建造物に過ぎませんが、アンコール遺跡は石のブロックを1つひとつ丁寧に削り出し、それをアーチ状に組み合わせるなどのきわめて手の込んだ高等な技術を擁しています。

インドシナ半島で最初の統一王国となったのは、メコン川下流域の「扶南《ふなん》」です。扶南はクメール人の国家で、カンボジアを中心に、マライ半島の一部にまで領土を拡大し、インドと中国の海上貿易の中継地として1世紀ごろから強大化します。

メコン川の中・下流域で、同じくクメール人の「真臘《しんろう》」が形成されます。真臘は6世紀、扶南から独立し、7世紀に扶南を滅ぼします。8世紀には、北の「陸真臘《りくしんろう》」と南の「水真臘《すいしんろう》」に分裂します。9世紀初めにジャヤヴァルマン2世によって再統一され、クメール王朝（アンコール朝）となります。

12世紀前半の王スールヤヴァルマン2世は、東は南ベトナムのチャムパー、西はミャンマーと戦い、クメール王朝の版図を拡げます。彼の時代に、インドシナ半島の大半がクメール王朝の領土となり、クメールの全盛時代を形成します。

スールヤヴァルマン2世は莫大な富を得て、アンコール・ワット（「都の寺」という意味）を造営します。王はチャムパーの首都ヴィジャヤを攻略したときのチャムパー人との戦いをアンコール・ワットの壁画に彫らせました。今日でも、アンコール・ワットの大回廊でこの壁画を見ることができます。

王都アンコールの繁栄と滅亡

アンコール・ワットは19世紀後半、フランス人博物学者アンリ・ムオが「発見」（あくまで、フランス側の立場での発見）するまで、ジャングルの奥深くで放置されていました。ジャングルのなかから現われたアンコール・ワットの巨大遺跡を見て、フランスの「発見者」たちは「これは何だ！」と仰天したことでしょう。

アンコール・ワット建設の大プロジェクトに、約1万人が35年間にわたり雇い入れられました。彼ら従事者とその家族に充分な食糧を提供するため、大水田も開発されます。アンコール遺跡群の周辺には、貯水地や水路など、当時の高度な水理技術をうかがわせる跡が残っています。豊富な食糧生産は都市人口の増大をもたらし、最盛期には約40万人が王都アンコールで暮らしていたとされます。

クメール人は氏族・血族を中心に社会を形成していましたが、彼らを1つの王国に統合するために、宗教の力が必要とされました。インドで起こったヒンドゥー教は東南アジア全域に普及し、人々の熱心な信仰を集めていました。ヒンドゥーの神々への信仰は、自然信仰の強かった密林の人々にとって、受け容れやすいものでした。王は神々の栄光をこの世に現わし、その偉大さを証明するために、アンコール・ワットなどの巨大寺院を建設します。

クメール人はヒンドゥー教を奉じていたため、アンコール・ワットはもともとヒンドゥー教寺院でしたが、ジャヤヴァルマン7世のとき、仏教寺院となります。ジャヤヴァルマン7世は12世紀から13世紀の初め、アンコール・ワットを中心に王都アンコール・トム（「偉大なる都」という意味）を造営します。アンコールはインドシナ半島の真ん中に位置し、東はベトナム、西はタイ、ミャンマー、南は南シナ海、北はラオス、中国にいたる交通の要衝でした。

強大な力を誇ったクメール王朝でしたが、13世紀、モンゴルの元王朝の侵入を受けて衰退し、15世紀、タイ人（アユタヤ朝）によって滅ぼされます。

独立意識の旺盛なベトナム人

ベトナムの原住民は、もともとオーストロアジア語族で、クメール人（カンボジア人）と同系の一派でした。しかし、海に面したベトナムは外来民族の侵入を招きやすく、原住民の純血は保たれませんでした。

2世紀末、ベトナム南部を中心にチャムパーが建国されます。チャムパーはオーストロネシア語族のインドネシア人の一派、チャムパー人（チャム人）が建てた国です。チャムパーは15世紀後半まで1000年以上にわたって続き、中国の史書には「林邑《りんゆう》」「環王《かんおう》」「占城《せんじょう》」の名で記されています。唐の中期までチャムパーは林邑と呼ばれ、その後、一時的に環王と呼ばれ、唐の末期には占城と呼ばれるようになります。

ベトナム北部には中国人が多数移住し、中国文化をもち込みます。北部は、秦《しん》の始皇帝以来、中国の王朝の支配を受けたため、漢字文化圏に属することとなり、儒教や科挙《かきょ》制度を取り入れます。今日でも、北部ベトナム人と南部ベトナム人の顔つきが異なるのを感じることができます。ハノイなどの北の都市では中国人顔が多いのに対し、ホーチミン（サイゴン）などの南の都市では東南アジア人らしい顔つきの人が多いのです。

10世紀の唐滅亡後、北部ベトナムでは独立の動きが強まり、最初の李朝以下、北部ベトナム人の王朝が交替していきます。ベトナム王朝は中国の侵入を撃退し、独立を維持します。ここが中国の属国となった朝鮮王朝とは大きく異なる点です。

北部ベトナムは、中国からインドシナ半島へ侵入する入口にあたる地政学上の要衝です。この要衝の地にあったベトナム王朝は密林を舞台にゲリラ戦を展開することを得意とし、中国軍を排撃したのです。そのおかげで、インドネシア半島全域が朝鮮半島のように中国の支配下に組み込まれることはなかったのです。ベトナム王朝の功績は、きわめて大きいといえます。

北部ベトナムの最初の統一王朝である李朝は、宋《そう》王朝の侵入を撃退し、強勢を誇りました。しかし、13世紀に衰退し、1225年、陳朝に代わります。

陳朝は、一族の武将陳興道（チャン・フン・ダオ）の活躍により、元《げん》王朝フビライの3度にわたる侵入を撃退します。陳興道は今日でも、ベトナム民族の誇りとされます。

元王朝を撃退したベトナム人は、民族意識が高揚し、漢字をもとにベトナム文字の字喃（チュノム）を作成します。

陳朝は1400年、権臣に王位を奪われて滅びます。その後、明《みん》の永楽帝に征服され、ベトナム北部は一時、中国の支配下に置かれます。永楽帝は漢化政策を強制し、塩を専売として重税を課したため、ベトナム各地で反乱が起きます。

陳朝の武将であった黎利（レ・ロイ）は、明への反乱を主導し、台頭します。黎利は、明に対するゲリラ戦を18人の同志で始めます。しだいに同志の輪を拡げていき、20万人に達します。黎利は永楽帝の死後、明軍をベトナムから排除し、１４２８年、ハノイで即位し、「黎朝大《れいちょうだい》越《えつ》」を建国します。黎利は儒学（朱子学）を奨励し、明との関係修復にも努めました。

◆なぜベトナムは南北に長いのか

黎利の死後も黎朝は拡大を続け、１４７１年、黎朝は南ベトナムのチャムパーを征服します。ここに、南北ベトナムが統一されました。中国系の多い北部人とインドネシア系の多い南部人との混血も進み、新生ベトナム人が誕生します。このとき、民族の統一とともにベトナム国家の領土的範囲も策定され、今日のベトナムにいたります。

ベトナムの領土は、南北に細長い形をしています。普通、国家の領域というものは円のような塊形状になるものですが、どうしてベトナムは細長い形をしているのでしょうか。

もともと、ベトナムはハノイを中心とする平野部だけにとどまっており、この領域を北部統一王朝が支配していました。ラオス地域に侵入するには、密林の山岳地帯を越えねばならず、領土を西へ拡大することは困難でした。

一方、沿岸部を移動することは容易であるため、沿岸部が線状に結ばれていきました。メコン川下流域の平野部にはチャムパー人がおり、北部のベトナム王朝と異なる民族・文化がありました。南部のチャムパーは、もともとベトナムとは別の独立領域でした。

黎朝が15世紀にチャムパーを併合し、このとき初めてチャムパーはベトナムの一部に組み込まれることになります。北部のハノイ平野部とメコン川下流域が線状の沿岸部によって結ばれ、ベトナムの細長い領土が形成されたのです。

強勢を誇った黎朝でしたが、16世紀以降、内紛により、衰退しはじめ、18世紀末に滅亡します。

図15-4　黎朝の領域

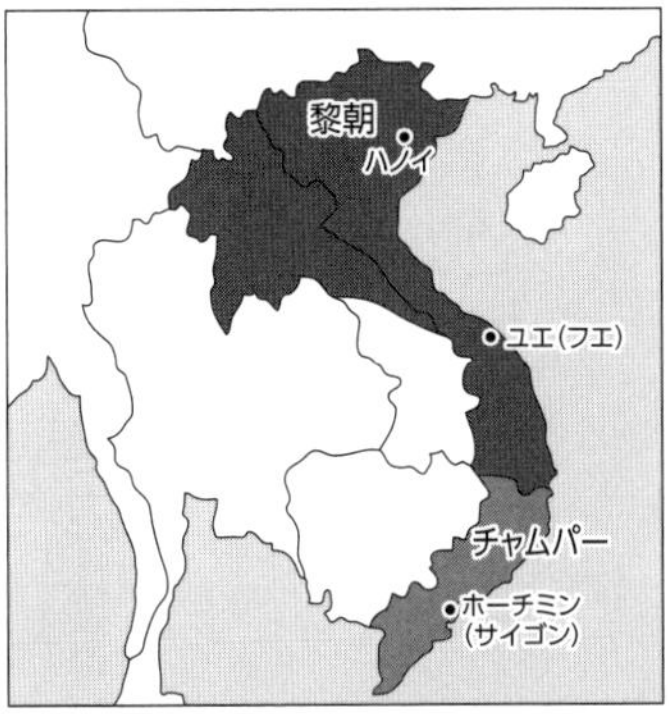

1802年、黎朝の重臣一族であった阮氏から阮福暎（グエン・フック・アイン）が出て、阮朝を建国、都をベトナム中部のユエ（フエ）に置きます。阮朝は政権の基盤が脆弱《ぜいじゃく》であったため、中国の清《しん》王朝を宗主国として認め、保護を受けました。阮朝の時代に、ベトナム人は中国からの独立的地位を失うことになります。

19世紀後半から、ベトナムはフランスによって植民地化されます。

Chapter 16

民族の交差点、東南アジア②

◆「タイ人」とは何か

インドシナ半島の真ん中に位置するタイは、広大で肥沃な平野部を領土とする、アジアで最も豊かな地です。タイは古くから、クメール人（カンボジア人）が支配する領域でした。タイにおいて、タイ人がもともといたのではなく、8世紀ごろ、中国南部の四川・雲南の中国系が南下し、しだいにクメール人などと混血しながら、いわゆるタイ人となっていきます。

13世紀、モンゴル人の雲南侵入で、雲南の中国系が大量にタイへ南下し、大きな勢力となります。つまり、タイ人はその血統において、中国系の血が多く入っているのです。

タイには、「シャム」という呼称もありました。タイは自称、シャムは他称です。シャムはクメール語で「浅黒い」という意味で、侮蔑の意もありました（肌の色が黒いのは、クメール人のほうだったはずです）。

タイ人はこのシャムという呼び名を避け、タイと名乗ります。タイという言葉は中国語の「大（dai）」が訛ってタイ（thai）となったとされます。「大」の字には、「大人」という中国語からもわかるように「立派な」という意味があり、それが転化して「奴隷でない自由人」という意味となります。1939年、当時の首相ピブーンが国号を「タイ国（Thailand）」に定めます。このとき、「タイ」は「自由な人々の国」という意味であると説明されました。

タイ人は1257年、タイ北部に最初の統一王朝であるスコータイ朝を建国します。スコータイ朝の第3代の王ラーマ・カムヘンの時代、中国でモンゴルの元王朝が強勢を誇ります。元王朝に対抗するため、ラーマ・カムヘンはタイ人の団結を呼びかけます。また、モンゴル人に追われ、タイへ逃れてきた雲南の中国系も取り込みながら、スコータイ朝の勢力は拡大します。

しかし、いまだタイ人は東のクメール人（アンコール朝）や西のミャンマー人（パガン朝）のような強い力はありませんでした。そのため、元王朝は裕福なアンコール朝やパガン朝を優先的に狙い、タイのスコータイ朝は侵攻を免れました。

モンゴル侵攻によりカンボジアとミャンマーが衰退していく一方、相対的にタイの地位が高まり、以降、急速に台頭していきます。

ラーマ・カムヘンはタイ人の民族意識を高揚させるため、クメール文字を改変してタイ文字を制定しました。これによって、タイ文字・タイ語を使うタイ人という民族の括りが明確に定まったのです。

◆「大インドシナ」を実現した民族の融合

スコータイ朝の南部の有力諸侯であったラーマ・ティボディは１３５０年、スコータイ朝の衰退に乗じてクーデターを起こし、アユタヤ朝を創始しました。13世紀にモンゴルの侵入を受けて衰退したカンボジアとミャンマーに代わって、タイのアユタヤ朝が強大化します。アユタヤ朝はマレー半島をも支配し、マラッカ海峡にも進出し、南シナ海やインド洋の交易を活発に行なって発展します。

アユタヤ朝は１４３１年、カンボジアのアンコール朝を滅ぼし、さらにミャンマーにも進出し、インドシナ半島全域を支配して覇権を握りました。このアユタヤ朝全盛時代にインドシナ半島の人々の交流・移動が急増し、民族間の混血も進みます。それは、タイを中心とする大きな流動変化のうねりであり、「大インドシナ」とも呼ぶべき、融合のダイナミズムです。ミャンマー人・タイ人・カンボジア人たちが、その容貌において同質化していくのは、まさにこの時代です。

また、アユタヤ朝は16世紀、ポルトガルとの交易をはじめ、大航海時代の潮流に乗り、莫大な富を集積します。

1569年、ミャンマーのトゥングー朝に侵攻され、15年間その支配を受けましたが、16世紀末には勢力を回復し、逆にミャンマーに侵攻しました。首都のアユタヤは東南アジアの国際商業の中心地として栄え、日本町も建設され、山田長政らが移住しました。

18世紀、列強の伸張に危機感をもった王が鎖国政策をとったため、衰退していきます。1767年、ミャンマーのコンバウン朝に滅ぼされます。

アユタヤ朝の滅亡後の1782年、アユタヤ朝の武将チャクリがタイ人勢力をまとめ、チャクリ朝（バンコク朝）を建国し、この王朝が今日まで続きます。

山岳・密林地帯のラオスには、タイ人の分派であるラオ人がいました。ラオ人によるランサン王国が14世紀に成立し、仏教文化が栄えます。18世紀後半、王位継承問題からランサン王国は分裂しました。

ミャンマーの先住民「ピュー人」と「モン人」

「ミャンマー」と「ビルマ」の表記の違いについてですが、古くから書き言葉（文語）で「ミャンマー」が使われ、話し言葉（口語）では「バマー」が使用されてきました。国際社会では

図16-1　中世ミャンマーの民族分布

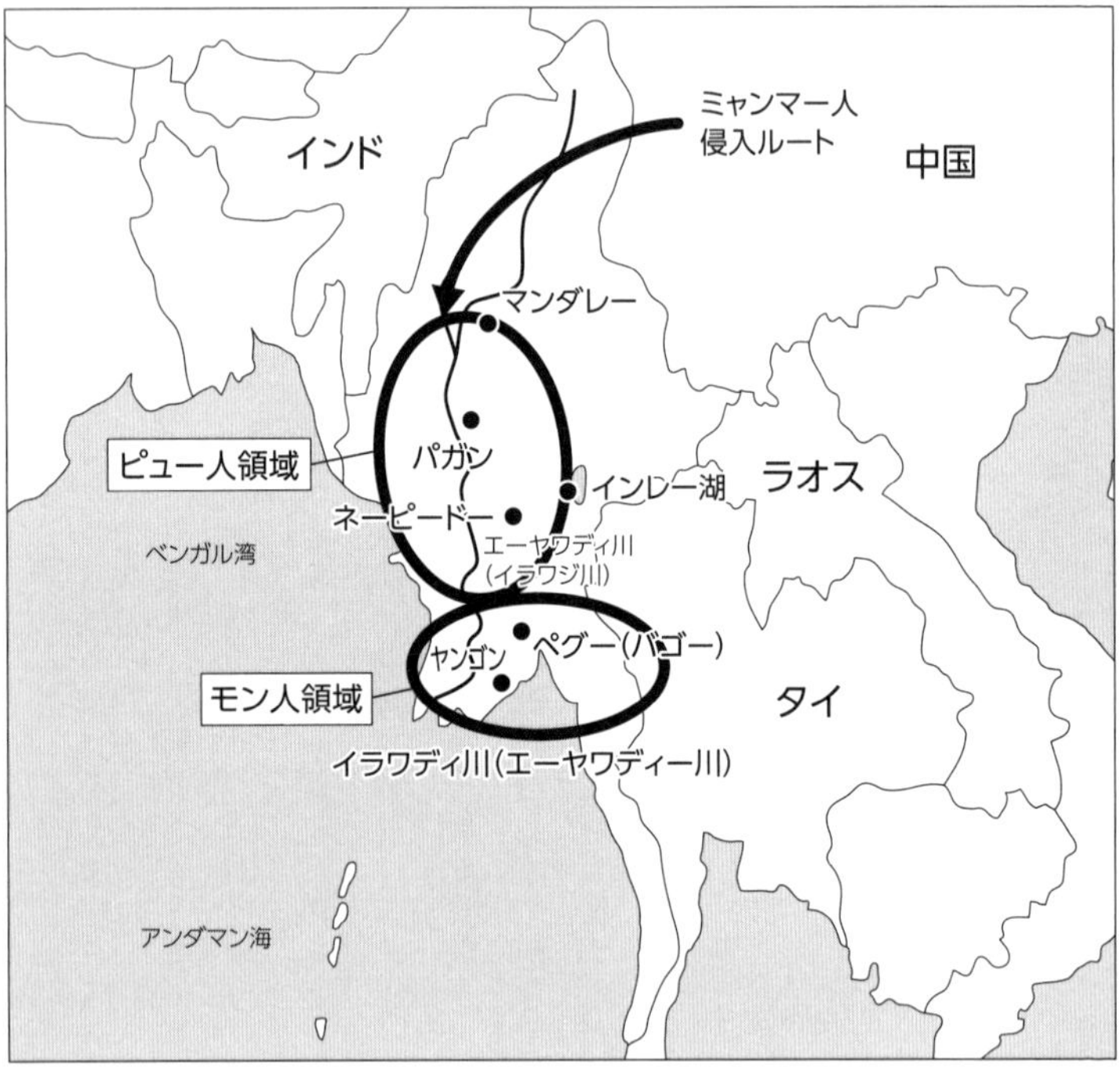

口語を英語化した「Burma（バーマ、ビルマ）」が一般的で、日本でも「ビルマ」と呼ばれてきました。ミャンマーの軍事政権は1989年、国号を文語の「ミャンマー」に統一すると宣言し、それ以降、「ミャンマー」が使われるようになります。

ミャンマーを流れるイラワディ川（エーヤワディー川）の中流には先住民のピュー人、下流にはモン人がいました。ピュー人とモン人はクメール人と同じく、インドシナ半島の原住民オーストロアジア語族に属します。

チベット系と中国系の混血種が8～9世紀ごろ、ミャンマーに南下し、独自の勢力圏を拡げていきます。この混血種が、いわゆるミャンマー人です。ミャンマー人といいながら、彼らはミャンマーにもともといた民族ではなく、外来の混血種なのです。11世紀、ミャンマー人のアノーヤターがピュー人やモン人をしたがえ、統一国家パガン朝を建国します。

アノーヤターはピュー人やモン人が信仰していた仏教を保護し、モン文字を改良して、ミャンマー語としました。また、ピュー人からは高度な建築技術や農業技術を吸収します。

ミャンマーでは、中世以降、外来のミャンマー人が多数派を占め、原住民のピュー人やモン人を支配します。しかし、彼らは高度な文明をもっており、ミャンマー人は文字や文化の面で彼らに依存したのです。

ピュー人はミャンマー人に同化しますが、モン人はミャンマー人に支配されながらも、独立したコミュニティを保ち、ミャンマー人に対抗します。

民族融合の産物「パガン遺跡」

パガン朝は、首都パガンに壮大かつ壮麗な仏教遺跡を残しています。パガンは「ピューの集落」を意味する「ピュー・ガーマ」に由来します。パガンは「バガン」と表記されることも一般的になっていますが、「ピュー・ガーマ」というもとの意味を踏まえれば、「パガン」と表記するのが望ましいでしょう。

パガン遺跡はカンボジアのアンコール・ワット、インドネシアのボロブドゥールとともに、世界3大仏教遺跡の1つに数えられます。約40平方キロもの広大なエリアに、約3千を超えるパゴダ（仏塔）や寺院の遺跡が散らばっています。これほどの大規模な遺跡群でありながら、パゴダの修復方法に問題があったために、世界遺産として認められていません。

パガンが「ピューの集落」を意味するように、パガン遺跡群はミャンマーの原住民ピュー人の高度な建築技術に依存していました。パガンの独特のデザインや世界観は、ピュー人の世界観そのものを表わしています。

ピュー人は、4世紀からイラワディ川（エーヤワディー川）の中流域一帯に多くの城郭都市を形成しました。インドとの貿易で栄え、中国の史書には「驃《ひょう》」という名で記されています。強勢を誇ったピュー人の勢力でしたが、中国南部の「南詔《なんしょう》」という国によって攻められ、衰亡していきます。南詔はチベット人がつくった国で、中国の唐王朝と同盟を結び、四川・雲南の貿易ルートの開発により発展します。

この南詔から、ミャンマー人が派生します。ミャンマー人がチベット系と中国系の混血種とされるのは、そのためです。そして、ミャンマー人は11世紀、アノーヤターに率いられて、ミャンマー全域を支配し、パガン朝を建国するのです。

ミャンマー人はモン語の碑文でMirma（ミルマ）と呼ばれており、それには「強い」という意味があるとされます。ミルマが転じてミャンマーとなります。

ミャンマー人は、原住民のピュー人の高度な建築技術をもとに大規模な公共事業を推進し、ピュー人を積極的に雇い入れ、懐柔しました。ピュー人はミャンマー人の強い政権運営力に依存し、ミャンマー人に協力をします。こうして、壮大なパガンの仏教寺院やパゴダが建設されていきます。建設に従事することにより、ピュー人は生活の糧を得ると同時に、信仰心を満たすことができました。ミャンマー人は壮大な建築物の建立で強い力を誇示しながら、地域の安定をもたらし、仏教を保護しました。

こうしたことから、パガンは外来のミャンマー人と原住民のピュー人の融合の産物ということができます。

「ロヒンギャ族」問題のルーツとは？

パガン朝は約250年間続きましたが、1287年、元王朝のフビライによって滅ぼされま

図16-3　インドシナ半島の３勢力

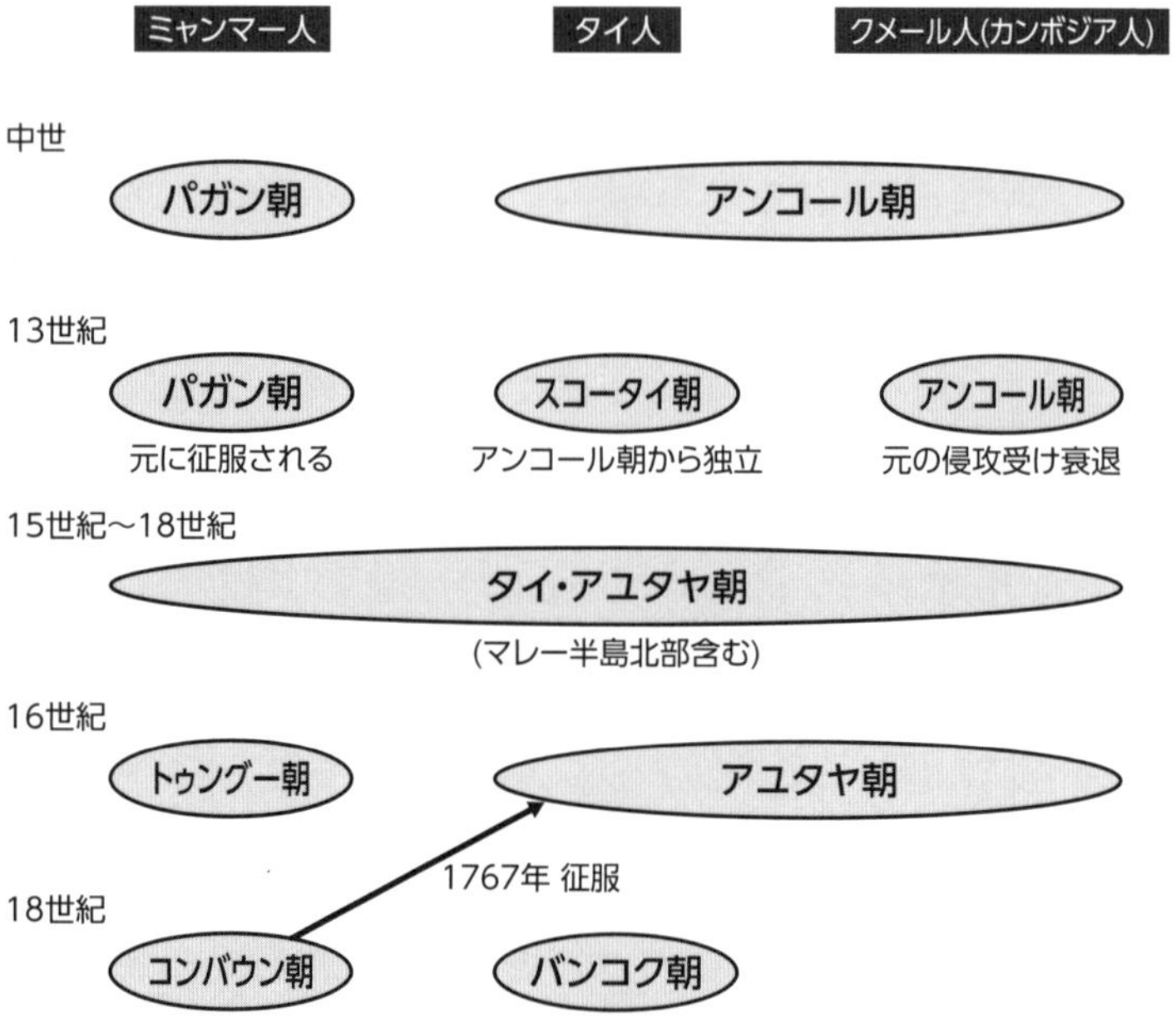

す。

その後、ミャンマーはタイのアユタヤ朝に支配されますが、16世紀前半、トゥングー朝が成立しました。トゥングー朝はミャンマー南部のペグー（バゴー）を都として栄えますが、1752年、モン人の反乱で滅びます。ピュー人が早い時期からミャンマー人に同化していたのに対し、モン人はミャンマー人に抵抗・敵対していました。

ミャンマー人は武将のアラウンパヤーの主導で同年、モン人を撃退し、政権を取り戻し、アラウンパヤーが王となり、コンバウン

（アラウンパヤー）朝が創始されます。コンバウン朝は強大化し、アラウンパヤーの子の時代の１７６７年に、４００年以上続いたタイのアユタヤ朝を滅ぼします。

このころ、イギリスのインド支配が本格化し、イギリス資本の流入でインド経済が興隆します。隣国のミャンマーは景気波及効果を受け、コンバウン朝が急激に強大化しました。しかし、19世紀にはミャンマーはイギリスによって植民地化されます。

ところで、現在問題になっているロヒンギャ難民は、このコンバウン朝時代の18世紀にルーツがあります。

図16-4　ラカイン州

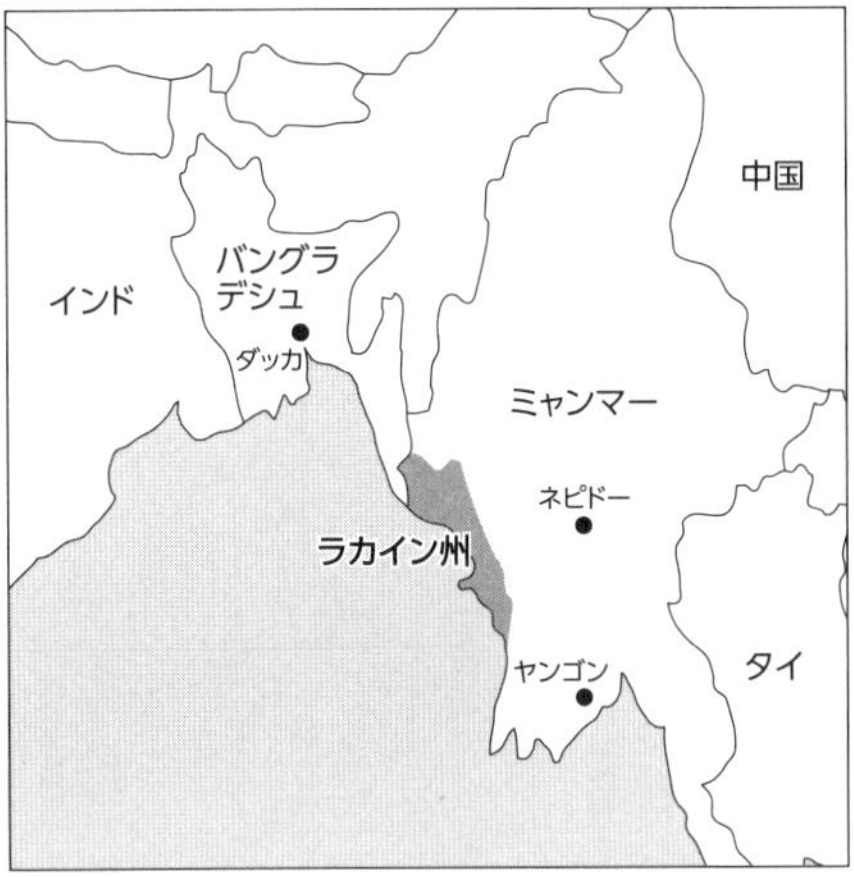

ミャンマー西部のラカイン州には、イスラム教徒でインド系のロヒンギャ族がいました。コンバウン朝は、18世紀後半にラカイン州を併合、弾圧を恐れたロヒンギャ族は、バングラデシュ方面へ逃れました。

19世紀にイギリスが侵攻し、コンバウン朝が滅びると、バングラデシュに逃れたロヒンギャ族はミャンマーのラカイン州に帰りました。このとき、ラカイン州の人々とロヒンギャ族が揉めはじめ、対立状況が生まれます。この対立は、イスラム教と仏教の宗教戦争の性格を帯びて激化し、今日にいたります。

ミャンマー政府はロヒンギャ族をバングラデシュからの移民と見なし、ミャンマー国民と認めていません。2017年の夏、ロヒンギャ族と見られる武装集団が警察施設を襲撃したことをきっかけに、ミャンマー軍が反撃します。ミャンマー軍によって迫害されたロヒンギャ族、約40万人がバングラデシュに避難し、事態が泥沼化しています。

インドネシア・ボロブドゥール遺跡の財源

インドネシアを中心とする島嶼部には、オーストロネシア語族が広く分布しています。インドネシア、マレーシア、ブルネイ、フィリピン南部などがオーストロネシア語族に属します。オーストロネシア語族は半島部のオーストロアジア語族と比べ、赤道に近いため、肌の色が黒く、体格・骨格がガッシリとしています。顔つきも骨ばった印象で、彫りが深いのも特徴です。熱帯のジャングルで生きてきた逞しさを感じさせる容貌です。

オーストロネシア語族が歴史に残した大きな業績は、ボロブドゥール寺院の建設です。ボロブドゥール遺跡はピラミッド型の世界最大級の仏教寺院で、インドネシアのジャワ島中部にある石造遺跡です。世界遺産にも登録されています。

この寺院を建設した王朝は、シャイレーンドラ朝といいます。王朝滅亡後、ボロブドゥール寺院は火山灰と密林のなかに埋もれ、久しく忘れ去られていましたが、1814年にイギリスのラッフルズ（シンガポールの開拓者）とオランダ人技師コルネリウスによって発見され、その一部が発掘されました。

シャイレーンドラ朝は、8世紀にジャワで台頭した仏教を奉ずる国です。同世紀後半、シャイレーンドラ朝はインドシナ半島海域に進出し、真臘と呼ばれていたカンボジアやベトナム南部のチャムパー王国に攻め入ります。そして、8世紀半～9世紀にボロブドゥール寺院を建造します。

シャイレーンドラはサンスクリット語（インド古代語）で、シャイラは「山」、インドラは「王」「支配者」を意味しています。

このシャイレーンドラ朝は、なぜボロブドゥール寺院のような巨大建築を建設することができたのでしょうか。その財源は、どこから生み出されたのでしょうか。

シャイレーンドラ朝の成立経緯については文献史料がなく、ほとんどわかっていませんが、大きく2つの説があります。マラッカ海峡の王国から派生したとする説と、ジャワ島から発祥したとする説の2つです。

図16-5　7～9世紀の東南アジア

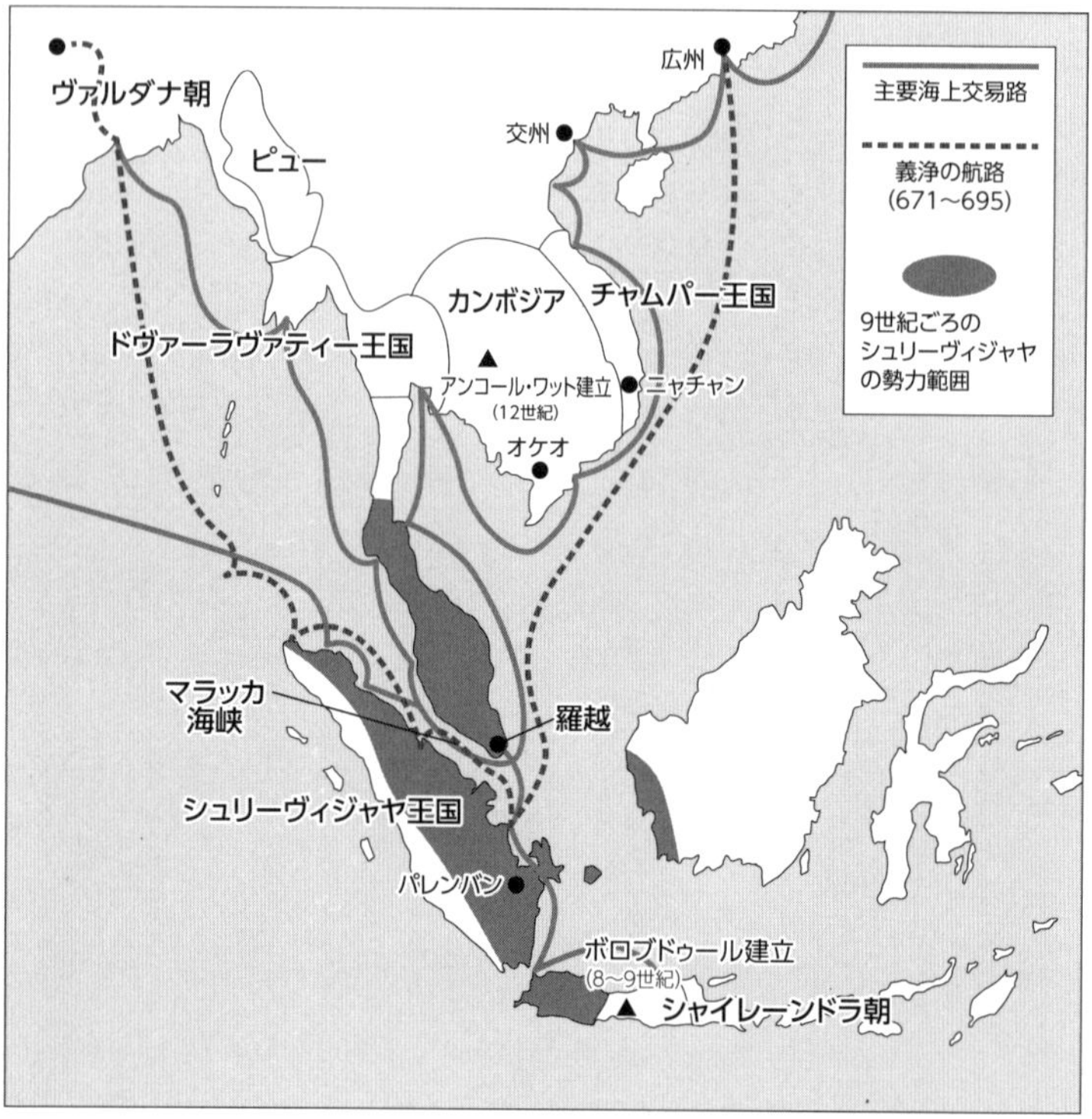

私は、前者の説のほうが有力であると思います。ジャワ島そのものに、あれだけの巨大寺院を建造する富が集積したと考える根拠はなく、むしろマラッカ海峡からの富がジャワに回ったと考えるほうが自然であるからです。

マラッカ海峡では7世紀、スマトラ島のシュリーヴィジャヤ王国が建国されます。シュリーヴィジャヤ王国はマラッカ海峡を支配し、海上交易で発展します。インドに赴いた唐の僧、義浄《ぎじょう》は7世紀後半にこの国を訪れ、『南海寄帰内法伝《なんかいききないほうでん》』でシュリーヴィジャヤ王国を「室利仏逝《しつりぶっせい》」と記し、紹介しています。義浄は「この仏逝（シュリーヴィジャヤ）の城下には僧侶が千余人おり、学問に励み、托鉢を熱心に行なっている。唐の僧でインドに赴いて勉強しようと思う者は、ここに1、2年滞在して、その法式を学んでからインドに向かうのがよい」と述べています。

オーストロネシア語族の海上帝国

シュリーヴィジャヤ王国はインドネシア人、マレーシア人（マレー人）の複合国家でした。シュリーヴィジャヤとはサンスクリット語で、シュリは「光り輝く」の意味、ヴィジャヤは「勝利」を表わします。シュリーヴィジャヤ王国は中国の唐王朝の興隆とともに台頭し、マラッカ海峡を支配し、インドと中国を結ぶ海上貿易の中継拠点として発展しました。

ボロブドゥール寺院を建設したジャワのシャイレーンドラ朝は、このシュリーヴィジャヤ王国の分派であると考えられます。両者の婚姻・血縁関係が強かったことも知られています。むしろ、両者はマラッカ系勢力として、一体のものだったというほうが実態に即しています。

この時期、シルクロードの陸上交易路と並行し、マラッカ海峡を経由する海の道が頻繁に使われ、この地域を支配していたマラッカ系勢力が強大化しました。海上交易によってもたらされた富は莫大なものであり、これを資金源として、ボロブドゥール寺院が建設されたと考えられます。仏教がシュリーヴィジャヤ王国経由でジャワへ伝わったこととも符号します。

当時、ジャワにはヒンドゥー教を奉じる王国勢力がありました。マラッカ系勢力はジャワ人の地元王国を駆逐し、シャイレーンドラ朝をつくり、現地に君臨します。仏教を奉じていたマラッカ系勢力は、ヒンドゥー教に代わる新しい宗教として、仏教の威光をジャワに行きわたらせて、自らの支配を正当化させねばなりませんでした。そこで、つくられたのがボロブドゥール寺院だったと考えられるのです。

マラッカ系勢力の海上交易の富によって歴史の表舞台に踊り出たオーストロネシア語族は、まさに「海の民族」といえます。シュリーヴィジャヤ王国やシャイレーンドラ朝などのオーストロネシア語族の海上帝国は、インドや中国という2つの巨大経済圏に加え、これらをつなぐ第3の巨大経済圏を形成することになったのです。

イスラム化するオーストロネシア語族

シャイレーンドラ朝は、ボロブドゥール寺院を建造した直後、9世紀に衰え、スマトラ島のシュリーヴィジャヤ王国に吸収されます。マラッカ系勢力はボロブドゥール寺院を建設し、ジャワ島支配を強化しようとしましたが、結局、成功しなかったのです。

シャイレーンドラ朝の滅亡後、ジャワではヒンドゥー勢力の小王国が各地に台頭します。現地ジャワ人が再び政権を握りました。

なぜ、強大な力をもっていたマラッカ系勢力は急速に衰えたのでしょうか。その理由は、中国の唐王朝の衰退と深く関係しています。875年、唐で黄巣《こうそう》の乱が起こります。唐の混乱により、海上交易の数量も激減したため、その収益を失いました。

シャイレーンドラ朝は滅びましたが、本体のシュリーヴィジャヤ王国は、その後も存続します。しかし、13世紀になるとイスラム商人のマラッカ進出などにより海上貿易の独占的な利益を失いはじめ、シュリーヴィジャヤ王国は14世紀に消滅します。

マラッカ系勢力のイスラム化が進み、彼らはシュリーヴィジャヤ王国の支配領域を継承し、14世紀末、イスラム教国のマラッカ王国を建国します。マラッカ王国は東南アジア最初のイスラム国家として、またマラッカ海峡を擁する東南アジアの貿易の中心地として栄えます。マラッカ王国は中国の明に朝貢し、タイのアユタヤ朝の南下を防ぎました。マラッカ王国は、イスラム教を基盤にインド・中東・アフリカ東海岸とつながり、アジアの海上交易を支配し、強大な王国へと発展していきます。

マラッカ王国の影響で、フィリピン南部のミンダナオ島やジャワ島にイスラム教が広まります。ジャワ島ではイスラムの海港都市が形成されて、イスラム教が内陸部にまで広まり、16世紀に建国されるイスラム教国のマタラム王国の礎が形成されます。

このように、マラッカを起点としてインドネシア、マレーシア、ブルネイ、フィリピン南部などのオーストロネシア語族の今日に見られるようなイスラム化が達成されていくのです。

マラッカ王国は15世紀後半に最盛期を迎え、その領域はマライ半島南部全域とスマトラ島の東部におよぶ大勢力となりましたが、１５１１年、ポルトガル人によってマラッカを占領され、消滅していきます。さらに、17世紀にオランダが進出すると、ジャワ島も植民地化されます。

第6部

アメリカ、アフリカ、民族に刻まれた侵略と対立の傷跡

Chapter 17

謎の民族「インディアン」

彼らは本当にアジアからやってきたのか

アメリカ大陸の先住民インディアンはモンゴロイドで、ベーリング海峡がアジアと陸続きであったときにアジアから移住してきたとされます。アメリカ大陸には類人猿がいた形跡はなく、人類の存在を示す化石や骨なども見つかっていません。そのため、人類は他の大陸から移動してきたと考えられているのです。

いまから約3万年前～2万年前の氷河期に海面が下がり、ベーリング海峡が陸続きとなっていた時代があることが確認されています。この時代に、人類がユーラシア大陸から歩いてアメリカ大陸に渡ったというのです。

氷河期において、ベーリング海峡（当時は地狭）を歩いて移動するなど、そんなことが可能なのかと疑ってしまいます。それよりも、アメリカ大陸にはもともと人類がいたのではないか、その形跡が今日まで発見されていないだけではないのでしょうか。

たとえば、アマゾンの密林地帯の奥地には、近年まで文明との接触をしてこなかった部族、現在でもしていない部族がかなりあります。彼らは、アマゾンにもともといた原住民ではないのか。そうだとすれば、インディアンもアマゾンから派生したと見ることはできないのか。まだまだ調査・検証の進んでいないことがたくさんあります。

しかし、インディアンの祖先はアジアからベーリング海峡を渡ってきたというのが学説上、定説となっているのです。遺伝子学でも、インディアンはモンゴロイド系の特徴を明確にもっていることが証明されており、インディアンの祖先がモンゴロイド系であり、その意味でもベーリング海峡を渡ったという「定説」が正しいと結論づけられています。

また、アラスカやカナダ北部には、モンゴロイド系のアジア人エスキモーが現在でも居住しています。極寒の地で環境適応して生活する彼らこそが、約3万年前〜2万年前、ベーリング海狭（地狭）を渡ったインディアンたちの末裔であるとされます。

「エスキモー」とは北方インディアンの言葉で「(雪靴の）網を編む」という意味です。この言葉が近代に「生肉を食べる者」を意味する語と誤って伝わります。エスキモーは極寒の地で野菜を手に入れることができず、アザラシなどの生肉を食べることでビタミンを補給していました。エスキモーが差別語と解されることもあり、「イヌイット（「人々」の意)」という呼称が正式であるとされます。

エスキモーは、極寒のベーリング海峡（地狭）を渡ったモンゴロイド系アジア人たちの存在を証明する生きた証なのかもしれません。

◆あえて狭い山岳部に住み着いた理由

ユーラシア大陸から渡ってきたとされるインディアンたちは、南北アメリカ大陸の全域に拡散します。

彼らは大きく分けて、2つの地域に文明を形成していきます。メキシコを中心とするメソアメリカ地域と、ペルーを中心とするアンデス地域の2つです。一般的に、大きな文明は大河のほとりの肥沃で広大な平野部に栄えるものですが、これらの地域は山岳地帯で平野部はわずかしかなく、土地は痩せています。

ベーリング海峡（地峡）からやってきたインディアンたちは、北アメリカのミシシッピ川流域のプレーリーと呼ばれる肥沃な大平野部に文明を形成せず、なぜわざわざメキシコやペルーの狭隘《きょうあい》な山岳部に文明を形成したのでしょうか。

一般的に、インディアンは合理的な理由よりも、宗教的な理由を優先させたと考えられています。山や湖のある複雑な地形に自然神が宿ると信じ、複雑な地形を好んだとされます。高山にある有名なマチュピチュ遺跡などは、そうしたインディアンの宗教的志向が現われている典型例でしょう。

メソアメリカ地域とアンデス地域の2大文明圏にインディアンが定住しはじめるのは、両者とも紀元前1万5000年ごろと推定されています。長い狩猟・採集の石器時代を経て、紀元前3500年ごろには、トウモロコシ・マメ・ジャガイモ・カボチャなどの栽培が行なわれ、農耕時代へと入ります。また、後にワタの栽培がなされ、織物工芸も始まります。

ちなみに、トウモロコシ・ジャガイモ・トマト・トウガラシ・ピーマン・ピーナツ・インゲン豆は中南米原産の野菜で、これらはすべて中南米からコロンブスの新大陸発見以降、世界中にもたらされたものです。

図17-1　南北アメリカ大陸の2大文明圏

図17-2　アステカ・マヤ文明（メソアメリカ文明）の遺跡分布

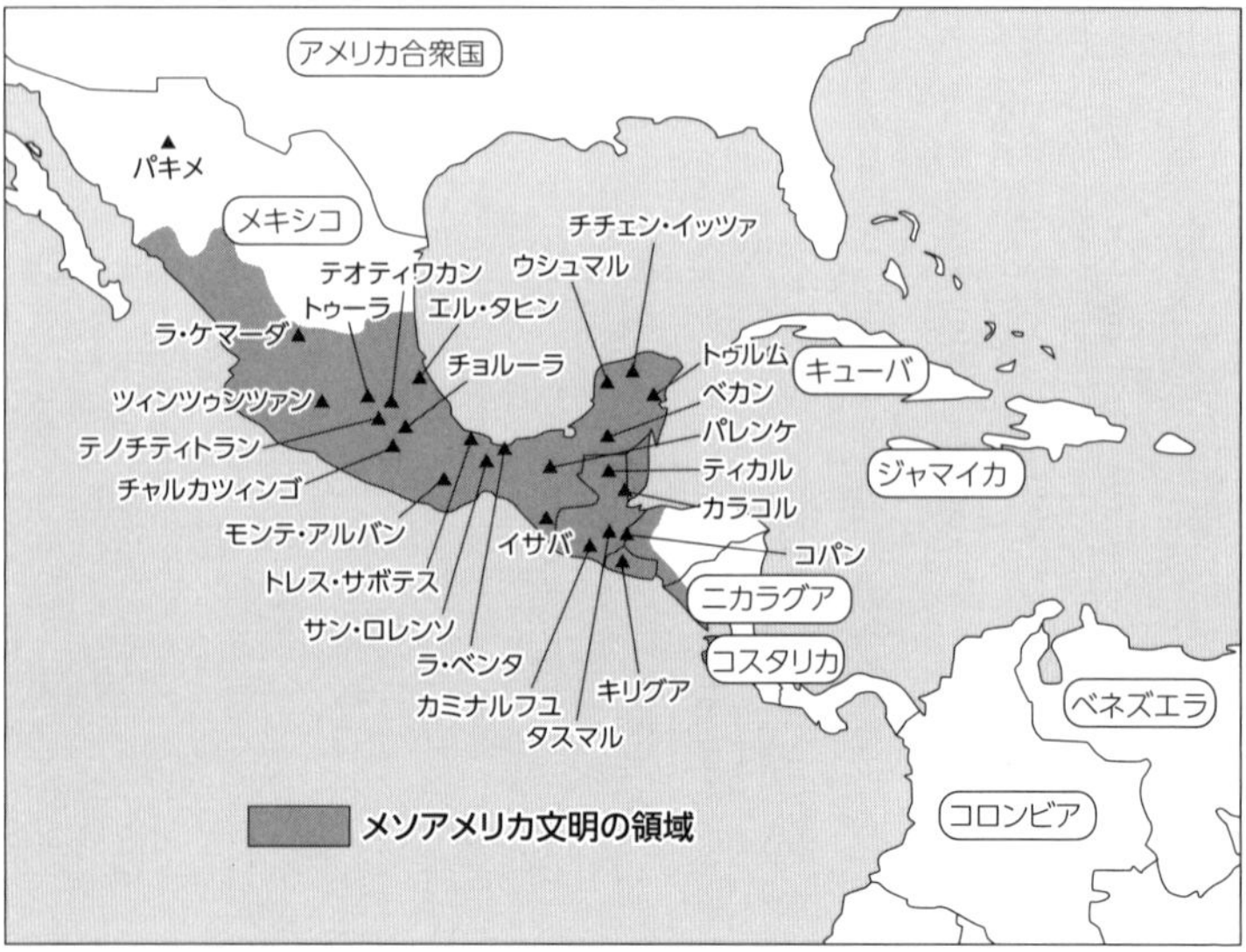

◆「インディアン」の高度な技能

農耕によって多くの人口を養うことができるようになり、文明が形成され、都市が生まれます。紀元前1200年ごろから、メキシコ湾岸のオルメカ文明が都市文明を形成します。石造建築や絵文字などが生まれます。

紀元前後ごろから、メキシコ高原にテオティワカン文明、ユカタン半島にマヤ文明が現われます。これらの文明は、最終的にアステカ文明に発展・継承されます。

マヤ文明には、高度な天文学や数学、土木・建築学、法律や芸術などの文化が見られます。中世の時代に、このような高度な技能をインディアンたちはどのように習得したのか、多くの謎が残ります。

マヤ文明の代表的な遺跡が、チチェン・イッツァ遺跡です。マヤ文明は9～10世紀に衰退し、アステカに吸収されていきます。衰退の原因は、飢饉か疫病ではないかといわれています。

メキシコ高原では、北部に興ったアステカ（チチメカ）族が12世紀中ごろ、メキシコで勢力を拡大し、15世紀にはアステカ王国を建設しました。首都はテノチティトランに置かれます。

アステカ族はマヤ文明の神殿、ピラミッド、象形文字、太陽暦を継承しましたが、鉄器や車はありませんでした。アステカ文明は1521年、スペイン人のコルテスによって征服されます。

生け贄の儀式とインカ帝国の滅亡

ペルーのアンデス山脈を中心に、紀元前1000年ごろ、チャビン文化が栄え、紀元前200年ごろ、地上絵で有名なナスカ文化などのアンデス文明が現われます。

中世の7世紀ごろには、ペルー中部高原にワリ帝国が建国されて、複数の都市文明が拡がったことが確認されています。

ペルーのインカ族は1200年ごろ、アンデス山脈の諸部族を統一し、15世紀後半、インカ

図17-3　アンデス文明の遺跡分布

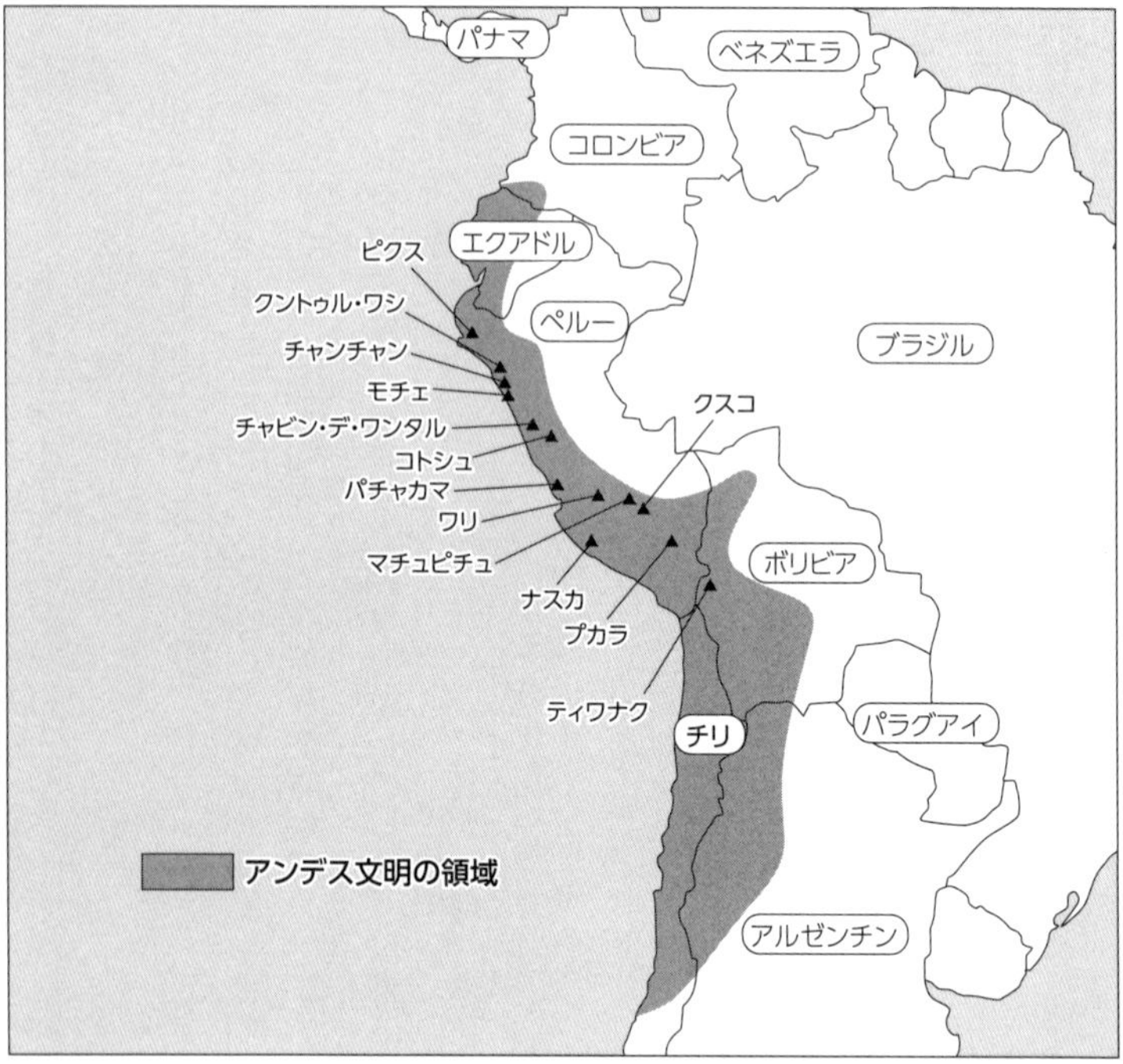

帝国を建国します。都はクスコに置かれました。

インカ帝国では、石造建設が盛んで、強い王権の存在を示す神殿や宮殿などがありました。インカ帝国でも鉄器はありませんでしたが、青銅器はあり、金・銀は装飾用に使用されていました。インカ帝国の代表的な遺跡が、マチュピチュ遺跡です。インカ文明は文字をもたず、その代わりにキープ（結縄）という縄の結び目によって数を表わしていました。

インカ帝国は１５３３年、

スペイン人のピサロによって征服されます。

メソアメリカ文明圏とアンデス文明圏の2つに共通するのは、生きた人間の心臓を神に供える人身御供の儀式が行なわれていたことです。スペインのコルテスやピサロが現地にやってきて、インディアンの生け贄の儀式を見たとき、野蛮で邪悪な宗教に毒されている人々を救済しなければならないという「使命感」のようなものを感じ、征服を進めました。

アステカやインカの神殿の内部は、生け贄となった人間の腐敗した心臓や血で悪臭が立ち込めていたようです。

マデイラ島に流れ着いた死体

アメリカ先住民が「インディアン」と呼ばれるのは、コロンブスがカリブ諸島に渡ったときに、そこがインド周辺の島であると誤認し、先住民を「インディアン」と呼んだからです。このような経緯から、インディアンという呼称をやめ、「ネイティブ・アメリカン（Native American）」を正式な呼称として使おうとする傾向もあります。

コロンブスはポルトガルのリスボンに定着し、航海士・地図製作者として一定の成功を収めました。そして、マデイラ島を所有する貴族の娘と結婚します。マデイラ島はリスボンより南西1000キロ離れた大西洋の島で、砂糖を生産していました。

コロンブスは、マデイラ島へ砂糖の買いつけのために航海します。このとき、コロンブスは島の西から流れ着く漂流物が、ヨーロッパにはない道具や装飾品であるのを目撃します。ヨーロッパやアフリカの人種ではない人間の死体が流れ着いた、という話なども聞きます。コロンブスは、「大西洋の向こうにマルコ・ポーロが書いたジパングやインドがあるに違いない。それも、すぐ近くに」と考えるようになります。

マデイラ島に流れ着いた死体は、インディアンだったのでしょうか。黒人でも白人でもないとするならば黄色人種ですから、インディアンなどのアジア系と考えられます。しかし、常識的に考えて、アメリカ大陸のインディアンの死体が大西洋を漂流して、マデイラ島に漂着するなどとは到底、信じられません。この死体の話は、コロンブスによってでっち上げられた話と見なすべきかもしれません。

航海船を建造し、探検隊を組織することには莫大なカネがかかります。資金を投ずるパトロンはコロンブスの主張に物証を必要としており、コロンブスはこれに応えるため、黒人でも白人でもない人種の死体が西から流れ着いたとする話をつくり上げた可能性があります。

ようやく、スペイン王室がコロンブスに資金を拠出し、1492年、コロンブスは3隻の船と百人程度の船員を率い、スペインのパロス港を出発しました。2か月をかけて大西洋を越え、アメリカ大陸東の群島にたどり着きます。コロンブスはここをインドだと勘違いし、「西インド諸島」と名づけました。

コロンブスはその後も新大陸の探索を続け、合計4回の遠征を行ないました。1498年、3回目の遠征で、現在のベネズエラのオリノコ川の河口にいたります。その膨大な量の河水から判断して、背後に未知の巨大な大陸が拡がっていることは容易に認識されました。

インドやアジアとも様子が違っていたでしょう。コロンブスが見たインディアンたちのジャングルの原始生活は、マルコ・ポーロが『東方見聞録』で記した「カタイ（中国）」とは明らかに様子が違いました。また、黄金の国ジパングらしき情報の片鱗すら、そこに発見することができなかったのです。

ヨーロッパ人の欲望に火をつけた「エル・ドラード（黄金郷）」

15世紀、コロンブスの探検により、新大陸が発見され、ヨーロッパ人の未知への好奇心を駆り立てました。もし、この地球上に未知未踏の地があり、金銀財宝で埋め尽くされたエル・ドラード（黄金郷）が存在するならば、どのような危険をも顧みずその地をめざし、そして征服したいと思うのが人間の本性でしょう。

図17-4　コンキスタドールの侵攻ルート

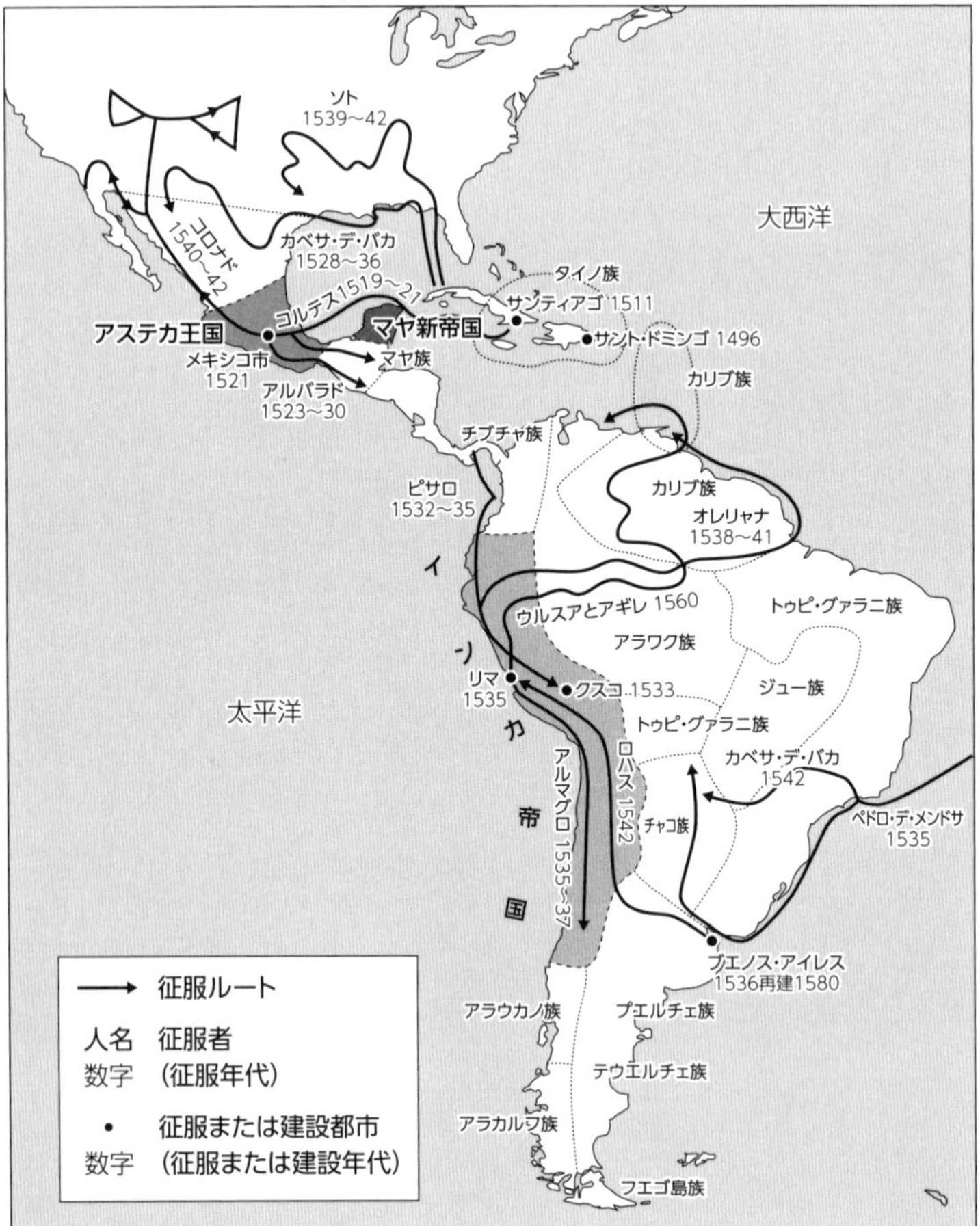

「コンキスタドール」と呼ばれた人たちがいます。征服者という意味で、英語でいう「コンクェスター」です。ピサロやコルテスらが代表的な「コンキスタドール」で、彼らはそれぞれペルーのインカ帝国、メキシコのアステカ王国を征服し、金銀財宝を山ほど獲得しました。

1992年から2002年のユーロ導入まで、スペインで発行されていた最後の1000ペセタ紙幣の表面がコルテスの肖像、裏面がピサロの肖像でした。

未知への冒険と金銀の獲得の狂喜。歴史上、彼らほどの興奮と野望に満ちた人生を歩んだ者は、他にいないでしょう。

1532年、ピサロはパナマを出港し、インカ帝国への侵入を開始します。ピサロの父は軍人で小貴族、母は召使いだったようです。ピサロは教育されず、文字も知らないままで育ち、社会の下層に属しました。コンキスタドールやそれにつきしたがった者たちは、ほとんどが下層の人々や戦争の敗残者、犯罪者や追われ人など「わけあり」の者で、一発逆転を狙う命知らずでした。

もともと、ピサロは1513年にパナマ遠征の部隊に所属し、その後、10年かけて南アメリカを探検し、インカ帝国の存在を突き止めます。

1528年、スペインに戻り、国王カルロス1世からペルーの独占支配権の許可を得て、兵を募集し、インカ帝国侵略の準備をします。

◆インカ帝国・アステカ王国を滅ぼしたテロと病原菌

ピサロは歩兵110名、騎兵76名を引き連れて、火縄銃13丁などで武装し、ペルーへ侵略しました。たった2百人足らずの兵力で、どうしてピサロたちが1つの国を侵略できるなどと考えていたのか、不思議に思われるかもしれませんが、彼らは最初から国全体を征服しようと考えていたわけではありません。

ピサロは、インカ帝国皇帝アタワルパを誘い出し、騙し、人質にして、金銀財宝を奪い取りました。その後、アタワルパを殺します。ピサロの戦術はテロだったのです。

インカ帝国は部族社会で、1つにまとまってはいませんでした。皇帝殺害後、ピサロは部族対立と確執をたくみに利用して、彼らを争わせることに成功します。その隙を見て、インカ帝国の首都であるクスコに無血入城し、インカ帝国を滅ぼしました。

ここまで、ピサロの奇跡的ともいえる成功が続きますが、ついに原住民たちが反撃に転じたため、クスコから財宝を持ち出しながら撤退します。

ピサロが率いた180人余の部隊が、インカ帝国を滅ぼしたのではありません。インカ帝国では、もともと部族間の対立が根強くあり、皇帝アタワルパが殺されたことで、それが表面化し、内紛によって崩壊したというのが実態でしょう。

歴史書のベストセラー『銃・病原菌・鉄』で有名なジャレド・ダイアモンドは、インカ帝国やアステカ王国の崩壊は病原菌が原因だと主張しています。ピサロたち、スペイン人がもち込んだ天然痘やペストなどの伝染性の病原菌が、免疫のない現地人に拡がり、彼らの国家を崩壊させた、としています。

動物に由来する病原菌が突然変異し、人に転移したと考えられており、多くの種類の家畜を飼うスペイン人などのヨーロッパ人は、この病原菌に対する免疫をもっていました。しかし、新大陸の原住民には牛や豚などを飼う習慣がなく、動物性の病原菌に対する免疫がありませんでした。

また、彼らは家畜化した大型哺乳類を馬や牛のように運搬や軍事へ転用することもありませんでした。

免疫のない原住民たちを原因不明の病魔が襲った当時のパンデミック（感染爆発）は、インカ帝国やアステカ王国を恐怖のどん底に陥れ、国家機能を麻痺させました。

◆「スパニッシュ」と「ヒスパニッシュ」はどう違う？

コルテスやピサロの征服後、スペインはブラジル（ポルトガル領）を除くメキシコ以南の地域を植民地化していきます。スペインは、ボリビア南部のポトシ銀山など、銀山採掘に力を注ぎます。採掘には、インディアンが強制的に労働させられます。また、小麦やサトウキビなどの農作物を栽培する農園の開発・運営にも、インディアンを使いました。インディアン労働者は、実質的に奴隷として扱われました。

スペインは、アフリカ西海岸の黒人を奴隷として新大陸に連行して、インディアンとともに奴隷として働かせました。

スペイン人入植者は、女性を連れて現地に入ることはほとんどなかったので、現地のインディアンや黒人の女性を妻や妾《めかけ》にして（多くの場合、性奴隷にされていました）、混血児を生んでいきました。スペイン人とインディアンとの混血はメスティーソと呼ばれ、スペイン人と黒人の混血はムラートと呼ばれました。

植民地生まれのスペイン人は、クリオーリョと呼ばれます。多くの現地の支配者層が「自分はクリオーリョだ」と自称していましたが、実際には純粋な白人であるクリオーリョなどいませんでした。母がスペイン人（白人）であるかのような偽装が頻繁に行なわれていたのです。

こうして、16世紀以降、白人・インディアン（黄人）・黒人の3者の混血がダイナミックに進みます。とくに、白人はインディアン女性を好んだようで、両者の混血であるメスティーソの割合が増えます。スペイン人はラテン系ヨーロッパ人であったため、ラテン・アメリカという呼称が誕生します。

ラテン・アメリカ人はヒスパニッシュとも呼ばれます。ラテン語でスペインはヒスパニクス（Hispanicus）です。ラテン語を派生させて、ヒスパニッシュという英語（正式なものではなく、俗語のような扱いです）になりました。英語でスパニッシュ（Spanish）とヒスパニッシュ（Hispanish）は、意味が異なります。前者はいわゆるスペイン人のことで、後者はラテン・アメリカ人のことです。学術的な定義はありませんが、便宜上、このように使い分けられているのです。ヒスパニッシュのなかには、ポルトガル語を公用語とするブラジル人も含まれることがあります。

今日のラテン・アメリカ人（＝ヒスパニッシュ）は3者の混血によって生まれた末裔であり、彼らの容貌からもわかるとおり、彼らは白人・黄人・黒人のすべての特徴を兼ね備えています。

◆「インディアン主義」による反乱と独立

18世紀には、ラテン・アメリカ地域で混血が完全に進み、スペイン（白人）対インディアンという単純な二元対立の軸は消滅しましたが、インカ帝国などのインディアンの過去の栄光を復興しようとする「インディアン主義」が現われ、反乱が何度か起こされます。

１７４２年、インカ帝国最後の皇帝アタワルパの末裔を名乗る男が現われます。この男はインカ帝国の再興を民衆に訴え、反乱を起こします。１７４６年、リマは大地震に襲われ、街が破壊されてしまいます。アタワルパの末裔を名乗る男は「地震はインカの神の怒りである」と民衆に告げます。この反乱勢力は拡大し、アンデス一帯は大混乱に陥ります。

しばらくすると、アタワルパの末裔を名乗る男は行方不明となり、反乱は収束していきます。しかし、その後もインディアン主義を掲げる反乱が断続的に発生します。

19世紀になると、ラテン・アメリカではかつての支配者層とは別に中産階級が台頭します。中産階級は、貧困の原因をスペイン本国による搾取のせいであるという構図をつくり出し、それを民衆に示しました。しかし、これは実態とはほど遠いものでした。もはやスペイン本国によるラテン・アメリカへの介入はほとんどなく、介入する体力すらもありませんでした。

それにもかかわらず、中産階級は旧支配者層がスペインと癒着し、搾取していると喧伝し、民衆を味方につけることに成功します。そして、スペインから独立するという名目（すでに事実上は独立していました）で、アメリカ合衆国に真似た独立革命を起こし、旧支配者層を追い出しにかかります。

その主導者が、ラテン・アメリカ独立の父とされるシモン・ボリバル、サン・マルティン、ミゲル・イダルゴたちです。ボリバルは北部ラテン・アメリカ（ベエズエラ・コロンビア・エクアドル）の独立を主導します。サン・マルティンはラテン・アメリカ南部（アルゼンチン・チリ・ペルー）の独立を主導します。ミゲル・イダルゴはメキシコの独立を主導しました。彼らは皆、詐欺師特有の口調でクリオーリョを自称していました。

「スペインによる搾取」を排除し、19世紀前半にラテン・アメリカ諸国が独立していきます。しかし、独立後も貧困問題や格差はいっこうになくならず（今日でもなお）、さらに社会が混乱していくことになります。

Chapter 18

すべての人種は黒人だった

アフリカに現われたホモ・サピエンス

人類は、もともと黒人（ネグロイド）から始まったとされます。アフリカの黒人が人類の共通の祖先であり、いまから約10万年前〜5万年前に、彼らの一部がスエズ地峡を渡り、全世界に拡散して、白人（コーカソイド）や黄人（モンゴロイド）へと変化していったと考えられています。アフリカ大陸に留まった人たちは黒人のまま、現在へいたります。

暑いアフリカを離れた人類は、皮膚の色を変えていきます。寒冷な地域では、紫外線を遮断する皮膚のメラニン色素は必要とされず、色素を減らしていき、黒人が白人や黄人に変化したというのです。

約20万年前、アフリカに出現した現生人類を「新人（ホモ・サピエンス）」と呼びます。ラテン語でホモ（Homo）は人、サピエンス（sapiens）は賢い、という意味です。このホモ・サ

図18-1　人類の拡散

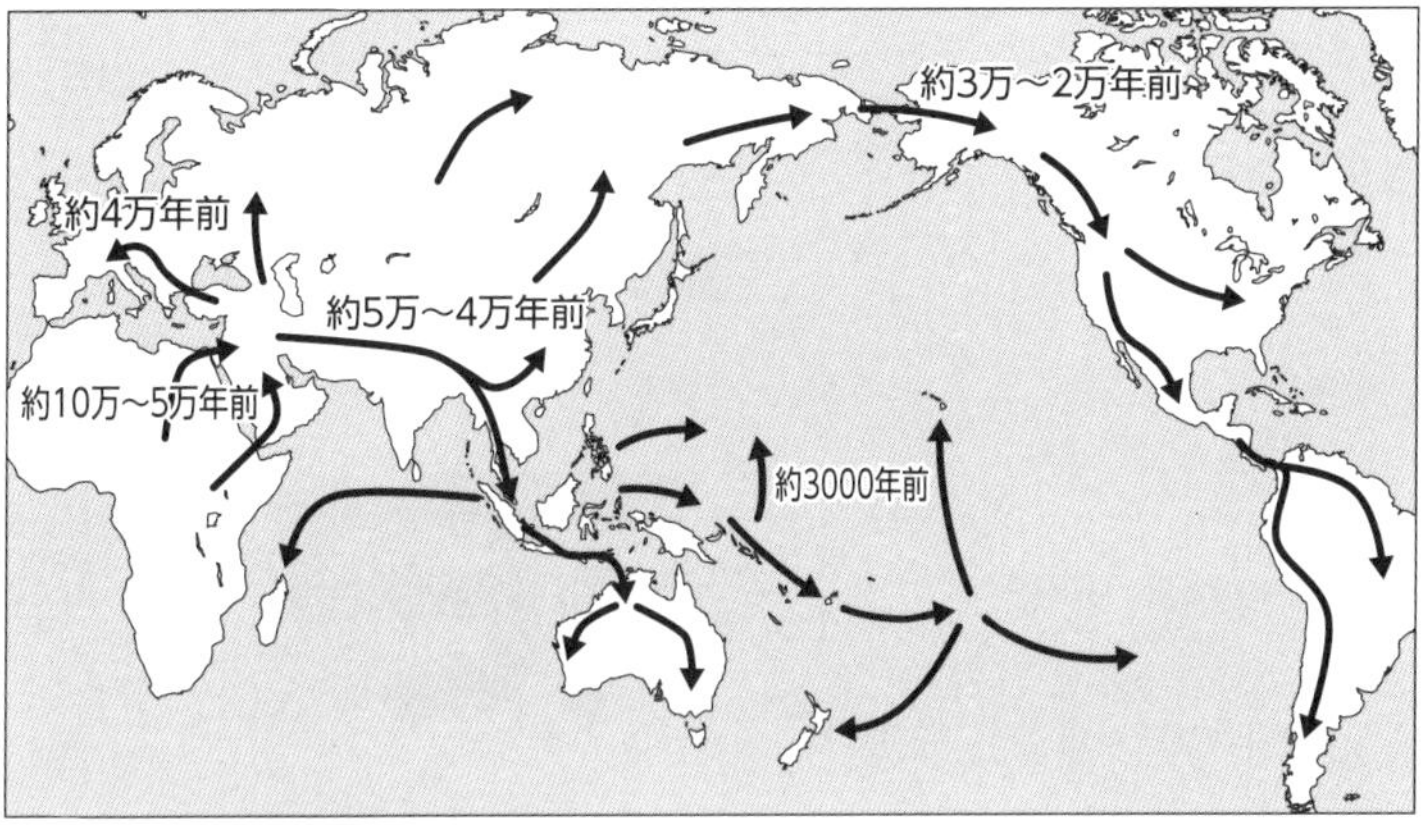

ピエンスは当初、黒人でした。アフリカに現われたホモ・サピエンスを現生人類の始まりとし、そこから人類が全世界に拡がったとする考え方を「アフリカ単一起源説」といいます。

私のように、40代以上の年代の人は、この説を聞いて違和感を感じると思います。中学や高校の歴史で習ったことと違うからです。人類は猿人（アウストラロピテクス）→原人（ホモ・エレクトス）→旧人（ホモ・ネアンデルターレンシスなど）→新人（ホモ・サピエンス）と進化します。そのうえで、ネアンデルタール人などの世界各地の旧人が、それぞれ新人へと進化したと、20年くらい前までは習っていました。

しかし、１９８７年、アメリカの人類学者レベッカ・チャンの発表以降、ＤＮＡパターンの解読が進み、ネアンデルタール人など旧人と、現生人類であ

図18-2　人類の進化

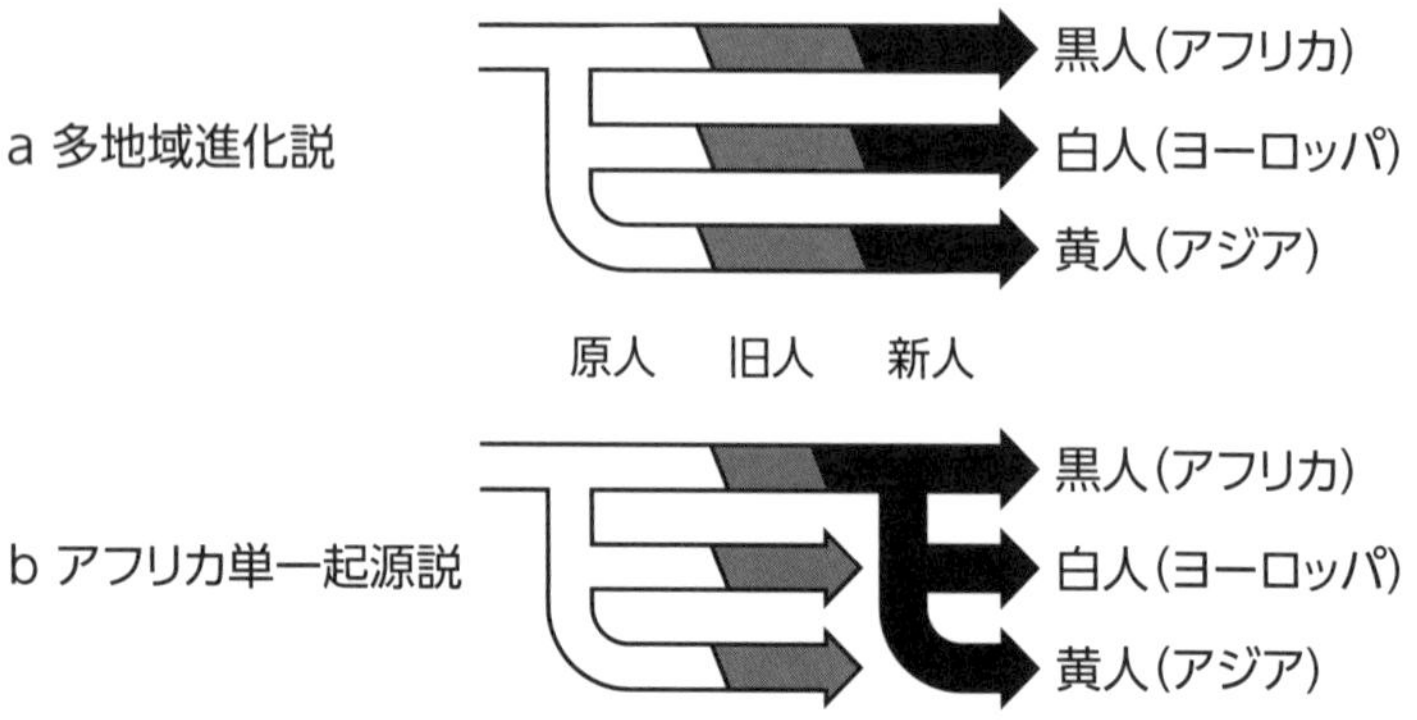

るホモ・サピエンスは、遺伝子上のつながりがないことが判明しました。

旧人と新人の断絶

われわれが20年くらい前に学校で教わったのは、図18-2のaのような「多地域進化説」でした。これは各地の旧人から黒人・白人・黄人が派生するイメージです。たとえば、われわれ日本人のような黄人は、黒人と直接的なつながりをもっていません。

しかし、今日の学界で認定されているのは、図18-2のbのような「アフリカ単一起源説」であり、黒人から白人や黄人が派生したというイメージです。

では、新人（ホモ・サピエンス）よりも1つ前の進化段階にある旧人とは、いったいどのような存在だったのでしょうか。

現在、旧人と正式に認定されているのは、ネアンデルタール人のみです。ドイツのハイデルベルク近郊で発見されたハイデルベルク人は原人よりも脳容積が大きく、旧人に近づいていますが、学術上は原人に分類されます。あるいは、原人と旧人をつなぐ存在とされています。

かつて、ジャワ島のソロ人、南アフリカのローデシア人なども旧人とされていましたが、ソロ人はジャワ原人に近く、ローデシア人は新人（ホモ・サピエンス）に近いとされています。北京原人の進化版とされた周口店上洞人《しゅうこうてんじょうどうじん》は、新人です（つまり、直接の進化版ではありません）。

ネアンデルタール人は1856年、ドイツ西部のデュッセルドルフ近郊のネアンデル谷（谷はドイツ語でタール）で発見されました。この化石人骨と同型、つまり旧人の化石人骨はヨーロッパや中東各地で発見されていますが、その他の地域では発見されていません。

ネアンデルタール人の脳容積は1500cc程度で、新人（ホモ・サピエンス）と変わりません。ネアンデルタール人が背広を着て、横に座っていたとしても、誰も旧人とは気づかないといわれます。

ネアンデルタール人は毛皮をまとい、洞窟に住んでいましたが、新人のクロマニヨン人のように絵画を描くことはなかったようです。南フランスのクロマニヨンで発見されたクロマニヨン人は、スペインのアルタミラ洞窟壁画、フランスのラスコー洞窟壁画などを残していることで有名です。

ホモ・サピエンスをめぐるさまざまな疑問

ネアンデルタール人などの旧人は、アフリカからやってきた新人（ホモ・サピエンス）に滅ぼされたと推測されています。どのように滅ぼされたかについては、さまざまな説があります。戦争によって滅ぼされたという説、混血によって吸収されたとする説、新人がもたらした疫病によって滅んだという説などです。

２０１７年にベストセラーとなったユヴァル・ノア・ハラリの『サピエンス全史』がこの問題に詳細に答えています。歴史学者のハラリは、ホモ・サピエンスが言語という「虚構」を築き上げ、宗教などの共通の神話を紡ぎだす力を獲得したと主張します。「虚構」という集合的想像の力によって、不特定多数の他人と理想や目的を共有し、団結して協力することができ、ネアンデルタール人の旧人、あるいは残存していた原人に勝つことができたというのです。

ハラリは、ホモ・サピエンスのこうした大規模な協力体制が、社会や国家へと発展していく原形となるものだと説いています。ハラリは、なぜホモ・サピエンスだけが勝ち残ったのかという問いについて、有効な答えを出したと思われます。

ただ、その他、ホモ・サピエンスには多くの疑問が残ります。なぜ、ホモ・サピエンスはアフリカで現われたのか。なぜ、ヨーロッパや中東、アジアではなく、アフリカなのか。アフリカのなかでも、どの地域で現われたのか。

ヨーロッパや中東のネアンデルタール人が、進化においてアフリカよりも遅れたのはなぜか。アフリカには、進化の優位性があるのか。もし、あるとするならば、その後の有史において、アフリカ文明がヨーロッパ文明やアジア文明に遅れるのはなぜか、など多くの疑問点について、今後の人類学が解明していくべき課題があります。

アクスム王国で進んだ黒人とアラブ人の混血

紀元前10世紀、ナイル上流にアフリカ最古の黒人王国クシュ王国が建国されます。この王国は、クシュ人がエジプト新王国に対抗してつくった王国です。紀元前7世紀にアッシリアがエジプトに侵入すると、クシュ王国はアッシリアから製鉄を学び、栄えましたが、4世紀にエチオピアのアクスム王国によって滅ぼされます。

アクスム王国は、アラビア半島の南端から移住してきたセム人（アラブ人）のアクスム人がエチオピアに建てた国です。クシュ王国を滅ぼし、ナイル川流域に進出します。

アクスム王国では、キリスト教化が進み、キリスト教が国教とされます。アクスム王国のアラブ人がヨーロッパ側との交易を活発に行なっていたため、キリスト教の影響を直接、受けていました。この時代は、まだイスラム教は誕生していません。エチオピアのキリスト教は、コプト派と呼ばれます。コプトとは、アラビア語でエジプトを意味する言葉です。

　アクスム王国の時代以降、黒人とアラブ人の混血がエチオピアから東アフリカにかけて急速に進んだと考えられます。エチオピアを中心とする東アフリカ人は、西アフリカ人よりも鼻が高く、彫りの深い顔つきの人々が多いのですが、それは古来よりアラブ人などのコーカソイド人種の血が入ったからです。

　アフリカ東岸には、マリンディ、モンバサ、ザンジバル、キルワなどの海港都市が形成され

図18-3　アフリカ古代〜中世

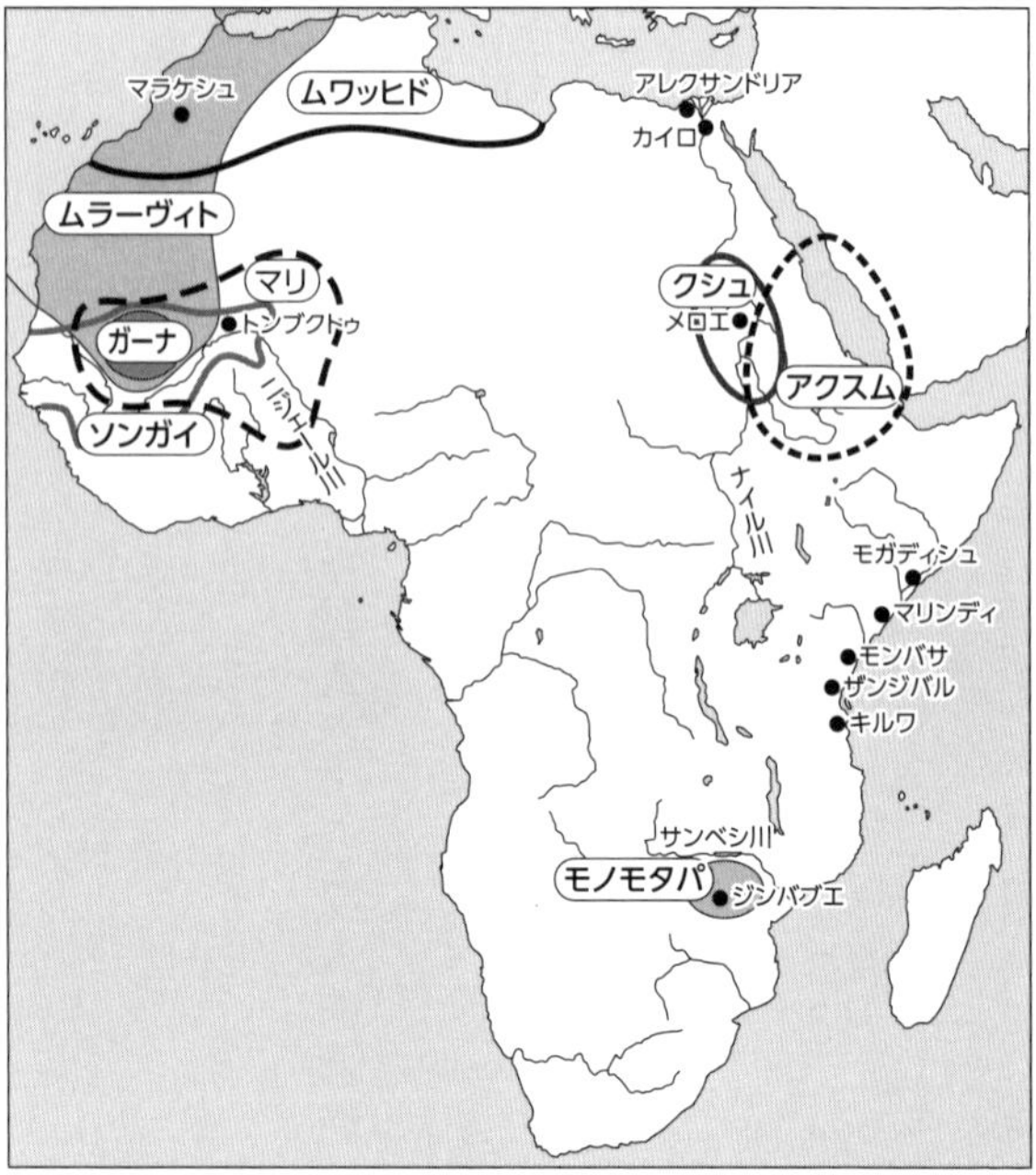

ます。10世紀ごろから、中東のイスラム商人がこの地域に移住し、インド洋貿易を活発に行ないます。やはり、この地域もエチオピアと同じく、アラブ人との混血が進みます。

この地域は、アラビア語の一種であるスワヒリ語が普及します。スワヒリとは、アラビア語で「海岸地帯の人々」を意味します。

◆語族により4分類されるアフリカ人

東アフリカ人がアラブ人との混血を進めたのに対し、西部や中南部のアフリカ人は黒人としての純血を留めました。東アフリカ人は、混血とともに、言語もアラビア語化されました。

アフリカ人は、その言語によっておおまかに4つに分類されます。アフロ・アジア語族、ナイル・サハラ語族、ニジェール・コンゴ語族、コイサン諸語族の4つです。もちろん、この他にも数百にわたる細分化された語族の分類があるのですが、主なものとして、この4語族が挙げられます。

アフロ・アジア語族は、前述のアクスム王国の例のように、アラブ人（エジプト人を含む）との混血が進み、その他、白人の血も入ります。東アフリカから北アフリカに分布しています。

ニジェール・コンゴ語族は、アフリカにおける最大の多数派で、アフリカ西部・中南部に分

図18-4　アフリカの主要４語族分布

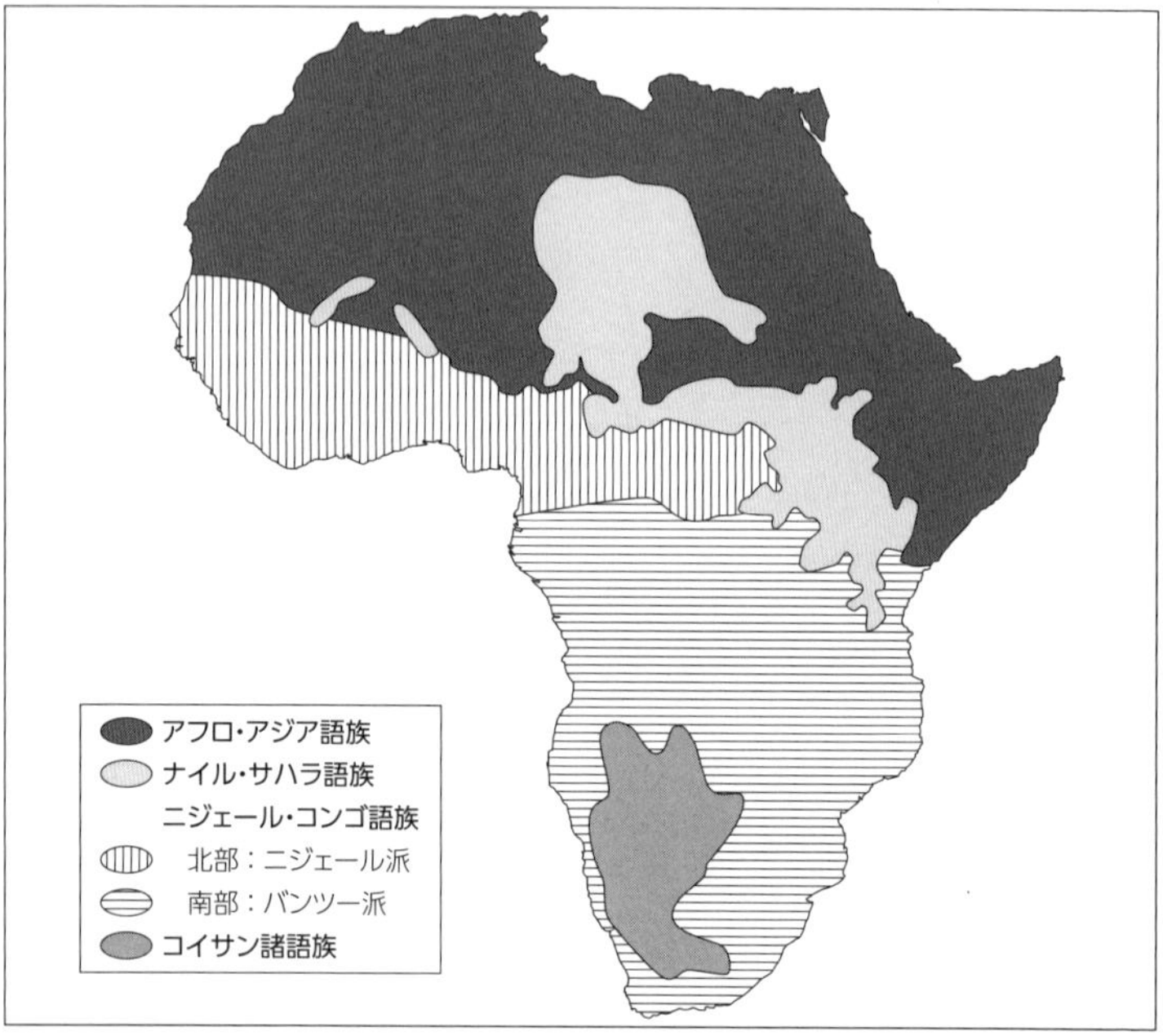

布するアフリカ人です。アフロ・アジア語族のように、他民族との混血がほとんどない純粋な黒人といえます。ニジェール・コンゴ語族は、北部（ニジェール派）と南部（バンツー派）に分けることができます。

ナイル・サハラ語族は、アフロ・アジア語族とニジェール・コンゴ語族の中間の性格をもち、両者をつなぐ存在です。

コイサン諸語族は、ニジェール・コンゴ語族に属さない南部アフリカ諸部族の独立的な諸言語を話す部族の人々です。原始的性格の強い部族が多く含まれます。

ニジェール・コンゴ語族による「ノク文化」

アフリカ西部のニジェール川流域には肥沃な平野が拡がっており、紀元前3000年ごろからイモ類やコーヒー、ヤシなどの植物の栽培が行なわれるようになります。ニジェール川流域が、ニジェール・コンゴ語族の発祥の地とされます。

紀元前5世紀ごろから、この地域で鉄器文化が栄えます。これをノク文化（ナイジェリア中央部）と呼びます。前述のアフリカ東部クシュ王国から鉄製造技術が伝わったと考えられます。

最初の鉄器文化は、紀元前15世紀ごろに現われた小アジアのヒッタイトに始まります。その後、ギリシアが紀元前12世紀ごろ、インドが紀元前10世紀ごろ、中国が紀元前6世紀ごろに、それぞれ鉄器文化が始まります。鉄器が使われはじめたのは、アフリカが一番遅かったのです。

ノク文化は、中南部アフリカのバンツー派（南部ニジェール・コンゴ語族）に大きな影響をおよぼしました。

ニジェール・コンゴ語族の分布地域では、古代において、東アフリカのクシュ王国やアクスム王国のような集権的な王国はなく、諸部族が分立していました。エジプトやアラビア半島の外敵勢力に囲まれた東アフリカでは、外敵に対抗するために強大な王権が必要とされましたが、西・中南部アフリカでは外敵勢力はなく、集権化の必然性がなかったと考えられます。

◆「黄金の国」に君臨したマンサ・ムーサ王

しかし、中世になると、ニジェール流域で農耕の生産力が上がり、人口が増大したため、諸部族の領域が相互に接するようになり、調停者が必要とされます。その調停者に権力が集中し、王権へと変化していきます。また、8世紀以降、北部からサハラ砂漠を縦断してやってくるムスリム商人と交易が始まると、交換物資として使われた黄金の管理をめぐっても、強い権力が望まれました。

こうして、8世紀ごろ、誕生したのがガーナ王国（図18-3参照）です。ガーナ王国は、ニジェール流域を支配しました。ガーナ王国は黄金を豊富に産出し、ムスリム商人と活発に交易し、金はムスリム商人の岩塩と交換されました。そのため、ガーナ王国は、アラブ人の間で「黄金の国」として知られます。

11世紀に、ガーナ王国はベルベル人（Chapter12参照）のムラーヴィト朝に攻撃され、衰退に向かいます。ムラーヴィト朝はガーナ王国の金を奪い強大化します。

ガーナ王国は、13世紀にマリ王国（同じ民族）に滅ぼされます。マリ王国は、ガーナ王国の産金地を支配、イスラム教を取り入れます。

マリ王国の最盛期の王は14世紀前半のマンサ・ムーサ（カンカンムーサ）です。マンサ・ムーサ王は熱心なイスラム教徒で、メッカへの巡礼の際、カイロなどの道中の都市で、大量の金を使ったといわれます。そのため、金の価値が値下がりし、カイロではインフレが発生しました。マンサ・ムーサ王の巡礼の一行は家臣6万人、奴隷1万2千人からなり、奴隷にはそれぞれ約2キロの重さの金の延べ棒を持たせていました。

マンサ・ムーサ王の名は、ヨーロッパにまで伝わります。モロッコの旅行家イブン・バトゥータもガーナ王国を訪れて、その繁栄ぶりについて記述しています。このマンサ・ムーサ王の時代はアフリカ人の栄光の時代として、記憶されています。

マリ王国は15世紀の後半に、ニジェール川流域で急速に勢力を伸ばしてきたソンガイ王国によって滅ぼされます。

ソンガイ王国は北アフリカとの交易によって栄え、15〜16世紀に全盛期を迎えます。ソンガイ王国の経済・文化の中心として、トンブクトゥが栄えます。トンブクトゥはニジェール川中流域に位置する、現在のマリ共和国の都市です。

ソンガイ王国は、16世紀末に「黄金の国」伝説を信ずるモロッコ軍の南下によって滅ぼされました。しかし、このとき、すでにソンガイ王国の黄金は尽きていました。

ソンガイ王国以降、ニジェール流域では強大な統一王国は現われず、間もなくヨーロッパ人に侵略されていきます。

ニジェール・コンゴ語族の南部領域においても、中世に王国が存在しました。アフリカ南部のサンベシ川流域で15世紀にモノモタパ王国が成立します。この王国のジンバブエ石造遺跡から、高度な宮殿文化が栄えていた痕跡が発見されました。

◆黒人奴隷貿易と砂糖プランテーション

15世紀以降、大航海時代の到来とともに、ポルトガルやスペインがアフリカに進出し、黒人を奴隷として捕まえ、ヨーロッパに連行します。西アフリカ海岸に奴隷供給のための要塞が建設されました。

16世紀になると、スペインが西インド諸島や中南米で農園や鉱山を経営し、現地のインディアンが酷使されたために人口が減少し、その労働力不足を補うために、アフリカの黒人を奴隷として送りました。

17世紀には、イギリスが組織的に黒人奴隷貿易を展開します。イギリスは銃や剣などの武器をアフリカに渡し、黒人奴隷と交換します。黒人をカリブ海の西インド諸島に搬送し、砂糖プランテーションで強制労働させて、砂糖をイギリスに持ち帰る三角貿易を行ないました。黒人は「黒い積み荷」、砂糖は「白い積み荷」と呼ばれました。大量に供給された砂糖は増大する人口のカロリーベースを補っていきます。

当時の白人は黒人を人間として見ず、「猿などの動物に近い存在」「猿とヒトの中間的な存在」と見ていました。白人にとって、黒人は奴隷としての商品価値しかなく、場合によっては、その値段も馬や牛よりも低かったこともありました。

イギリスは17～18世紀、スペインやフランスという競合者と戦争をし、彼らに勝利することで奴隷貿易を独占し、莫大な利益を上げていきます。当時、奴隷貿易ビジネスへ出資した投資家は30％程度のリターンを得ていたとされます。この犯罪的な人身売買ビジネスが、イギリスにとってきわめて有望な高収益事業であったことは間違いありません。

フランスもイギリスに続いてカリブ諸島やハイチに進出し、黒人奴隷を使った砂糖プランテーションを経営します。アダム・スミスも言及するほど、ハイチの砂糖プランテーションは繁栄し、大きな利益を上げていました。ハイチなどのフランスのプランテーションに黒人奴隷を売っていたのはイギリスでした。

18世紀前半から産業革命が始まると、綿需要が高まり、綿花栽培のプランテーションが西インド諸島につくられます。綿花は砂糖に並んで「白い積み荷」となります。17～18世紀のイギリスの繁栄や産業革命は、砂糖や綿花を生産した黒人奴隷の労働力とその搾取のうえに成立していました。

◆奴隷貿易が禁止された本当の理由

１７９０年代、イギリスで産業革命が本格化すると、西インド諸島のプランテーションだけでは原綿生産が間に合わず、アメリカ合衆国南部一帯にも、大規模な綿花プランテーションが形成され、黒人奴隷が使われました。１７８３年、イギリスから独立したアメリカは、奴隷に家族をもたせ、子供を生ませて、黒人の子孫たちを永続的に土地に住まわせて奴隷人口を増大させました。そのため、アメリカのイギリスに対する奴隷購入は減少していきます。

18世紀後半にいたるまで、1千万~1千5百万人の奴隷たちがアフリカから連行されたため、アフリカ地域の人的資源が枯渇し、奴隷の卸売り価格が上昇しました。また、南北アメリカの砂糖、綿花の生産量増大による価格低下で、奴隷貿易の利益は先細りしはじめました。

人道的な批判や世論も強まり、イギリス議会は１８０７年、奴隷貿易禁止法を制定します。しかし、それでも19世紀半ばまで、奴隷貿易は続きます。このころ、イギリスはインドの植民地化を着々と進め、インド産の原綿を収奪しました。また、ポルトガル領ブラジルでは砂糖の生産量が飛躍的に向上しました。原綿、砂糖の供給が増加し、価格が下がる一方の状況で、奴隷貿易はついに利益が出なくなり、自然消滅していきます。

奴隷貿易がなくなったのは、人道的な理由というよりは、むしろ経済的な理由によるところが大きかったといえます。イギリスは黒人奴隷を搾り取れるところまで充分に搾り切って、自らの覇権の肥やしとしたのです。

ところで、黒人を奴隷として連行したのはヨーロッパ人だけではありません。8世紀、アッバース朝というイスラム帝国が建国されると、交易活動が保護され、ムスリム商人がインド洋交易に進出します。彼らは、アフリカ東岸で黒人をとらえました。

黒人はイスラム圏に連行されて、主に農園奴隷として酷使されました。イスラム圏で、黒人奴隷は「ザンジュ」と呼ばれました。アッバース朝の黒人奴隷の酷使は残酷さをきわめ、黒人奴隷の反乱であるザンジュの乱が起きています。イスラム圏では、近代にいたるまで、黒人奴隷貿易が公然と行なわれます。

黒人が奴隷であった時代は長く、その歴史的記憶は容易に消すことができません。

Chapter 19

WASP（ワスプ）はなぜ混血しなかったのか

新大陸に渡ったヨーロッパの極貧層

アメリカ人の祖先は、一言でいうとヨーロッパの極貧層でした。まともに食べるものにもありつけなかった人々が仕方なくアメリカへ渡り、荒れ地を耕し、過酷な労働を経て、ようやく食いつないだ、というのが実態です。東南アジアやアフリカの貧困地域でも、これほどに貧しく虐げられた人々はいなかったでしょう。

17世紀から18世紀に、イギリスを中心にヨーロッパ全域でこのような極貧層が急増します。なぜでしょうか。ヨーロッパ白人の人口は16世紀には約5千万人程度でしたが、17世紀には1億人に達します。科学・医学が発展し、細菌という概念が人々の間で共有され、衛生上の意識が向上して、清潔な生活空間が保たれるようになりました。これにより、感染症で死亡していた乳幼児の率が激減し、人口の増大につながりました。

当時のヨーロッパには、倍増する人口を養う食糧や物資の供給能力がありませんでした。農業革命と呼ばれる農業技術や経営方法の変革によって食糧生産力が急向上するのは、18世紀からです。１００年先の話です。食糧増産などの供給能力の向上がない状態で人口増加が起こると、増大した人口は飢餓や貧困に追いやられます。これが17世紀の危機です。

とくに、イギリスではそうした傾向が顕著でした。イギリスは土地が痩せ、農耕地が少なく、次男以後の子供たちに相続させる土地がありませんでした。多くの困窮した人々はイギリス国内に住む場所すらなく、海外へ新天地を求めるしかなかったのです。そして、彼らがめざしたのがアメリカ新大陸でした。

ラテン・アメリカ地域や肥沃なミシシッピ川流域は、すでにスペインの領土で、ブラジルもまたポルトガルの領土となっていました。空白地として残されていたのは、現在の合衆国の東海岸の荒れ地のみでした。１６２０年代以降、イギリスの極貧層が大挙してこの地に移住し、彼らはそこを「ニューイングランド」と名づけたのです。

ナチス顔負けの民族絶滅政策

17世紀にイギリスで新たに発生した極貧層は、新教（プロテスタント）を信じるピューリタン（清教徒）でした。ピューリタンとは、イギリスにおける新教徒への呼称です。新教は貴賤の別なく「神の前の平等」を掲げていたため、貧困層に幅広く浸透していました。アメリカへ渡ったピューリタンたちは、「ピルグリム・ファーザーズ（巡礼の始祖）」と呼ばれます。

そして、彼らの子孫はＷＡＳＰ（ワスプ）というアメリカ合衆国を主導していく中核層になります。ＷＡＳＰはWhite Angro-Saxon Protestant の頭文字をとった略称で、白人でアングロ・サクソン系、またプロテスタント信者である人々を指します。

当初、入植者の多くが過酷な環境に耐えられず、死んでいきます。荒野を耕し、新天地を開拓するのは想像を絶する苦難で、それを乗り越えることができたのは、ピューリタンとしての宗教的情熱があったからです。「フロンティア・スピリッツ」によって荒野を開拓し、ピューリタンの生存圏を築くことは、神から与えられた「マニフェスト・ディスティニー（Manifest Destiny＝明白なる使命）」であると考えられました。領土拡張は宗教的な使命であり、神の名のもと、異教徒のインディアンを迫害・虐殺することも正当化されました。

入植者は、先住民であるインディアンを民族浄化の対象にします。これは、ナチス顔負けの民族絶滅政策であり、情け容赦ない大量虐殺でした。17世紀後半には、インディアン側は部族間で同盟を組み、白人入植者らと戦争を始めます。

このころ、ドイツ・オランダ・北欧のプロテスタントたちもアメリカへ移住していますが、彼らもまたピューリタン入植者と協力して、インディアンと戦います。この戦いの過程で、ドイツ・オランダ・北欧の入植者は先行して入植していたイギリス人と一体化していきます。銃で武装した白人入植者はインディアンを追い詰めていき、各地で民族浄化が行なわれます。

インディアン絶滅政策は18世紀にも引き継がれ、ジョージ・ワシントンは植民地軍司令官時代、インディアン部族の集落に対し、焦土作戦を実行・指揮しました。

◆アメリカが独自に進めた黒人奴隷の「増殖政策」

18世紀には、白人入植者たちは農地を確保し、砂糖・コーヒー・綿花・タバコなどの商品作物を農園でつくり、イギリスをはじめとするヨーロッパに輸出して財をなす者が現われます。

これらの広大な農園に、黒人奴隷が投入されます。白人の地主たちは、イギリスの奴隷商から盛んに黒人奴隷を買い入れました。

黒人奴隷の労働力によってアメリカの農業基盤が強化され、白人は富を蓄積し、利権を握る有力者が各地で台頭します。合衆国建国の父ワシントンやジェファソンなどは、黒人奴隷を酷使した農園主でした。彼ら有力者は自らの権益を守るため、1775年、アメリカ独立戦争を起こし、イギリス支配を排除することに成功します。

独立戦争が始まる以前、18世紀半ばには、イギリスの奴隷供給は減少していました。アフリカ地域で黒人狩りが盛んに行なわれたため、黒人人口が急減し、奴隷の卸売り価格が上昇しました。アメリカ側はこの事態に対応するため、黒人の女子供も多く買い入れ、「産めよ増やせよ」の「増殖政策」を実行しました。

この「増殖政策」により、アメリカはイギリスの奴隷貿易に頼ることなく、黒人奴隷を増やします。こうして、イギリスはついに奴隷貿易の利益を失い、人道的理由にかこつけて、１８０７年に奴隷貿易を禁止します。このころにアメリカの黒人人口は急拡大し、それとともに西部の開拓が進みます。開拓は、奴隷労働力の拡大と表裏一体の関係にありました。

西部開拓では、先住民のインディアンと対立します。独立戦争以前からインディアンの「絶滅政策」は進められ、白人とインディアンは戦争状態にありました。

アメリカ政府は、金銭補償や土地所有の認可などの懐柔政策をインディアンの各部族ごとに与え、部族同盟を個別に切り崩していきます。インディアン同盟の力が弱まったところで、７代目大統領アンドリュー・ジャクソンは１８３０年、「インディアン強制移住法」を制定し、インディアンの部族の多くをミシシッピ川以西の辺境の地へ移住させます。ジャクソンは「インディアンは滅ぼされるべき劣等民族である」と合衆国議会で演説しています。

インディアンが行き着いた先が、現在のオクラホマ州でした。彼らの言葉でオクラは「人々」、ホマは「赤い」を意味します。黒人でも白人でもないインディアンが、自分たちを赤人としていました。

現在、インディアンたちは「ニューイングランド・アメリカインディアン連合」を結成し、合衆国政府に対してさまざまな補償を請求しています。

強制混血で生まれた「ブラック・インディアン」

アメリカの黒人の多くはインディアンと混血し、彼らの血を濃く受け継いでいます。彼らは「ブラック・インディアン」と呼ばれます。

農園で酷使されていた黒人奴隷は逃亡し、インディアン部族に迎え入れられることがありました。黒人奴隷はインディアン部族と良好な関係を保ち、彼らと混血したということが一般的に説明されますが、後世に美談としてつくり上げられた可能性があります。

インディアン部族というのは、同じインディアンであっても他部族に対し排他的で、硬直的な部族単位主義をとっていました。そのインディアン部族が黒人奴隷と協調したというのは、不自然なことです。

実際には、白人のもとから逃げてきた黒人奴隷はインディアンにとらえられて、こんどはインディアンの奴隷とされました。このケースは一部の事実とされますが、一部ではなく、ほとんど全部がそうだったと考えられます。

黒人とインディアンの混血は、両者の友好的な関係によって生み出されたものではなく、むしろ白人の「増殖政策」によって強制的に生み出されたと考えるべきです。インディアンは白人の「絶滅政策」によって無惨に殺されましたが、女性インディアンは「増殖政策」に利用されて、黒人奴隷の子を生まされたのです。このような負の歴史は、人権意識の向上とともに白人にとっての恥とされ、記録としてはなかなか表に出てきません。

アメリカの黒人の40％程度が、インディアンの血を受け継いでいるといわれます。インディアンが「増殖政策」に利用されたのでなければ、19世紀に大量に生み出された「ブラック・インディアン」の存在を説明することができません。

◆遺伝子に刻まれた戒律

16世紀以降、スペインの白人入植者たちは中南米でインディアンや黒人と混血しました。とくに、スペイン人はインディアン女性を好み、彼女らを半ば性奴隷にして、メスティーソと呼ばれる混血児を生ませました。これに対し、「ピルグリム・ファーザーズ（巡礼の始祖）」と呼ばれたイギリスの白人入植者は、他人種と混血をしませんでした。なぜでしょうか。

イギリスの白人入植者の子孫はWASP(ワスプ)と呼ばれ、白人としての純血をほぼ維持しています。これには、ピューリタンの宗教戒律が大きく影響しています。

新天地を築き、神とともに生きていこうとする当時のピューリタンたちにとって、宗教的な戒律は精神の支えでした。ピューリタンたちは戒律を先鋭化させて、極端ともいえる理想主義を生み出し、異端分子や異質なものを排除することが盛んに行なわれました。

ピューリタンの精神的状況を表現した本があります。『緋文字(The Scarlet Letter)』という小説です。これは、アメリカの文学者ナサニエル・ホーソーンの著作で、1850年に出版され、問題作として話題を呼びました。

『緋文字』は、17世紀のアメリカのピューリタン社会を舞台に、不倫の末に出産する女性を主人公にしています。ピューリタンの戒律により、不義の子を生んだ主人公は姦通(adultery)の罪を表わす「A」の緋文字の入った布を胸につけることを強制されます。街の人々からの激しい誹謗に晒されながら生きていく主人公の姿や内面を描いています。「密通した男の名を言え」と執拗に迫る牧師に対し、主人公の女は黙秘を続けます。ホーソーンは、ピューリタンの戒律の急進性とその矛盾を写実的に描写しました。

このような厳格な戒律が、現実としてどこまで守られていたかは疑問ですが、建前として理想主義が掲げられ、自分たちの人種・民族を正当化し、他民族を異端として排除するための理論として大いに活用されました。他民族との混血は到底、受け入れられるものではなく、それは戒律への挑戦と見なされました。この考え方は、ＷＡＳＰ（ワスプ）の遺伝子に深く刻まれていきます。

合衆国３代目大統領トマス・ジェファソンは黒人少女を好み、彼女らを性奴隷にしていたと噂されます。しかし、噂は当時から徹底的に隠蔽されました。

一方、カトリックを奉ずるスペイン人入植者には、このような排他的な戒律はありませんでした。カトリックは博愛主義の傾向が比較的に強かったのです。また、スペイン人入植者はコンキスタドール（征服者）をはじめ、宗教的情熱よりも経済利益の追求がまさっていました。

◆いまもさまざまな対立を生む白人優位主義

２０１７年８月、アメリカ南部バージニア州で白人優位主義者による事件が起きました。公園に設置されている南北戦争の南軍司令官だったリー将軍の像を撤去することに反対する白人優位主義者らが集まりました。一方、白人優位主義者の集会開催を認めない数百人の反対派が周辺を取り囲み、殴り合いになりました。

繁華街では、デモ行進していた反対派の人だかりに車が突入し、32歳の女性が死亡。警察当局は、運転していた白人優位主義者の男を殺人容疑で逮捕。トランプ大統領はこの事件に関し、白人優位主義者に直接、言及しなかったため、批判の声が上がりました。

バージニア州に集まっていた白人優位主義者たちは、南北戦争時代に黒人奴隷を肯定した南軍の旗を掲げて行進し、リー将軍を讃えました。

アメリカでは1850年代、北部と南部が奴隷制をめぐって対立し、もはや収拾がつかなくなっていました。南部にとって広大な農園を耕す労働力である奴隷は必要不可欠ですが、北部は南部の奴隷制を憎悪を込めて批判しはじめていました。

北部において近代工業化が進み、ブルジョワと呼ばれる商工業者が台頭し、奴隷制を肯定する守旧勢力を国家の恥と考えるようになったのです。1860年、北部代表のリンカーン（共和党）が大統領に当選しました。リンカーンは北部人の感情的対立に便乗するかたちで、奴隷制反対を掲げ、人々の支持を獲得し、大統領になりました。

南部諸州はリンカーンの大統領就任に反発し、連邦を離脱、武力衝突が生じ、南北戦争（1861～65年）が起こります。戦争中の1863年、リンカーンが奴隷解放宣言を発表します。南部諸州は不利な戦況であったにもかかわらず、リー将軍らの指導のもと、自分たちの生存を賭けて、決死の覚悟で北部への戦いに挑み、血で血を洗う陰惨な内戦となります。リンカーンは世論を味方につけ、北軍がゲティスバーグの戦いに勝利し、南北戦争が終わります。

南北戦争後、憲法修正によって奴隷制度が廃止され、解放された黒人に市民権や選挙権が与えられます。しかし、黒人に土地は与えられなかったので、経済的に自立することができず、大部分は「シェア・クロッパー（分益小作人）」と呼ばれる奴隷同然の労働者となり、地主に経済的に従属しました。

また、白人たちはK・K・K（クー・クラックス・クラン）という反黒人秘密結社を結成し、黒人に暴力的な迫害を加えます。南部諸州では、しだいに白人支配が復活し、州法その他によって黒人の市民権や選挙権が奪われ、黒人に対する差別が残ります。

黒人問題は20世紀になり、ようやく一定の解決を見ます。キング牧師らが１９５０年代に進めた黒人公民権運動により、１９６４年、アメリカ議会で公民権法が成立します。公民権法はケネディ大統領によって取り組まれ、後任のジョンソン大統領のときに成立しました。主として黒人の公民権を幅広く認めた法律で、選挙権など差別をなくす立法です。

第7部

大帝国の成立
——民族の融和

Chapter 20

世界をつないだモンゴル人

◆「モンゴル人」とは何か

モンゴル系民族とは、広義にはアジアの黄色人種全体を指します。もちろん、日本人もこれに含まれます。この広義のモンゴル系民族を、学術的にはモンゴロイドといいます。

狭義には、モンゴル高原から満州にかけて分布する人々を指し、さらに狭義にはモンゴル高原でテントを張って、遊牧生活をしている（いた）人々を指します。今日では、モンゴル人は一般的にこの狭義の人々を意味します。

モンゴル人は今日、中国とモンゴル国に居住しています。モンゴル人の居住地域であるモンゴル高原は、外モンゴル（北部）と内モンゴル（南部）に分けることができます。中国の清王朝は17世紀に内モンゴルと外モンゴルの両方を征服し、領土に組み込みます。

清の長い支配期間を経て、外モンゴルは辛亥革命で中国から分離独立し、１９２４年、世界で2番目の社会主義国として「モンゴル人民共和国」となります。これに対し、内モンゴルは中国領に留まります。内モンゴルは、今日の中国の「内モンゴル自治区」と呼ばれる省に並立する行政区となっています。

このように書くと、モンゴル人が南北に分断されたかのように見えますが、清王朝時代の約300年間、内モンゴルは中国化され、モンゴル人は中国人と混血を繰り返し、モンゴル人らしさは文化のうえでも、血統のうえでも、大きく失われました。内モンゴルは、モンゴル本体よりも中国との親密さを深めました。

一方、外モンゴルはモンゴル高原の大部分を占め、モンゴル人の伝統的な草原の暮らしを維持し、モンゴル人の血統も維持していました。彼らがモンゴル人としてのアイデンティティを取り戻すため、中国から独立し、「モンゴル人民共和国」を建国したのは当然のことでした。

モンゴルは人民共和国建設後、ソ連の過酷な支配を受けます。社会主義化のなかで、民族の英雄チンギス・ハンの名をもち出すことさえ、許されませんでした。1991年、ソ連が解体されると、モンゴルは社会主義を放棄し、92年、「モンゴル国」と改称します。

モンゴルには、レアアースをはじめ未開発の鉱物資源が多くあり、中国やロシアなど世界の国々が注目しています。日本も2010年、レアアース共同調査のための協定をモンゴル政府と交わし、モンゴルの鉱物資源開発に取り組んでいます。

モンゴルは豊富な資源を背景に、今後、大きく発展していくことが期待されています。

図20-1　モンゴル人の興隆

	名称・部族	最盛期	主な指導者	国名
第１興隆期	匈奴	紀元前２世紀	冒頓単于	匈奴
第２興隆期	鮮卑	５世紀	拓跋珪	北魏
第３興隆期	契丹	10世紀	耶律阿保機	遼
第４興隆期	モンゴル	13世紀	チンギス・ハン	モンゴル帝国

大帝国を支えた新たな収益構造

モンゴル人の興隆には歴史上、図20-1のように、大きく4つの時期があります。かつてのモンゴル人は、黄河流域に居住する漢人の政局混乱や弱体化につけ込み、侵略・略奪を繰り返していました。モンゴル人は中国経済圏を侵食することで、そのつど強大化してきたのです。

しかし、このようなモンゴル人の「中国侵食の構造」がガラリと変わるのが13世紀です。チンギス・ハンに率いられたモンゴル人は、新しい収益構造をつくり出すことに成功します。チンギス・ハンは当初バラバラであったモンゴル人の部族を統合し、世界を征服していきます。チンギス・ハンの力の源泉は、どこにあったのでしょうか。

11世紀以降、ユーラシア大陸は好景気に沸いていました。ヨーロッ

図20-2　モンゴル帝国の版図

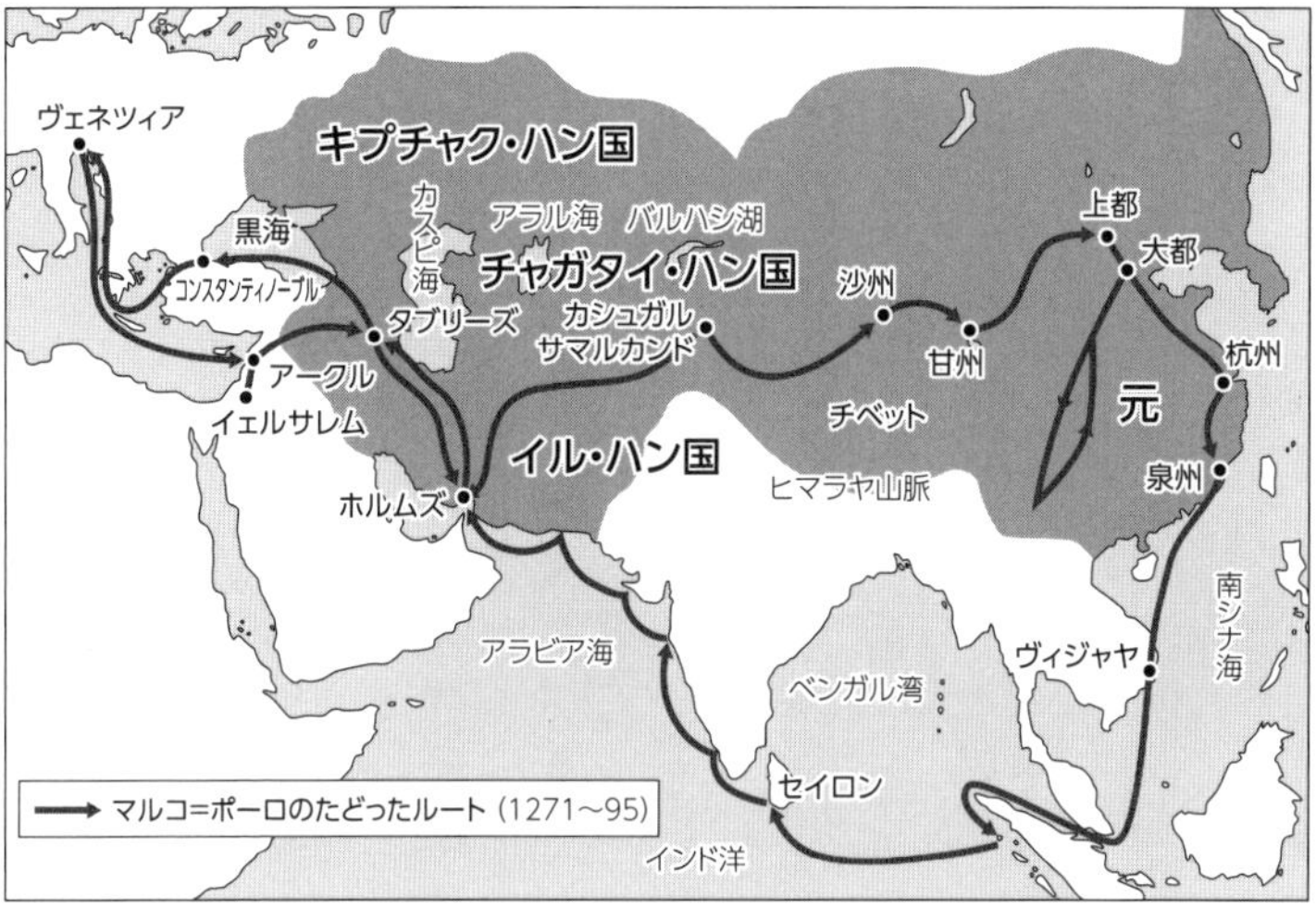

パでは十字軍の遠征が東方貿易を生み、中国では宋王朝が経済重視政策をとり、こうした活況のなかで東西交易の大動脈シルクロードが飛躍的に発展します。チンギス・ハンはシルクロードを支配することにより莫大な富を手にし、世界帝国モンゴルを形成していきます。東西の広域におよぶシルクロードを管理支配するのに、モンゴル人騎馬隊の機動力が存分に生かされました。

　中央アジアの中心に位置するオアシス都市サマルカンドは、シルクロードを征するうえで重要な拠点でした。このサマルカンドを当時、トルコ人の国ホラズムが支配していました。チンギス・ハンはたくみな陽動作戦でホラズムを滅ぼし、サマルカンドを手に入れます。

また、チンギス・ハンは晩年、チベット人の国「西夏《せいか》」を滅ぼし、シルクロード圏の全域を押さえます。モンゴルはシルクロードを完全支配し、それがもたらす富を背景に急成長します。その領域は東ヨーロッパ、中東の全域、アフガニスタン、チベット、ミャンマー、中国、朝鮮半島にまでおよび、総面積は約３３００万平方キロに拡がっていきました。

◆世界経済を一体化させた高度な流通システム

モンゴル人がシルクロードを掌握する以前は、シルクロード沿いに諸国家や部族社会が乱立し、交易商人たちはそれらの領域を通過するたびに通行税、関税を課せられました。関税の手続き、申告も煩雑で、商人たちは何日も１つの領域で滞留させられることも少なくありませんでした。

このような非効率なしくみをモンゴル人は一掃し、商品の最終売却地でのみ、商品価格の30分の１（３・３３％）の割安な売却税を課す税制にあらため、通行税や煩雑な関税は廃止されました。

また、税の徴収は万国共通の価値をもつ銀によって行なわれ、税体系のしくみを共通化しました。モンゴルでは銀本位制の経済が構築され、銀を根拠にしたグローバルな投資経済、信用取引が活発に行なわれました。

また、モンゴルはシルクロードの沿道数キロごとに衛兵所や宿泊所を置く駅伝制（ジャムチ）を整備し、シルクロードの商人たちの安全を保障しました。これにより、盗賊による被害などが激減し、隊商貿易、商業ネットワークが活発化しました。そして、さまざまな情報が各駅をリレー方式で迅速に伝えられ、シルクロード沿道で起きた事件に対して、機動力を誇るモンゴル騎馬隊が駆けつけて、素早く処理しました。

モンゴル人は古い価値観にとらわれることなく、シルクロードを媒介にした高度な流通システムにより、世界経済を一体化させました。

グローバルな視野で、史上例を見ない大帝国を形成したモンゴル人でしたが、野蛮な一面も残していました。チンギス・ハンは側近に「人生最大の楽しみは、憎い敵を撃破し、敵の財宝を奪い、敵の目の前でその妻と娘を凌辱すること」と語っていました。19世紀のアルメニア系トルコ人の歴史家アブラハム・ドーソンの著書『モンゴル史』では、こうしたチンギス・ハンの気質を詳細に分析しています。

モンゴル人は、歴史的に中国からの略奪を生業にしてきた民族です。略奪の旨味は世代を超えて、彼らの体に染みついていたに違いありません。

◆「地獄の使者」と呼ばれたタルタル人

チンギス・ハンの死後も、モンゴルの拡大は続きます。チンギス・ハンの子や孫たちが各地に勢力をもち、ユーラシア大陸を分割統治しました。

チンギス・ハンの孫のバトゥはヨーロッパ遠征の総司令官となり、東ヨーロッパに遠征します。モスクワ、キエフを攻略して、ロシアを制圧しました。バトゥの分隊は、ポーランドに侵入しました。

東方からの突然のモンゴル来襲に、ポーランド人は迎撃体勢を整える間もなく、次々と街が蹂躙されていきます。

中世ヨーロッパには、ある伝説がありました。11世紀以来、ヨーロッパ人は十字軍を編成し、イスラム教徒と戦っていました。はるか遠く離れた東方の世界にキリスト教徒が住んでいる国があり、その指導者のプレスター・ジョンが十字軍を助けにきてくれる、という伝説でした。

13世紀に突然、東方からやってきたモンゴル軍団は、プレスター・ジョンの軍団に違いないとヨーロッパ人は期待しました。モンゴル軍団がロシアに侵攻した際、街を略奪・破壊しました。このことは、ローマ教皇たちヨーロッパの指導者にも報告されます。しかし、指導者たちは、ロシアの街が破壊されるのはロシア人がローマ・カトリックを奉ぜず、ロシア正教を奉じている異端であるからだと考え、プレスター・ジョンの軍団の到来を信じたといいます。

しかし、モンゴル軍団がカトリック圏のポーランドに侵攻し、略奪を始めたことで、ようやくその実態に気づきはじめます。

1241年、ポーランド・ドイツ連合軍がポーランドのリーグニッツ東南でモンゴル軍を迎え撃ちますが、モンゴル軍に大敗します。後に、この地は「ワールシュタット（死体の地）」と呼ばれます。

この戦いの大敗北はすぐにヨーロッパ中に知れわたり、ヨーロッパを恐怖のどん底に陥れます。ヨーロッパ人はモンゴル人を「タルタル人」と呼びました。「タルタル」とは、ギリシア語の「地獄」を意味するタルタロス（Tartarus）に由来します。

モンゴル人は中国人を軽視した

フビライは、兄のモンケ・ハン（4代目ハン）の死後、独自にクリルタイ（部族長会議）を開き、大ハンの位に就き、1264年、大都（現在の北京）を帝都に定め、国号を中国風に「元《げん》」としました。フビライ・ハンは1279年、南宋《なんそう》を滅ぼし、中国を統一します。

元王朝の領土は中国周辺のモンゴル、満州、チベット、朝鮮（高麗）、ミャンマーにおよびました。フビライは日本を征服するため、1274年の文永の役と1281年の弘安の役の2度にわたって大軍を派遣しましたが、暴風雨に遭って軍船の多くが沈み、失敗しました。フビライは日本の他に、ベトナム、ジャワにも遠征軍を派遣していますが、いずれも失敗に終わっています。

元王朝は海上貿易を盛んに行なったため、杭州・泉州・広州などの港市が繁栄しました。イタリア人のマルコ・ポーロは『世界の記述（東方見聞録）』で杭州（臨安）をキンザイと呼び、泉州をザイトンと呼び、その賑わいについて言及しています。

元王朝はモンゴル人第一主義を掲げ、人々をモンゴル人、色目人《しきもく》、漢人、南人に分け、官僚など支配階級はモンゴル人と色目人が占めました。色目人は中央アジアやイラン出身の異民族です。漢人は華北の中国人、南人は南宋の支配下にあった中国人です。南人は、最も差別されました。

モンゴル人は中国では少数で、漢人と南人が全人口の9割以上を占めました。モンゴル人は中国式の官吏任用制である科挙《かきょ》を一時停止し、中国独自の儒教文化を軽視します。ここが、後の満州人の清《しん》王朝と大きく異なる点です。清は儒教文化を尊重し、中国人の懐柔を積極的に展開しました。

清は1644年から1912年まで、約270年間、中国を支配したのに対し、同じ征服王朝であるモンゴル人の元王朝の支配期間は1271年から1368年までの100年足らずでした。

◆モンゴル人の快進撃を阻止したトルコ人

西方では、フビライの弟のフラグが遠征し、1258年、バグダードを占領、アッバース朝を滅ぼし、イル・ハン国を建国します。しかし、その快進撃も長くは続きませんでした。西方で、モンゴル人の進撃を食い止めたのはトルコ人でした。

トルコ人はもともとモンゴル人と同じく、モンゴル高原で遊牧の生活を送っていた騎馬民族です。9～11世紀にモンゴル高原を去り、西走して中央アジアや中東を席巻し、最終的にセルジューク朝を建国します（Chapter13 参照）。

このトルコ人の西走をアジア民族大移動の第1波ととらえるならば、13世紀から始まるモンゴル人の世界征服は第2波となります。

すでに中央アジアや中東地域を支配していたトルコ人は、13世紀のモンゴル人の西走によって、西へ西へとしだいに追いやられます。その過程で、各地に散らばっていたトルコ人の軍事

図20-3　アジア民族大移動の２つの波

第１波	トルコ人	9～11世紀	セルジューク朝
第２波	モンゴル人	13世紀	モンゴル帝国

勢力がエジプト・シリアに結集し、この地でマムルーク朝をつくります。

マムルークとは、トルコ系軍人のことです。マムルーク朝がイスラム最後の砦となり、モンゴル人に対抗しました。対外的な脅威が国内結束を固めさせて、マムルーク朝の基盤は強化され、モンゴル人を撃退したのです。

モンゴル高原に居住していた２つの遊牧民トルコ人とモンゴル人が、はるか西方の中東の地域で雌雄を決したというのは、興味深いことです。マムルーク朝のモンゴル人撃退以降、しだいにトルコ人の勢力が伸長し、マムルーク朝に続いてオスマン帝国も勃興します。

◆モンゴルの支配は本当に苛烈だったのか

「タタールの軛《くびき》」という言葉があります。タタールとは「タルタロス（地獄の使者）」から変化したモンゴル人を指す言葉です。モンゴル人に支配されたロシア人はその圧政に苦しめられたため、このようにいいました。

しかし、ロシアに限らず、モンゴル人の各地での支配は実際には穏健なものでした。租税さえ納めれば宗教の自由が認められ、また地域の有力者に自治を任せる間接支配を敷いていました。ロシアなどでは、交易の自由が認められるなど、モンゴル人の支配の時代のほうがロシア人政権の時代よりもはるかに自由であったことでしょう。15世紀末、ロシア人が政権（モスクワ大公国）の求心力を高めるため、必要以上に民族意識を煽る必要があるなかで、「タタールの軛」という表現が頻繁に使われるようになります。

中東地域では、モンゴル人は高度な文化をもっていたイラン人に敬意を払い、イラン人文化を積極的に受容しました。イラン人宰相ラシード・アッディーンが登用されるなど、イラン人への懐柔も行なわれます。ラシード・アッディーンは、モンゴル人が築き上げたグローバルな世界システムについて、『集史《しゅうし》』を編纂して詳しく書き記しています。モンゴル人は１２９５年、イスラム教（スンナ派）に改宗します。

モンゴルの各地での寛容な共存政策について、唯一、例外であったのが、中国人や中国文化に対する政策でした。モンゴル人は非常に合理主義的な民族でした。モンゴル人は、儒教をはじめとする中国文化に偏狭な守旧性を感じ取り、これだけは例外的に認めなかったのです。

フビライは、漢字さえ国家の公用文字と認めませんでした。フビライは　チベット仏教（ラマ教）を保護し、チベット仏教の教主パスパを国師とし、彼にチベット文字を基礎とするパスパ文字をつくらせ、これを公用文字としました。

Chapter 21 満州人はなぜ覇権を握ったのか

莫大な富を蓄積した満州人

中国の歴史映画を見ると、「弁髪《べんぱつ》」という独特の髪型を見ることができます。前髪を剃り上げて、後髪は長く伸ばして三つ編みにするという、あの髪型です。この弁髪は、満州人を代表する風習でした。現代人から見て、実に奇妙ですが、満州人にとっては大事な風習でした。日本のチョンマゲも奇妙ですが、武士の大事な風習であったことを思えば、風俗・風習とはそういうものなのでしょう。

満州人は古来より、満州のみならず、朝鮮半島にも進出し、高句麗や高麗のような王国を建国しました（Chapter7 参照）。

中国へも進出し、12世紀に金王朝を建国しています。そして、最終的に満州人が建国した超巨大王朝が、中国の清王朝です。清王朝は１６４４年から１９１２年まで約２７０年間、続き

図21-1　互市貿易の流通システム

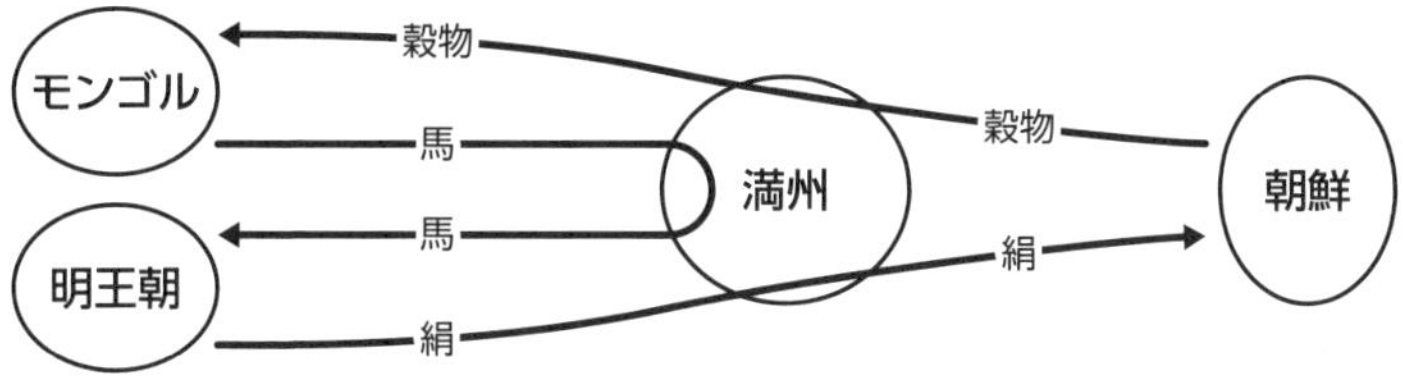

ます。中国東北部の辺境に位置する異民族満州人が、なぜ覇権を握り、中国を支配することができたのでしょうか。

満州人のなかで、女真族《じょしん》という満州北部に居住する一部族がありました。女真はジュルチンの漢字のあて字で、ジュルチンとは満州語で「民」を意味する言葉とされます。12世紀初め、女真族が満州の統一を進めて金王朝を建国します。金王朝は万里の長城を越えて中国に攻め入り、宋王朝を滅ぼして、中国の北半分を支配しました。しかし、金王朝は、13世紀、モンゴル帝国に滅ぼされます。

以後、満州人は中国の元王朝（モンゴル人）、明《みん》王朝（漢人）に服属します。この約300年間、満州人は「互市貿易」と呼ばれる異民族間の民間商業取引を主導し、富を蓄積していきます。満州はモンゴル人、漢人、朝鮮人の3勢力が交わる結節点に位置し、物流の拠点として、ヒト・モノ・カネを集めました。

14～15世紀、明王朝が北方のモンゴル人と激しく争い、国交が途絶していたとき、両勢力の軍需物資は満州の互市貿易で調達されます。民間主体の互市貿易は、間接取引の場として両勢力に不足物資を供給する役割を果たし、両勢力の戦争が激しくなればなるほど、軍需物資を中心とする取引が活発になり、収益が上がるしくみになっていました。

◆モンゴル人をどのように取り込んだのか

満州人は、こうした互市貿易の収益構造を背景に力を蓄え、台頭します。1616年、ツングース系満州人の諸部族が統一され、遼東半島北部の瀋陽《しんよう》を首都にします。

1630年代に入り、満州人に大きなチャンスが訪れます。モンゴル人勢力のなかに、野心家のリンダン・ハンという支配者がいました。彼は、自らをチンギス・ハンの生まれ変わりと称し、分裂していたモンゴル諸部族の統一をめざしました。当時、モンゴル諸部族は緩やかな連合を組み、互いに干渉しないことを掟としていましたが、リンダン・ハンはそれに逆らい、強引に諸部族を制圧していきました。リンダン・ハンによって、壊滅させられた部族もありました。

リンダン・ハンが1634年に病死すると、反リンダン派の部族がいっせいに反乱を起こし、モンゴル人は分裂しました。この反リンダン派部族に支援の手を差し伸べたのが、満州人でした。当時の満州人の支配者ホンタイジは、彼らへの支援と引き換えに、モンゴルの指導者であるハン位を譲り受けます。

このとき、ホンタイジはモンゴル人勢力の約半分を一挙に取り込むことに成功し、満州人勢力は躍進しました（ちなみに、モンゴル人勢力の残りの半分は、後に清朝第4代皇帝・康熙帝《こうき》が制圧しました）。１６３６年、ホンタイジは国号を「清」と定め、清王朝を創始します。

この他、満州人がモンゴル人勢力を取り込むことに成功した大きな理由として、満州人が掲げていた実力主義の人事登用制があります。

満州人は、八旗《はっき》という大規模な軍団を編成していました。満州人は財貨を支出し、モンゴル人たちを自らの軍団に積極的に登用します。八旗に属すれば、モンゴル人たちは安定した俸給を得ることもできました。八旗の人事制度は実力主義で、身分や血縁に関係なく、功績のある者が取り立てられるしくみでした。八旗はその名のとおり、8つの軍団に分かれ、軍団同士を互いに競い合わせ、功績のあった軍団を公正に評価します。

これは、血縁部族社会のなかで閉塞感にとらわれていたモンゴル人の実力者を活気づけ、彼らが進んで満州人軍団に入団するインセンティブとなりました。八旗はモンゴル人にとって、古い部族社会を打ち破る革命的なインパクトをもったものでした。

◆「野蛮人たちのバカげた髪型」

モンゴル人勢力を取り込んだ満州人は、1637年、朝鮮を屈服させます。そして、朝鮮から莫大な兵糧を拠出させて、満州人は長城を越えて明王朝（漢人）と戦います。

当時、明では陝西《せんせい》で起きた旱魃《かんばつ》をきっかけに、大規模な反乱が起こりました。明の朝廷は満州人対策に追われ、反乱の鎮圧のための軍を割くことができませんでした。そのため、反乱軍は勢力を拡大し、1644年、明はあっさりと反乱軍に滅ぼされました。

満州人は逃亡してきた明の軍人たちを支援しながら、反乱軍を蹴散らし、北京に入城します。満州人は、中国の混乱に乗じて、電撃的な速さで中国侵攻を成功させました。そして、17世紀後半、康熙帝の時代に中国全土を統一します。

14世紀以来、モンゴル人と明王朝は激しく争い、長期にわたる戦いで疲弊し、力を失っていきます。そして、17世紀初頭に両勢力内部で反乱が起こり、分裂しました。両勢力の狭間で機会をうかがっていた第3の勢力である満州人は、両勢力の内部抗争をたくみに利用し、両勢力を服従させていき、清王朝を建国して覇権を握ったのです。

満州人は、弁髪を漢人やモンゴル人などのすべての領民に強制します。この命令にしたがわなかった者は、処刑されました。髪を落とすか、首を落とすかの選択だったのです。漢人などのプライドの高い名士たちは、「野蛮人たちのバカげた髪型」と弁髪を笑っていました。こんな髪型にして屈辱を受けるくらいならば、死んだほうがマシだと言って自殺する者もいました。

弁髪は満州人支配を認めるかどうかの踏み絵であり、清王朝はこれにしたがわない者には容赦しませんでした。一方、清は儒教をはじめとする漢人文化を尊重し、文化興隆に尽力しました。中央官庁では、要職の定員の半数を満州人と漢人で分け合う満漢偶数官制がとられ、漢人を懐柔しました。

清王朝時代に、満州人と漢人、さらにはモンゴル人との混血も一気に進みます。すでに、中世には、これらの民族の混血は進んでいましたが、清が巨大な統一圏を形成し、民族融和政策を進めたことで、さらに混血が進みました。

台湾の原住民は中国人ではない

満州人の清王朝は、他のどの時代の中国王朝よりも強大な力を誇っていました。そのため、その支配領域の版図も最大に達します。清はかつて、どの王朝も支配することのできなかった領域である台湾や外モンゴル（モンゴル高原）、チベットを領有します。

まず、台湾から見ていきましょう。

今日、台湾人は中国人の一派であるという認識がありますが、もともと台湾の先住民は中国人ではありません。先住民はフィリピン、インドネシア、マレーシアから移住したオーストロネシア語族に属する民族でした。彼らは台湾の中東部の山岳密林地帯に住んでおり、複数の部族社会を形成していました。今日の台湾でも、山岳地域に先住民の血統を残す部族が残っています。

清王朝以前の中国の諸王朝は、台湾を領有しようとはしませんでした。密林が鬱蒼《うっそう》と繁る台湾島に領有の価値を見出さなかったのです。16世紀に、日本の海賊（倭寇《わこう》）が台湾島の戦略的価値を認め、本拠を置き、開発を始めます。大航海時代にはオランダが台湾に進出し、台南にゼーランディア城を築きます。

17世紀の半ば、明王朝の遺臣で漢人の鄭成功《ていせいこう》は台湾に亡命し、オランダ勢力を追い出し、政権をつくります。このとき、鄭成功とともに満州人の清王朝による支配を嫌った漢人が大量に移住し、台湾は中国化していきます。

清の康熙帝は1683年、台湾に侵攻して鄭氏政権を滅ぼし、台湾を併合します。中国から台湾への移住者は激増し、台湾の先住民を実力で僻地に追いやり、または中国文化に半ば強制的に取り込みました。このような清の中国同化政策によって、18世紀に台湾先住民の部族社会の多くが消滅していきます。

台湾は、もともと中国人が住んでいた領域ではありません。中国人が移住しはじめ、台湾が中国言語圏に組み込まれるのは、わずか350年前に過ぎないのです。

◆なぜチベット人は中国人に屈服したのか

康熙帝は、モンゴル高原にも進出し、外モンゴルのハルハ部を平定して領土を拡大しました。18世紀に君臨した乾隆帝《けんりゅう》(在位1735〜1795年)の時代は康熙帝、雍正帝《ようせい》に続く清の全盛期となります。乾隆帝は対外遠征を積極的に行ない、清の版図を拡げます。モンゴルのジュンガル部、中央アジアの東トルキスタンのウイグル人居住区を征服し、新しい領土という意味の「新疆《しんきょう》」と名づけました。現在、この地域は新疆ウイグル自治区とされ、中国からの分離独立闘争をチベットと並び、展開しています。

ダライ・ラマ5世の死後、チベットは混乱し、1717年、モンゴル人のジュンガル族がチベットの占領・略奪を行ないます。チベット人は乾隆帝に助けを求めました。乾隆帝はジュンガル族を征伐すると同時に、チベットも併合します。すでにモンゴル人に蹂躙されていたチベット人に清に抵抗する力はなく、やむを得ず、清に服属したのです。これ以降、チベット人は

図21-2　清王朝の領域

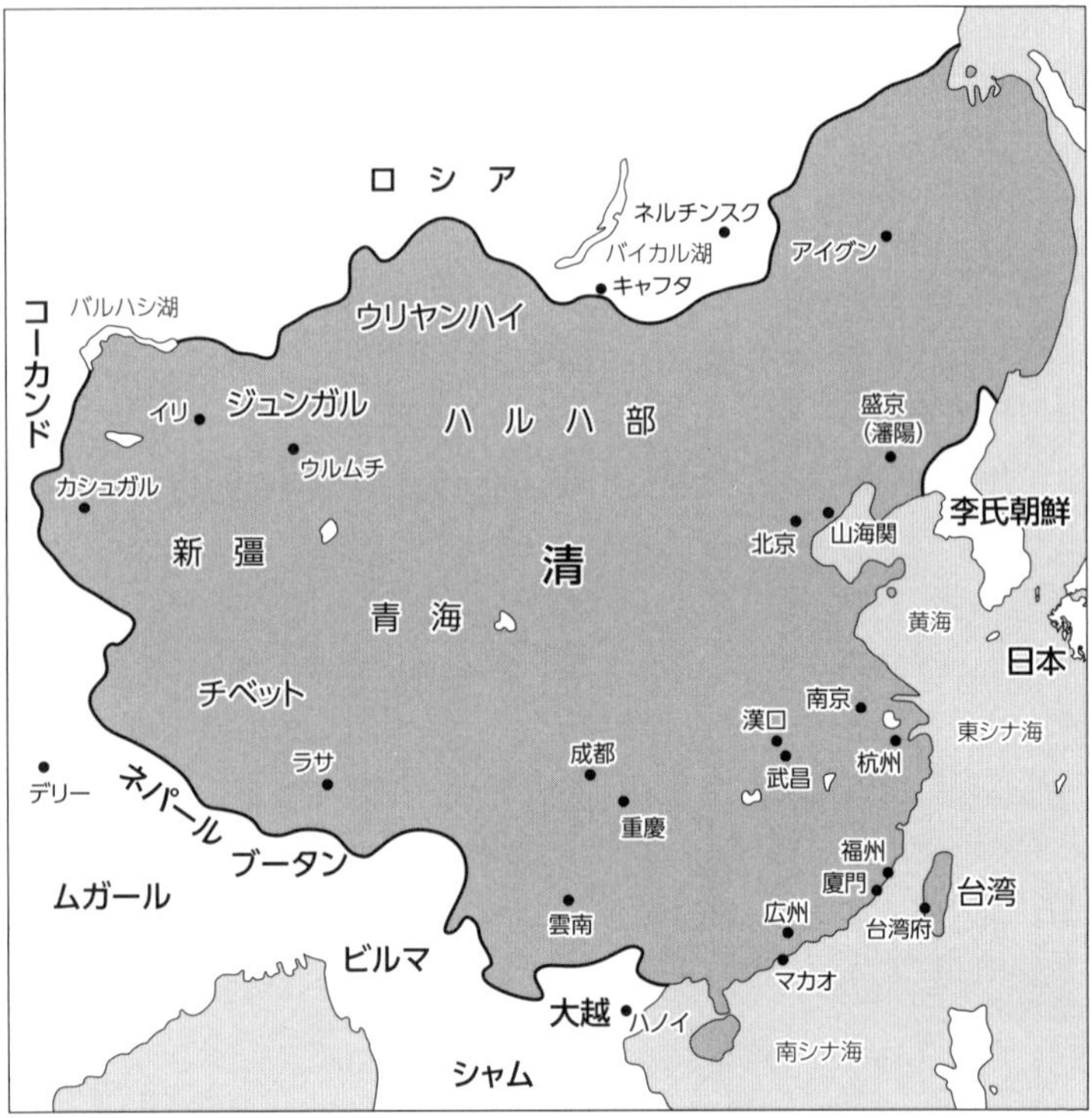

二度と中国から独立することはできず、今日にいたっています。

チベット人は古来より、山岳騎馬民族として独立し、中国には屈服しませんでした。4世紀には華北（中国北部）にチベット人王朝の前秦《ぜんしん》を建国しています。強大な唐王朝でさえ、チベット人には敵わず、彼らの王国（吐蕃《とばん》と呼ばれていた）を事実上、認めました。

13世紀、チンギス・ハンに征服されて、モンゴルの元王朝に服属します。このころから、チベット人はかつての力を失いはじめます。14世紀、元王朝の力が弱まるとチベット人は独立しますが、分裂と混乱を繰り返します。こうした長期にわたる不安定な状況下で、18世紀に清王朝に服属します。

1912年、清王朝が崩壊すると、チベットの独立機運が高まりますが、孫文《そんぶん》や蒋介石《しょうかいせき》らの国民党政府は「1つの中国」を標榜し、チベット人の独立を認めませんでした。1949年、毛沢東《もうたくとう》らが中華人民共和国を建国すると、人民解放軍がチベットへ侵入し、不穏分子とされたチベット人民族主義者を大量虐殺し、チベットを制圧しました。中国政府とチベット人の確執は決定的となり、今日にいたります。

清王朝を追い詰めた民族ナショナリズム

18世紀の清王朝に君臨した乾隆帝はベトナム、ミャンマーにも侵攻し、両国の一部を服属させました。清王朝は支配者層の満州人をはじめ、さまざまな民族が集う多民族国家であり、今日の中国の原形となります。清は理藩院《りはんいん》と呼ばれる、周辺地域（藩部）を統轄する機関を形成し、広大な領土の諸民族を支配しました。

周辺領土拡大にともなう軍事費の著しい膨張で、乾隆帝時代の末期には、すでに清王朝は財政難に陥っていました。領土を統治するための人員も必要で、官僚機構が肥大化し、人件費の支払いが財政に重くのしかかりました。

19世紀には、清王朝は財政難から機能不全となり、自らがつくり上げた巨大機構に自らが押し潰されていき、衰退の一途をたどります。

混乱期においては、いつの時代でも必ずといってよいほど、民族主義者が台頭します。とくに、清王朝のような多民族国家では、その傾向が顕著であり、民族主義者が民族ナショナリズムを掲げ、人々の不満を糾合していき、動乱を引き起こします。

清王朝の混乱時代に現われた民族主義者は、洪秀全《こうしゅうぜん》といいます。1850年、大飢饉が起きると、洪秀全は広西省金田村で民衆とともに武装蜂起し、「太平天国」という国家を樹立して清王朝に対抗します。1853年に南京を占領して、中国南部一帯を支配しました。何百万人という人々が洪秀全の教えに心酔し、盲信したというのですから、彼は恐ろしいほどのカリスマの持ち主であったことは間違いありません。

洪秀全は、「滅満興漢《めつまんこうかん》」のスローガンを掲げます。「滅満興漢」とは、満州人の清王朝を滅ぼして、漢人の王朝を復活させようとするものです。洪秀全は偏狭なナショナリズムに凝り固まっていました。当時の中国は、国内の多民族が団結して列強の侵略に対抗しなければならなかったのですが、洪秀全は「滅満興漢」を叫び、いたずらに中国がバラバラになることをわざわざ主張し、国力を疲弊させていったのです。

少数派の満州人による政権であった清王朝は、民族ナショナリズムの格好の標的となるのは宿命であり、避けられない事態だったのです。諸民族の民族意識の高揚は、多民族国家の統治に直接的なヒビ割れをきたし、このヒビ割れから、どのような巨大な機構もあっさりと崩れ散ってしまうものです。

洪秀全の「太平天国」は民族ナショナリズムを掲げ、清の最も脆弱《ぜいじゃく》な部分を戦略的に突いたのです。彼らは、清に大きなダメージを与えながらも、最終的には清に鎮圧されます。しかし、清はもはや体制を維持する力を残しておらず、列強の餌食にされ、間もなく崩壊します。

Chapter 22

300年におよぶ民族平和の代償

◆世界で最も美しい民族とは？

世界で、女性が最も美しい国や地域はどこでしょうか。

いろいろな見解があると思いますが、私はバルカン半島地域の女性たちが群を抜いて美しいと思います。クロアティア人やセルビア人などの旧ユーゴ人・ブルガリア人・ギリシア人・ルーマニア人・アルバニア人などのバルカン半島の諸民族です。

なぜ、この地域の人々は美しいのか。その理由として、混血種が多いからだということが、一般的にいわれています。バルカン半島はアジアとヨーロッパの結節点であり、「人種のるつぼ」として、さまざまな民族が入り混じっています。混血種はそれぞれの民族の長所をよく継承し、美しい容貌を遺伝的に形成していくとされます。バルカン半島の女性たちも、やはりヨーロッパの白人とアジア人の美しさを凝縮した特性を兼ね備えています。

図22-1　バルカン半島周辺の国々

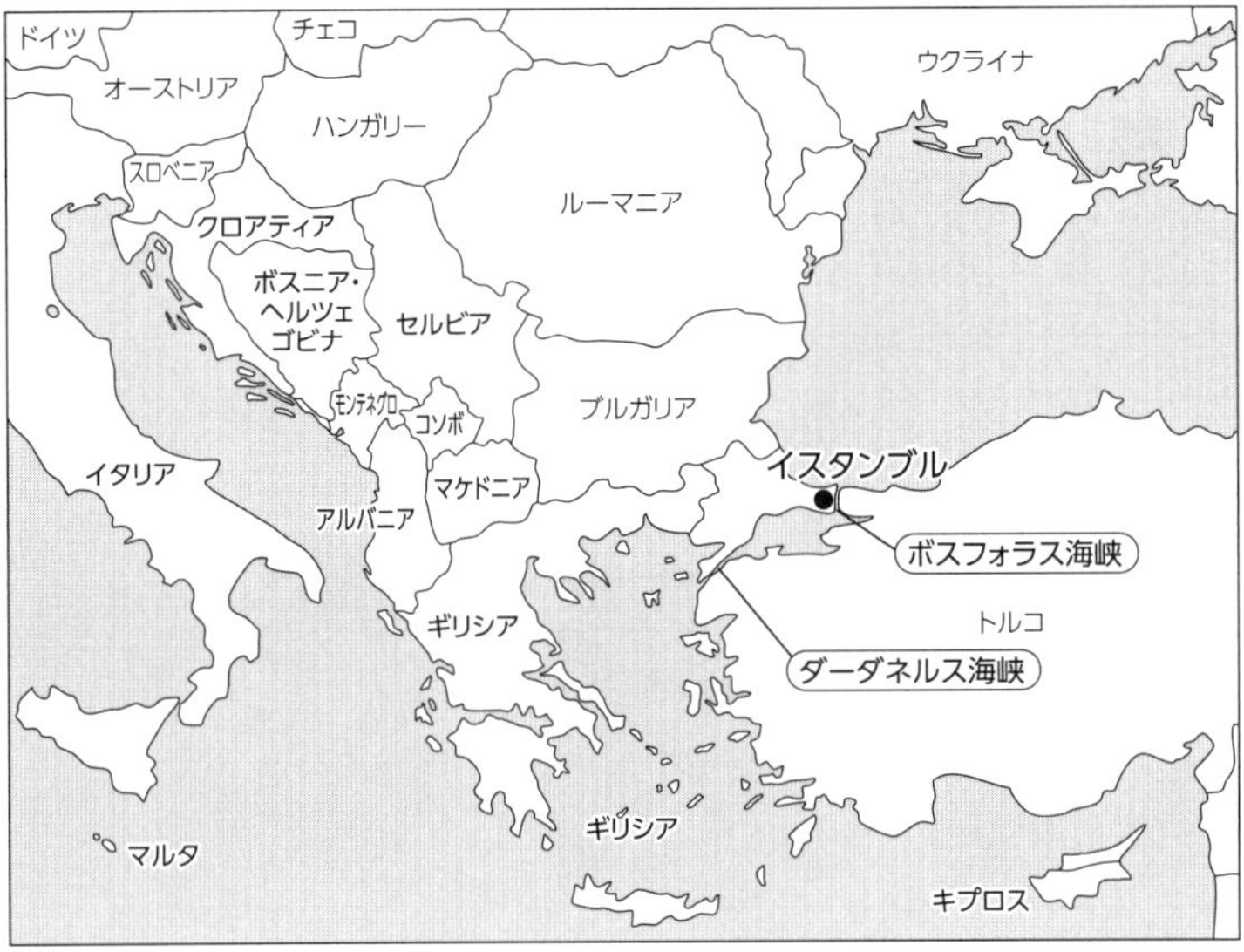

バルカン半島を中心に、このような美しい多国籍人が生まれた歴史的背景を見ていきましょう。

バルカン半島とアナトリア半島の2つの半島に挟まれた海峡がボスフォラス・ダーダネルス海峡で、ヨーロッパとアジアの境界になります。古来より、この地域は東西交易の要衝で、ビザンツ帝国（東ローマ帝国）により支配されていました。ビザンツ帝国は、この海峡の北側に首都コンスタンティノープルを置きました。

13世紀初頭、東西交易の利権を狙うヴェネツィアと十字軍が共謀してコンスタンティノープルを攻撃し、ビザンツ帝国は事実上、崩壊しました。これ以降、ビザンツ帝国はバルカン半島の諸民族を束ねることができず、民族の分断が進み、地域全体が閉塞感に覆われました。

２００年間、バルカン半島の閉塞は続きますが、それを打破したのが外部勢力のオスマン帝国でした。オスマン帝国はコンスタンティノープルを陥落させ、ビザンツ帝国を滅ぼし、バルカン半島の覇者となります。以後、コンスタンティノープルはイスタンブルと改称されて、オスマン帝国の首都になります。

◆オスマン帝国による多民族協調主義

オスマン帝国はアナトリア半島から発生した国家で、「オスマン・トルコ」とも表記されます。もともとトルコ人が支配者の国家ですが、彼ら自身が自らをそのように称したことはありません。オスマン帝国は多民族のイスラム国家で、帝国の発展にともない、その支配者階級にもさまざまな民族の出身者が集うようになり、イスラム統合国家を形成していきます。「オスマン・トルコ」というのは外部からの呼称で、最近ではほとんど使われません。オスマン帝国と呼ぶのが一般的です。

オスマン帝国は多民族協調主義をとり、さまざまな民族を束ね、その上に君臨しました。イ

図22-2　オスマン帝国の領域

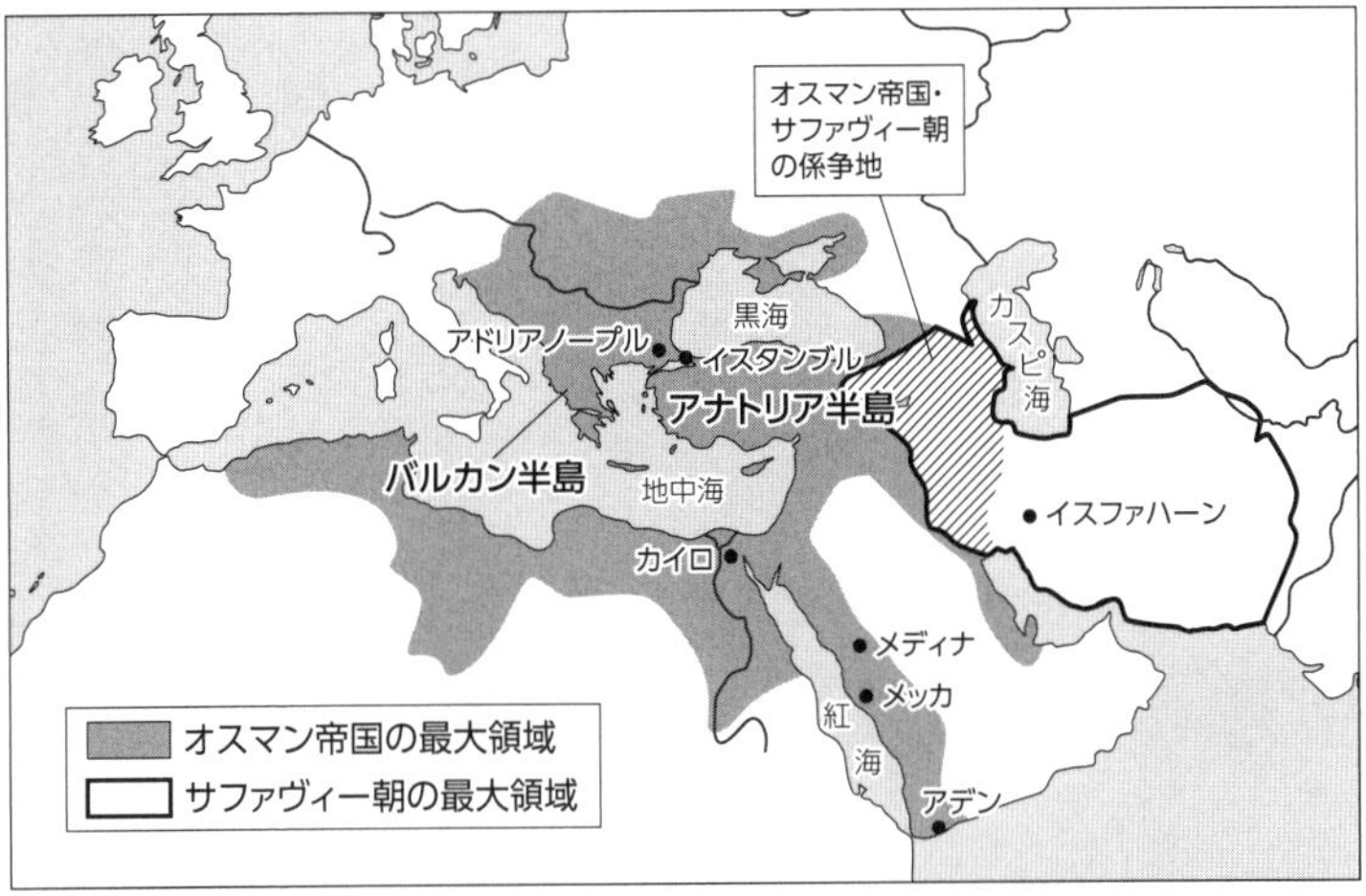

スラム圏ではトルコ人・アラブ人・イラン人・クルド人・アルメニア人・モンゴル人などが集いました。バルカン半島を中心にキリスト教徒（白人）にも寛大な共存政策を展開し、彼らの信仰の自由を認めました。

オスマン帝国は、イスラム教徒以外の異教徒をミッレトと呼ばれる宗教共同体に組み込みました。ギリシア正教徒、アルメニア教会派、ユダヤ教徒など、ミッレトにおいて、信仰の自由が保障されたのです。その代わり、ミッレトごとに納税の義務が課せられ、オスマン帝国への忠誠を約束させられました。

オスマン帝国は、人材登用でも民族融和的なスタンスをとりました。バルカン半島のキリスト教徒でヨーロッパ（白人）の子をイスラム教に改宗させて、英才教育を施します。成人したとき、優秀な者を官僚・軍人に登用しました。彼らの親たちは、わが子がオスマン帝国に連行されるのを嘆きながらも、将来、上流支配層として帝国に登用されることを期待して協力しました。また、人材を出したキリスト教徒の子弟の出身共同体は、免税にされるなどの恩恵を受けました。

◆混血融合民族「オスマン人」の誕生

その他、オスマン帝国はかつてビザンツ帝国の支配下にあったギリシア人の造船技士を積極登用し、大艦隊を編成します。造船所は、ダーダネルス海峡のヨーロッパ側の沿岸、アナトリア半島の黒海沿岸に設置されました。

オスマン帝国は、バルカン半島のキリスト教徒（白人）を積極的に登用し、彼らとの協調を推進しました。

オスマン帝国は、ヨーロッパとアジアの「文明の交差路」であるバルカン半島とアナトリア半島の両半島に本拠地を置き、民族や宗教の違いを乗り越えて、共存共栄していくことを考えました。オスマン帝国がつくり上げた共存圏のなかで、「オスマン人」と呼ばれる新しい混血融合民族が多く生まれました。冒頭に挙げたバルカン半島の美しい人々は、まさにこの「オスマン人」の末裔たちなのです。

バルバロス・ハイレッディンというオスマン艦隊を率いていた人物がいます。ハイレッディンはギリシアで生まれ、父はアジア人でオスマン帝国の武将、イスラム教徒でした。母は、ヨーロッパ人のキリスト教徒でした。ハイレッディンは6か国語を話した国際人で、オスマン帝国の民族と宗教の融和政策のなかで生まれた申し子の典型です。

ハイレッディンは兄弟とともに海賊となり、チュニジア、アルジェリア沿岸の諸城市を攻略し、大きな勢力をもっていましたが、オスマン帝国のスルタン（皇帝）スレイマン1世の招《しょう》聘《へい》を受け、オスマン帝国に帰順しました。ハイレッディンはオスマン帝国海軍の提督となり、1538年、プレヴェザの海戦でスペインとヴェネツィアの艦隊を撃破します。

オスマン帝国は地中海の制海権を握り、かつての古代ローマ帝国に匹敵する地中海帝国を形成します。

ハイレッディンの配下にはシナン・レイースのようなスペイン系ユダヤ人の将校など、多様な国籍の出身者がいました。彼ら多国籍人が「オスマン人」として活躍の場を与えられ、オスマン帝国も多民族の協調によって、その繁栄を築きます。

◆「文明の交差路」に噴き出す民族対立のマグマ

オスマン帝国の支配領域は、バルカン半島から中東にいたるまで、諸民族が行き交う「文明の交差路」にありました。オスマン帝国の共存政策はうまく機能し、帝国領内の諸民族の対立・矛盾も表面化せず、18世紀までは「チューリップ時代」と呼ばれる安定期が続きました。

しかし、19世紀以降、ヨーロッパで民族ナショナリズムが興隆し、それがオスマン帝国にも波及すると、それまで表面化することのなかったマグマが一気に噴き出し、オスマン帝国は民族対立の最大の激震地と化していきます。

オスマン帝国内のアラブ人がアラビア半島やエジプトで独立、またギリシアをはじめ、バルカン半島の諸民族も独立していきます。オスマン帝国から独立したアラブ人地域とバルカン半島に対し、イギリスなどの列強が触手を伸ばしたため、事態が複雑化し、混迷をきわめていきます。

バルカン半島では、セルビア人・ブルガリア人・ギリシア人などが互いの領土・領域をめぐり激しく争います（バルカン戦争）。アラブ人地域では、部族間の抗争が激化します。オスマン帝国時代の３００年におよぶ諸民族の平和は、対立の大爆発へと変化し、その意味において、

図22-3　第一次世界大戦後のアラブ人地域分割

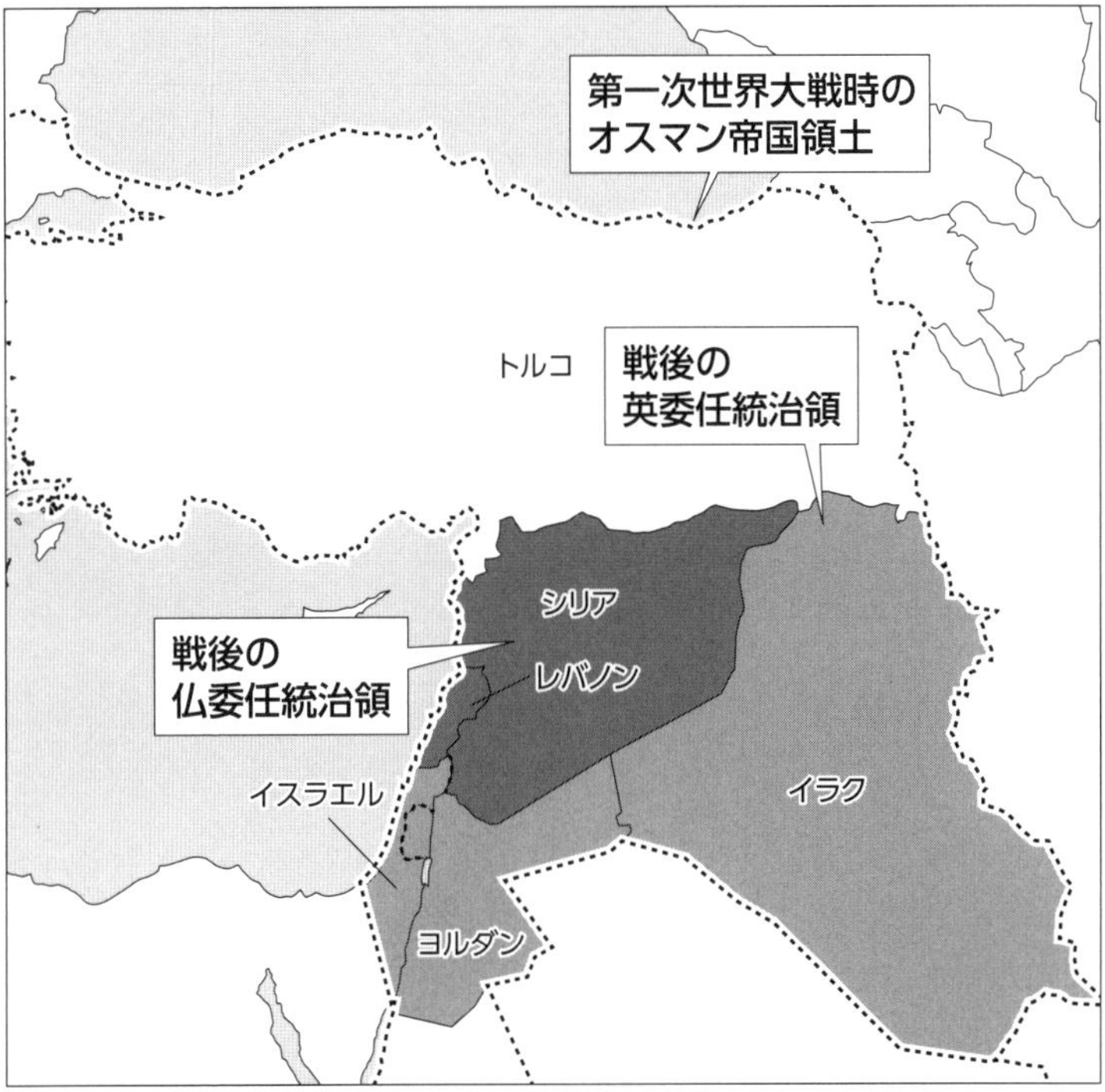

長い平和の時代の代償は大きかったといえます。

「バルカンはヨーロッパの火薬庫」という有名なフレーズも生まれます。１９１４年、バルカン半島における諸民族の対立と、それに絡んだ列強の対立が文字どおり、第一次世界大戦を引き起こします。対立はアラブ人地域にもおよび、大戦のもう１つの大きな戦乱の舞台となります。

第一次世界大戦後、イギリスとフランスはサイクス・ピコ協定という密約にもとづいて、アラブ人地域に一方的に恣意《しい》的な国境線を引いて、パレスティナ・イラク・ヨルダン（事実上のイギリスの支配領域）、シリア・レバノン（事実上のフランスの支配領域）などの国々に分割しました。

◆「クルド人」とは何か

このイギリスとフランスのアラブ人地域の恣意的な国境線画定によって、引き裂かれた民族があります。アラブ人の一派であるクルド人です。

クルド人は独自の文化や言語をもち、トルコ、イラク、シリア、イランなどに広く分布しています。現在、クルド人の人口は3千万人程度とされます。

イラクにおけるクルド人自治区（人口約5百万人）の州都アルビルは、昨今、オイルマネーで潤い、開発が急速に進んで「イラクのドバイ」と呼ばれるほどに発展しています。

２０１７年9月25日、イラクのクルド人自治区の独立を問う住民投票が行なわれ、92・73％の得票率で独立賛成の意思が示されました。これを受け、イラク政府はクルド人を牽制するため、クルド人自治政府が実効支配していた油田都市キルクークに侵攻しました。

クルド人自治区では、２００３年のイラク戦争以降、独立の動きがありましたが、ＩＳ（イ

図22-4　クルド人居住区域（クルディスタン）

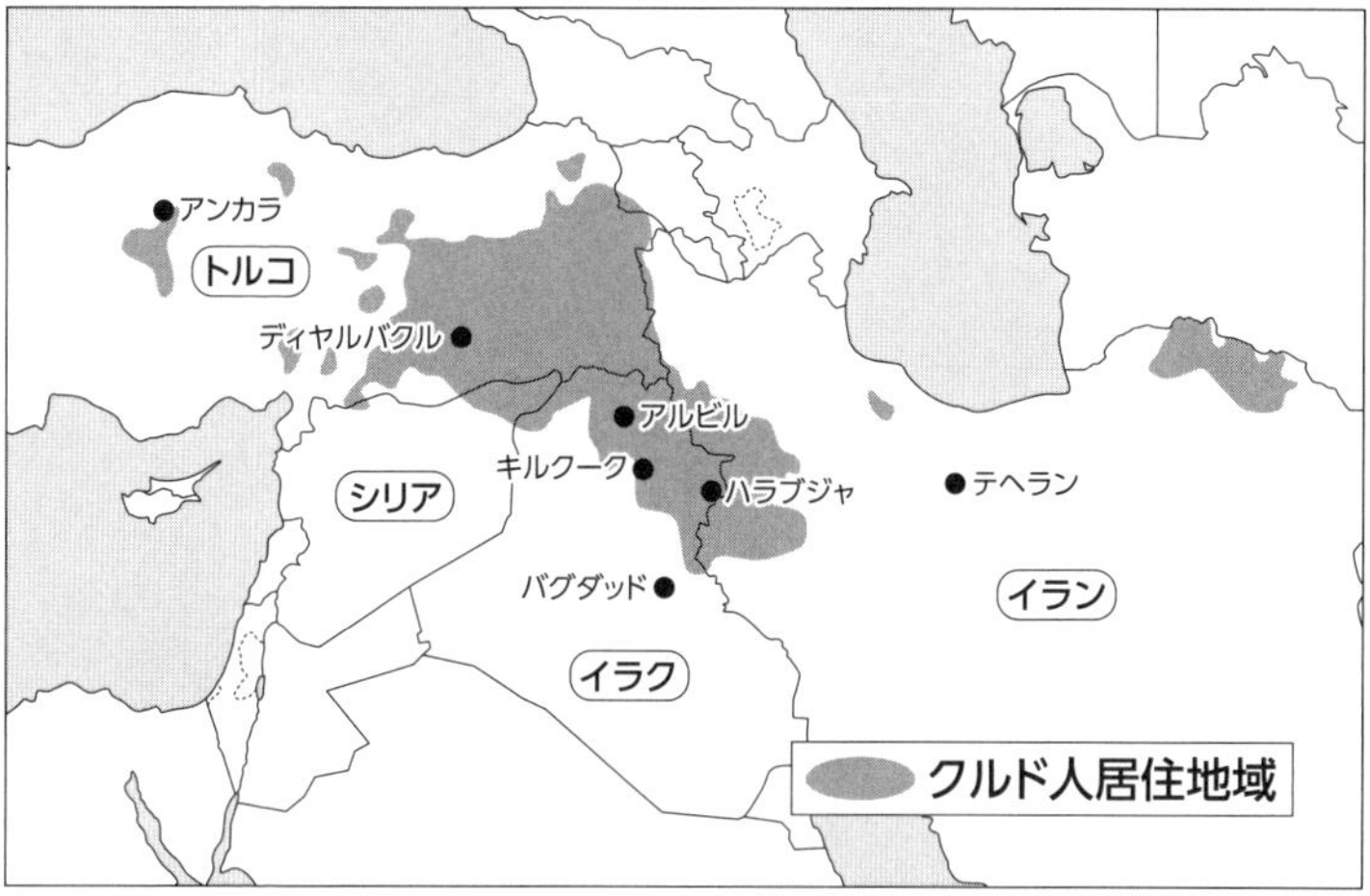

スラム国）の掃討作戦でイラク政府に協力し、独立運動を後回しにしてきました。２０１７年、ＩＳの本拠モスルが陥落したため、クルド人は急速に独立への動きを進めています。イラク政府はこれまで、クルド人自治区への予算配分を削減、または停止し、クルド人を優遇しませんでした。クルド人の反発は強く、対立は必至です。

歴史上、有名なクルド人として、12世紀に活躍したサラディン（サラーフ・アッディーン）がいます。クルド人は古来より戦闘のプロで、屈強な兵士の集団として知られ、とくにサラディンはそのなかでも天才的な戦略家でした。

当時のイスラム商人はサラディンを財政的に支援し、サラディンの軍団は増強され、商人たちの期待に沿ってシリア・エジプトを統一し、アイユーブ朝を建国しました。アイユーブ朝はカイロを首都として、地中海交易で栄えました。サラディンの時代から、クルド人の戦闘能力の高さはよく知られていました。今日でも、ISの掃討作戦でクルド人部隊の活躍は顕著でした。

このクルド人が自分たちの主権を求めて独立をめざしていることは、イラクのみならず、クルド人居住区域を抱えるトルコ・シリア・イラン などにとっても看過することのできない重大な問題です。

第8部

民族の血統が教える世界

Chapter 23

グローバリズムに侵食される「国民国家」

◆法のもとに統合される「主権国家」

昨今、「国民国家（nation-state）」に関する書籍や記事が多く発表され、議論も盛んです。グローバル化が進む世界情勢のなかで、外に目が向けられると同時に、内にも目が向けられ、国民国家の存在にわれわれはあらためて気づくのです。

イギリスがＥＵ（ヨーロッパ連合）から離脱しようとしている状況において、「国民国家」が注目されています。また、各国のナショナリズムの高まりは国民国家とも大きくかかわっています。

「国民国家」は、非常に難しい概念です。その解釈も幅広く、さまざまです。概説書を見ても、長々と抽象的な説明が続き、読めば読むほどわからなくなってしまいます。この章では、「民族」を軸に「国民国家」を初めから丁寧に見ていきます。

16～17世紀のヨーロッパでは貨幣経済が浸透し、マーケットの拡大によって広域的な経済圏が形成されていきます。中世において、局地的に発展した領邦や都市が、近世では面的な拡がりを見せるようになります。大規模な資本を投下して、高い利潤を得られる統一的な市場が、経済成長を加速させるのに必要だったからです。

統一市場が形成されるとき、何を基準に統一の要素とするかということが、大きな問題となりました。民族、言語、文化、伝統、共同体など、あらゆる同質的なものが探し求められ、統一化・共通化の名分に利用されました。その名分は、同質的なものでありさえすれば何でもよく、根底にある狙いは、統一市場の形成による利潤の最大化でした。

こうして一定のレヴェルで同質的なものとして合意され、結合されていった構成体が「主権国家」と呼ばれるものです。主権国家は国民国家の前段階にある国家形態です。スペイン王国、イギリス王国、フランス王国などが、これにあたります。フランス王ルイ14世は「朕は国家なり」という有名な言葉を残しましたが、この「国家」は主権国家のことです。

主権国家は民族、言語、文化、伝統、共同体など、ある一定の同質性をもっていますが、必ずしも同一でなければならないということではありません。主権国家たる王国は、他の領域をたびたび侵略・併合し、それを「王領」としました。王領のなかにはさまざまな民族が集い、言語・文化・伝統も異なっていました。

しかし、主権国家において、唯一、同質なものがあります。それは法です。主権国家は、法という共通基盤によって１つの統合体を構成するのです。

主権の細分化により誕生した「国民国家」

ヨーロッパでは、16世紀以降、近代資本主義経済の基盤が構築されていきます。毛織物産業などの製品の輸送をスムーズに進めるための道路、港湾などのインフラが整備されて、製品をつくる工場ラインの建設が国家主導で行なわれました。

そして、何よりも大切であったのが、商取引の契約やルールを取り決める法体系の整備でした。企業家や商人は国王による中央集権を望み、国王を財政面で強力に支援しました。国王は巨大な官僚機構を組織し、法にもとづく国家マネジメントの大規模化・効率化を図りました。

16世紀以降、人々は武力で物事を決するという前時代的な価値観をあらため、法によって生命や財産の安全を保障する政治社会を構築します。ある１つの法が適用される政治社会の範囲、これが近代国家の先駆けとなる「主権国家」です。

主権国家は１つの法を共有する人々の集まりであり、民族・言語・文化・伝統は一致していません。そのため、１つの法体系や統治システムが、異なる民族集団に対し、有効に機能しないことがしだいに明らかになってきます。そこで、異なる民族がそれぞれの法体系をもち、それぞれの民族が自分で自分のことを決める「主権の細分化」が叫ばれるようになります。

そして、18世紀以降、「主権の細分化」のうえに一民族により構成される国家が求められて、「国民国家」が誕生することになります。国民国家は英語のnation-stateの訳です。一般に、英語のnationは民族的・文化的なもので、stateは法的・政治的なものとされます。つまり、nation-stateは、「民族がもつ固有の文化（nation）」によって規定されるところの「主権や統治システム（state）」を有する国家と定義することができます。

そして、このような意味から「国民国家」は単一民族国家を志向するものであると結論づけられます。

◆帰化した外国人は「日本人」なのか

「国民国家」は、民族の多様性と自己決定を可能にした画期的な理念でしたが、「主権国家」の包括性を失わせ、民族間の分断を進めてしまいます。

たとえば、在日朝鮮人が日本に帰化し、日本の国籍を取得し、法的に日本人の立場を得た場合、この人は「主権国家」の概念に照らせば日本人です。しかし、「国民国家」の概念に照らせば、この人は日本人とされません。国民国家は単一民族を志向するものであるので、民族が異なる場合、受け入れられないのです。

ヨーロッパでも、国民国家であろうとする国（たとえばイギリス）は移民の受け入れに抵抗します。

一方、アメリカでは人種・民族を問わず、アメリカ国籍をもつ者はアメリカ人になることができます。アメリカのような多民族国家は、国民国家ではありません。中国も同じく多民族国家であるため、国民国家とはいえません。

国民国家では、法的な立場を示す国籍よりも、民族の同一性によって国民と認定されます。これを聞いて、多くの日本人は「あたり前だ」と思うでしょう。日本は単一民族国家の歴史を歩み、「国民」と「民族」が一致することが通常であったからです。日本人は「日本人」を民族の血統・血筋を示すものととらえ、人工的（＝法的）につくり上げられた国籍ではないと考える「国民国家」の意識をもともともっています。

しかし、ヨーロッパをはじめ世界各地では、多様な民族が入り混じり、民族ごとに「主権の細分化」を達成することは歴史的に困難をきわめ、このことで民族抗争が生じて多くの血が流れたのです。

前述の在日朝鮮人が日本に帰化した例をもう一度、振り返ってみます。現在、日本国の法により日本国籍を与えられた在日朝鮮人は、民族の相違を超えて、日本国民と見なされます。これは、日本が純粋な国民国家でないことを表わしています。

日本国民は日本人という単一民族によってそのほとんどが構成されているため、大方、国民国家であるといえますが、それは純粋なものではなく、ある意味、諸事情を勘案し、バランスをとっているのです。

今後、日本はさらに高齢化が進み、労働人口が不足すると、世界各地から移民労働者を受け入れるかどうかの選択を迫られます。日本人は国民国家について、否応なく、その歴史的な経緯から考えざるを得ないのです。

「ナショナリズム」は危険思想ではない

日本語は表現ニュアンスが豊富であるため、「ナショナリズム（nationalism）」という英語を3つの類型において、それぞれ区別して訳出することができます。

ナショナリズムが国民主義と訳出されるとき、「国民国家」を表わす文脈を読み取ることができます。

ナショナリズムが国家（国粋）主義と訳されるとき、ファシズムや軍国主義を表わす文脈と

図23-1　ナショナリズムの３つの類型

	訳の形	関連
①	国民主義	「国民国家」
②	国家（国粋）主義	ファシズム・軍国主義
③	民族主義	解放闘争・独立運動

なり、負のイメージがつきまといます。国家のためならば、個人の人権や自由も制限し、他国の領土を侵略し、他民族を犠牲にしてもよいという国家至上の考え方が国家主義です。自国の利益を優先する考え方によって排外主義（ショーヴィニズム chauvinism）と結びつき、国粋主義という狂信的愛国に陥ります。これは、バランスのとれた健全な愛国心（パトリオティズム patriotism）と区別されます。

民族主義と訳されるときは、列強の植民地支配などから民族を解放する運動を表わす文脈となります。民族独立を達成するために民族意識を高め、民族の団結をめざします。インドのガンジー、中国の孫文《そんぶん》、ベトナムのホー・チ・ミンらが民族主義の思想を掲げ、列強と戦った代表者です。ここでいう民族主義は、人種差別的な「人種主義（レイシズム racism）」とは異なります。

日本で「ナショナリズム」というと、図23-1の②国家（国粋）主義という悪い意味で使われることがほとんどですが、世界では図23-1の①国民主義の意味で使われることが多いのです。世界では、国民の一体性を政治的に表現しなければならないことが歴史的に多くあったのに対し、単一民族国家の日本はもともと国民が一体のものであるため、その必要はありませんでした。

貧困層の不満のはけ口とされる国家主義

「国民国家」の意識が拡がるほど、為政者は国民を重視せざるを得なくなります。国民国家において、国家を支えるのは国民であるという構図が明確になり、為政者は主権を国民と分かち合います。そのような分かち合いが一定のレヴェルでなされたときに、民主主義というものが現われはじめます。したがって、民主主義は国民国家の外枠にあるものといえます。

国民国家の為政者は、国民の支持を得るため、国民の利益を最大化する政策を打ち出します。国民が望む方向性に政治を進め、他国民を犠牲にしても自国民の利益が優先されなければ、為政者はその使命を果たすことができません。その意味において、国民国家は必然的に、多かれ少なかれ国家（国粋）主義に行き着きます。

しかし、今日の日本や世界で蔓延する国家（国粋）主義は、国民国家が急進化したものというよりは、むしろグローバリズムに対する反動として現われているように思えます。

国民国家は今日、グローバリズムに侵食されて崩壊寸前です。グローバル資本主義は国境を越えてボーダーレスに人やモノ、資本や情報を行き交わせます。国際競争力のある企業に国民国家の資源を集中させるため、国民は増税負担や賃下げを受け入れます。

グローバル企業は安価な労働力を求めて海外に進出し、単一の国籍をもたないため、国民国家は税収入を得ることができません。国民の雇用は失われ、地域経済は崩壊し、多くの国民は疲弊するばかりです。

グローバル資本主義と国民国家の利益相反は明らかであり、貧困に追いやられた国民はグローバリズムに対抗するため、国家（国粋）主義に訴えるのです。

従来、国民国家の充実から国家（国粋）主義が巻き起こりましたが、今日では国民国家の衰亡の危機によって、反動的に国家（国粋）主義が巻き起こっているというのが大きな違いです。従来の国家（国粋）主義がエリート層によって牽引されたものであるのに対し、今日の国家（国粋）主義は貧困層の不満のはけ口になっていることも特徴的です。

世界の保守右派の政治家たちは、この状況を狡猾に利用しています。一方でグローバル企業と癒着してそれを支援しながら、一方で国家（国粋）主義を掲げて貧困層の歓心を買うという二枚舌を使い分けているのです。

現在のようなグローバル時代に、国民国家を昔のように復権させ、国民国家全体の繁栄を取り戻すことは物理的に不可能であることを考えれば、国民国家とされる国々（日本やイギリスなど）は、かつてない大きな試練に直面しています。

Chapter 24

白人優位主義の歴史

日本人を有害視したルーズヴェルトの人種改良論

第二次世界大戦中にアメリカ大統領であったフランクリン・ルーズヴェルトは、人種差別的思想をもち、日本人を有害視していたことで知られています。

イギリスのキャンベル駐アメリカ公使は、ルーズヴェルトが人種について露骨な発言をしたことをイギリス本国に以下のように報告しています。

「ルーズヴェルトはインド人やアジア人種を白人と交配させることにより、彼らの文明は進歩すると考えている。だが、日本人は白人と交配しても彼らの文明は進歩しない」

ルーズヴェルトは、スミソニアン博物館の研究者の説を引用して、日本人の頭蓋骨は白人のものより約2000年、発達が遅れている（もちろん、まったく根拠はありません）と説明したとのことです。

ルーズヴェルトは1941年のアメリカの対日開戦後に、アメリカ国内とアメリカの影響下にあったブラジルやメキシコ、ペルーなどの中南米諸国において、日系人の強制収容所を建設しました。

多くの日系人の財産を一方的に奪ったうえ、強制収容所に連行し、過酷な労働に従事させました。強制収容所は人里離れた地域や砂漠地帯にあり、周囲を有刺鉄線のフェンスで囲まれ、警備兵が監視していました。収容所は不潔であったため、食中毒が頻繁に発生しました。食糧は農場を耕作し、自給自足せねばなりませんでした。

ルーズヴェルトは「大統領令9066号」に署名し、日系人を令状なしに捜査・連行しました。表向きは、アメリカは日本と戦っていたため、「敵性外国人」として日本と関係のある日系人がスパイ行為および破壊行為をする可能性があるという理由でしたが、ルーズヴェルトが日本人に対して異常な差別意識をもち、隔離しようとしていたのは明白でした。

当時のアメリカの野党（共和党）政治家のなかにもルーズヴェルトの「大統領令9066号」に反対する者はおらず、結局、皆がそれを容認していたのです。ただ、ルーズヴェルトの妻のエレノアだけが反対し、夫を説得しましたが、ルーズヴェルトは聞く耳をもちませんでした。

ルーズヴェルトはこういう考え方を根底にもちながら、あの第二次世界大戦・太平洋戦争を遂行したのです。

優生学が主張する「劣等」人種排除の論理

ルーズヴェルトの人種改良論の考え方は、彼だけでなく、かつてアメリカ白人社会全体に共有されていました。ルーズヴェルトだけが異常な考えをもっていたのではありません。

19世紀末以降、アメリカでは優生学（eugenics）が興隆しました。優生学とは何でしょうか。優秀なサラブレッド種の馬は、優秀な馬同士で交配させることで得られます。生物の優劣は、親の遺伝子（ＤＮＡ）によって決定づけられるとするのが優生学で、これをヒトにもあてはめ、優秀な種を確保すべきという考え方があったのです。

優生学を推進したのはドイツ・ナチスとされますが、実際には、その研究が最も盛んであったのはアメリカでした。戦後、ニュルンベルク裁判で人種隔離政策の罪を問われたナチス幹部が、優生学の考え方はアメリカ人から習ったものであること、またそれは生物学者のみならず、一般のアメリカ人にまで広く浸透していたことを証言しています。

この証言どおり、アメリカでは優生学にもとづいた人種改良論が１９００年から１９６０年まで、相次いで発表されています。アメリカの科学アカデミーの会員であったチャールズ・ダベンポートは１９１１年、『優生学に関する遺伝（Heredity in Relation to Eugenics）』を著し、アメリカ優生学史上に残る快挙とされ、各大学の教科書にもなります。

この本では、白人が知性や文化において最も優秀な遺伝子をもつという前提をもとに、白人の優位性を守るために他人種と混血するべきではないことが説かれます。ダベンポートの研究には、カーネギー財団から資金が援助され、カーネギー研究所のなかに特別な研究所まで設置されました。

ダベンポートのみならず、アメリカの多くの生物学者は優生学の立場から劣等人種を排除し、遺伝子の「汚染」を防がなければならないと主張しています。

優生学はイギリスで発祥し、アメリカで隆盛しました。優生学はチャールズ・ダーウィン（イギリス）の「進化論」やグレゴール・メンデル（オーストリア）の「遺伝の法則」を論理基盤として、イギリス人の生物学者フランシス・ゴルトンによって1860年代に創始されます。

ダーウィンは1859年に著した『種の起源』で、「適者生存」の理論を説いています。「適者生存」は、生物界において生存に有利な能力をより多くもつ個体（優秀存在）がそれをもたない個体（劣等存在）に対し生存競争で勝利し、自然淘汰されていくという理論です。

ゴルトンは、自らの優生学のなかで、ダーウィンの理論を継承しながらも、ヒトにおいては「適者生存」が必ずしもあてはまらないということを独自に主張しています。つまり、知性に劣った者の出生率が知性にすぐれた者にまさるとして、「適者生存」のパラドックス（＝逆淘汰）

があることに、ゴルトンは言及しているのです。ゴルトンの説は、後に「文明の衰退と凋落は上流階級の生殖力の低下に帰する」とする優生学の大きな命題となります。

今日では、このような命題は科学的論拠に乏しいものと見なされていますが、20世紀にはこの命題が人種に適応されて、一般に流布しました。優生学者のカール・ピアソンなどは、白人の優秀な遺伝子を保持することは「劣等人種との戦い」であると主張しています。

白人の純血はそれを意識して守らなければならず、そうでなければ生殖力の強い劣等人種にすぐに侵食されてしまうであろうとする考え方が白人に拡がり、とくに「人種のるつぼ」とされるアメリカ社会で、生殖を管理する政策の必要性が叫ばれるようになります。政界・財界もこの主張に共鳴し、1924年の移民法が制定されます。

フランシス・ゴルトン Sir Francis Galton 1822年～1911年。イギリスの人類学者、統計学者。優生学（eugenics）の祖。著書『遺伝的天才（Hereditary Genius）』（1869年）で、人の才能は遺伝によって決まるとして、人間の交配を人為的に選択することで、すぐれた人間を生み出すことが可能とした。ダーウィンの従兄弟としても知られる。

◆「排日移民法」で守ろうとしたアメリカの「純血」

アメリカのクーリッジ政権下で制定された1924年の移民法は、人種差別的な背景が色濃く反映されています。

この移民法は、日本人や中国人などのアジア人、東欧人や南欧人の移民を禁止・制限することを目的とする移民・帰化法を改正したものでした。移民法成立に大きな影響を与えたのが、弁護士で保守主義者のマディソン・グラントでした。

当時、グラントの人種主義的見解を示した著書『偉大な人種の消滅（The Passing of the Great Race）』が話題となっていました。この本では、北方ヨーロッパの白人人種こそが人類文明のほぼすべてを築いた偉大な人種であると説かれています（北方人種優位主義、Chapter10 参照）。この本は、後にヒトラーによって「ナチスの聖書」と賞賛されました。

グラントは、アメリカ政府の移民政策アドバイザーとして招かれました。グラントは政府に対し、以下のように提言しています。

「黒人や黄人などの有色人種について、移民を全面的に禁止し、一方、優秀な北方人種である北欧諸国人とドイツ人・イギリス人・アイルランド人については移民を奨励し、彼らの血を取り入れることがアメリカにとって重要である。東欧人や南欧人の移民については個別に対応し、不適切な場合について制限しなければならない」

グラントが東欧人や南欧人を問題としたのは、ユダヤ人がロシア帝国のポグロム（迫害・虐殺）を逃れ、これらの地域に紛れ込み、またアジア人なども紛れ込んでいるため、白人の純血性が保たれていないと考えたからです。

グラントは、適切な移民規制計画がなければアメリカは破滅すると訴えました。グラントのこうした主張は、カルビン・クーリッジ大統領や保守議員らに歓迎されました。クーリッジはグラントに同調し、「人種の混血は自然の摂理に反する」と公言しています。

グラントの主張をほぼ完全に取り入れるかたちで法改正案がとりまとめられて、１９２４年の移民法となります。この移民法は、わが国では「排日移民法」とも呼ばれます。前述のように、日本人移民のみを排除した改正法ではありませんが、当時、カリフォルニアを中心に日本人移民が急増していたこともあり、規制が日本人を主なターゲットにしていたからです。ちなみに、中国人移民は19世紀末以降、すでに禁止されていました。

◆経済的には割に合わなかった？ 植民地経営

欧米列強は、18世紀に本格的に海外を植民地化しました。植民地化によって他民族を搾取し、利益を収奪したという一般的なイメージがありますが、植民地経営はそれほど簡単なものではありませんでした。

海外を植民地化することには莫大な初期投資がかかり、費用対効果という観点からは、とても受け入れられるようなものではありません。常時、軍隊を駐屯させる費用、行政府の設置・運用とその人件費、各種インフラの整備、駐在員の医療ケアなど、莫大な費用がかかります。その行政的手続きも、きわめて煩雑になってきます。

投資金を無事に回収し、安定的に利益が出せるかどうかの保証などもありません。植民地ビジネスはリスクが大きく、割に合わないのです。

教科書や解説書では、植民地経営の成功例ばかりが取り上げられます。たとえば、オランダはインドネシアを支配し、藍やコーヒー、サトウキビなどの商品作物を現地のジャワの住民につくらせ（強制栽培制度）、大きな利益を上げていた、というようなことです。しかし、このような成功例はごく一部であって、ほとんどの場合、投資金を回収できず、損失が拡大するばかりでした。アフリカの植民地経営などは、ほとんど利益が上がらなかったのです。

では、なぜ欧米は大きなリスクをとりながらも、植民地化に取り組んだのでしょうか。それは経済的な動機に加え、思想的な動機があったからです。

近代ヨーロッパでは、啓蒙思想が普及していました。啓蒙とは「蒙《もう》を啓《ひら》く」、つまり無知蒙昧な野蛮状態から救い出す、という意味です。啓蒙は英語でEnlightenment、「光を照らす」「野蛮の闇に光を照らす」という訳になります。

啓蒙思想にもとづき、西洋文明を未開の野蛮な地域に導入し、文明化することこそ、白人の使命とする考えがありました。

イギリスのセシル・ローズなどは、こうした考え方をもっていた典型的な人物でした。ローズは南アフリカのケープ植民地首相でした。ローズは、アングロ・サクソン民族こそが最もすぐれた人種であり、アングロ・サクソンによって世界が支配されることが人類の幸福につながると考えていました。

開明化された地域が資本主義市場の一部に組み込まれれば利益をもたらす、という狙いも最終的にはあったでしょうが、「白人の使命」という考え方が、割に合わない植民地経営のリスク負担を補っていたのです。

なぜ「黄禍論」が欧米社会を席巻したのか

実は、日本帝国主義の植民地政策にも、このような啓蒙思想を背景とする思想的動機が強くありました。韓国や台湾を植民地化して、当時の日本に利益などまったくありませんでした。もともと、極貧状態であった現地に、日本は道路・鉄道・学校・病院を建設し、支出が超過するばかりだったのです。それでも、日本はインフラを整備し、現地を近代化させることを使命と感じていました。

日本人は、白人の啓蒙思想をいち早く取り入れ、近代化に成功し、植民地政策を展開しました。このような日本の躍進を白人の優位性を破壊するものとして危険視し、「黄禍論《こうか》」を唱えたのがドイツの皇帝ヴィルヘルム2世（在位1888年〜1918年）でした。黄禍論とは文字どおり、日本人などの黄色人種が世界に禍《わざわ》いをなす、とする考え方のことです。

ヴィルヘルム2世は、かつてのモンゴルのヨーロッパ遠征のように、ヨーロッパ文明が黄色人種に破壊される危険性を未然に防ぐためにも、「黄禍」に対して欧米列強は一致して対抗すべきであると主張しました。当時、ドイツをはじめとする欧米諸国で、日本人が邪悪な劣等民族であることを表わす諷刺画が盛んに描かれ、流布しました。

日清戦争に勝利した日本は、下関条約により遼東半島を領有しますが、ドイツ、ロシア、フランスが干渉して、清国に返還させます。この三国干渉により日本の出鼻を挫き、彼らのいう「黄禍」を防ごうとしたのです。

黄禍論は欧米社会で広まり、とくにアメリカでは、前述の移民法制定などに見られるように、黄色人種脅威論が展開されます。

世界の人口を見ると、アジア人などの黄色人種の人口が圧倒的に多く、少数派の白人は黄色人種を警戒しなければならなかったのです。実際に、中国の孫文などはアジア人の団結によって欧米に対抗しようとする「大アジア主義」を東京滞在中に演説で訴えています。

一方、日本は欧米列強の白人優位主義に対し、人種差別反対の立場をとっていました。第一次世界大戦後のパリ講和会議で、日本は人種差別撤廃の条項を盛り込むように提案しました。このような人種差別撤廃の条項を国際法上、定めるよう求めたのは史上、初めてのことでした。しかし、イギリスなどが拒否し、実現しませんでした。

参考文献

青木健『アーリア人』（講談社選書メチエ）２００９年
青山和夫『古代メソアメリカ文明――マヤ・テオティワカン・アステカ』（講談社選書メチエ）２００７年
石澤良昭、生田滋『東南アジアの伝統と発展（世界の歴史13）』（中央公論社）１９９８年
石澤良昭『東南アジア 多文明世界の発見』（講談社）２００９年
岩村忍『文明の十字路＝中央アジアの歴史』（講談社学術文庫）２００７年
大塚柳太郎『ヒトはこうして増えてきた：20万年の人口変遷史』（新潮選書）２０１５年
岡田英弘『世界史の誕生―モンゴルの発展と伝統』（ちくま文庫）１９９９年
岡田英弘『清朝とは何か』（藤原書店）２００９年
岡田英弘『モンゴル帝国から大清帝国へ』（藤原書店）２０１０年
小野寺史郎『中国ナショナリズム―民族と愛国の近現代史』（中公新書）２０１７年
海部陽介『人類がたどってきた道』（ＮＨＫブックス）２００５年
片山一道『骨が語る日本人の歴史』（ちくま新書）２０１５年
川北稔『民衆の大英帝国―近世イギリス社会とアメリカ移民』（岩波現代文庫）２００８年
川本芳昭『中国史のなかの諸民族（世界史リブレット）』（山川出版社）２００４年
川本芳昭『中華の崩壊と拡大（魏晋南北朝）』（講談社）２００５年
金達寿『朝鮮―民族・歴史・文化』（岩波新書）２００２年
熊谷正秀『日本から観た朝鮮の歴史―日朝関係全史』（展転社）２００４年
黄文雄『漢字文明にひそむ中華思想の呪縛』（集英社）２０００年
坂本勉『トルコ民族の世界史』（慶應義塾大学出版会）２００６年
清水馨八郎『侵略の世界史―この５００年、白人は世界で何をしてきたか』（祥伝社黄金文庫）２００１年
杉山正明『遊牧民から見た世界史』（日経ビジネス人文庫）２０１１年

杉山清彦『大清帝国の形成と八旗制』（名古屋大学出版会）2015年
鈴木董『オスマン帝国　イスラム世界の「柔らかい専制」』（講談社現代新書）1992年
陳舜臣『日本人と中国人――〝同文同種〟と思いこむ危険』（祥伝社新書）2016年
中村元『古代インド』（講談社学術文庫）2004年
墓田桂『難民問題―イスラム圏の動揺、EUの苦悩、日本の課題』（中公新書）2016年
廣部泉『人種戦争という寓話―黄禍論とアジア主義』（名古屋大学出版会）2017年
ブレイディ・みかこ『労働者階級の反乱　地べたから見た英国EU離脱』（光文社新書）2017年
宮田律『中東イスラーム民族史―競合するアラブ、イラン、トルコ』（中公新書）2006年
森安達也（編集）『スラヴ民族と東欧ロシア（民族の世界史）』（山川出版社）1986年
山内昌之『ラディカル・ヒストリー―ロシア史とイスラム史のフロンティア』（中公新書）1991年
渡辺克義『物語 ポーランドの歴史―東欧の「大国」の苦難と再生』（中公新書）2017年
ベネディクト・アンダーソン（著）、白石隆・白石さや（翻訳）『想像の共同体―ナショナリズムの起源と流行』（書籍工房早山）2007年
ニコラス・ウェイド（著）、山形浩生（翻訳）、守岡桜（翻訳）『人類のやっかいな遺産―遺伝子、人種、進化の歴史』（晶文社）2016年
J・D・ヴァンス（著）、関根光宏（翻訳）、山田文（翻訳）『ヒルビリー・エレジー　アメリカの繁栄から取り残された白人たち』（光文社）2017年
ラス・カサス（著）、染田秀藤（翻訳）『インディアスの破壊についての簡潔な報告』（岩波文庫）2013年
アーネスト・ゲルナー（著）、加藤節（監訳）『民族とナショナリズム』（岩波書店）2000年
ハインツ・ゴルヴィツァー（著）、瀬野文教（翻訳）『黄禍論とは何か―その不安の正体』（中公文庫）2010年
パット・シップマン（著）、河合信和（翻訳）『ヒトとイヌがネアンデルタール人を絶滅させた』（原書房）2015年
A・D・スミス（著）、巣山靖司（翻訳）、高城和義（翻訳）『ネイションとエスニシティ―歴史社会学的考察』（名古屋大学出版会）1999年
エマニュエル・トッド（著）、堀茂樹（翻訳）『シャルリとは誰か？　人種差別と没落する西欧』（文春新書）2016年

ルース・ドフリース（著）、小川敏子（翻訳）『食糧と人類—飢餓を克服した大増産の文明史』（日本経済新聞出版社）２０１６年
ジェームス・M・バーダマン（著）、森本豊富（翻訳）『アメリカ黒人の歴史』（NHK出版）２０１１年
マッシモ・リヴィ-バッチ（著）、速水融（翻訳）、斎藤修（翻訳）『人口の世界史』（東洋経済新報社）２０１４年
ユヴァル・ノア・ハラリ（著）、柴田裕之（翻訳）『サピエンス全史（上・下）文明の構造と人類の幸福』（河出書房新社）２０１６年
ハーバート・フーバー（著）、ジョージ・H・ナッシュ（編集）、渡辺惣樹（翻訳）『裏切られた自由：フーバー大統領が語る第二次世界大戦の隠された歴史とその後遺症（上・下）』（草思社）２０１７年
ニーアル・ファーガソン（著）、仙名紀（翻訳）『文明：西洋が覇権をとれた6つの真因』（勁草書房）２０１２年
クライブ・フィンレイソン（著）、上原直子（翻訳）、近藤修（解説）『そして最後にヒトが残った—ネアンデルタール人と私たちの50万年史』（白揚社）２０１３年
ディー・ブラウン（著）、鈴木主税（翻訳）『わが魂を聖地に埋めよ（上・下）』（草思社文庫）２０１３年
リチャード・ベッセル（著）、大山晶（翻訳）『ナチスの戦争1918-1949—民族と人種の戦い』（中公新書）２０１５年
スヴァンテ・ペーボ（著）、野中香方子（翻訳）『ネアンデルタール人は私たちと交配した』（文藝春秋）２０１５年
マシュー・ホワイト（著）、住友進（翻訳）『殺戮の世界史：人類が犯した１００の大罪』（早川書房）２０１３年
ジェラルド・ホーン（著）、加瀬英明（監修）、藤田裕行（翻訳）『人種戦争—太平洋戦争　もう一つの真実』（祥伝社）２０１５年
ウィリアム・H・マクニール（著）、佐々木昭夫（翻訳）『疫病と世界史（上・下）』（中公文庫）２００７年
ウィリアム・H・マクニール（著）、増田義郎（翻訳）、佐々木昭夫（翻訳）『世界史（上・下）』（中公文庫）２００８年
チャールズ・C・マン（著）、布施由紀子（翻訳）『１４９３——世界を変えた大陸間の「交換」』（紀伊國屋書店）２０１６年
マット・リドレー（著）、大田直子（翻訳）、鍛原多恵子（翻訳）、柴田裕之（翻訳）『繁栄——明日を切り拓くための人類10万年史（上・下）』（早川書房）２０１０年
ユージン・ローガン（著）、白須英子（翻訳）『アラブ５００年史（上・下）：オスマン帝国支配から「アラブ革命」まで』（白水社）２０１３年

宇山卓栄（うやま　たくえい）
1975年、大阪生まれ。慶應義塾大学経済学部卒業。大手予備校にて世界史の講師として人気を博す。現在は著作家として活動。テレビ、ラジオ、雑誌など各メディアで時事問題を歴史の視点から解説するわかりやすさには定評がある。『「三国志」からリーダーの生き方を学ぶ』『“しくじり”から学ぶ世界史』（以上、三笠書房〈知的生きかた文庫〉）、『世界一おもしろい世界史の授業』『経済を読み解くための宗教史』（以上、KADOKAWA）、『イラスト大図解　世界史』『日本の今の問題は、すでに{世界史}が解決している。』（以上、学研プラス）、『世界史で学べ！　間違いだらけの民主主義』（かんき出版）、『世界史は99%、経済でつくられる』（扶桑社）など、著書多数。

教養《きょうよう》として知《し》っておきたい
「民族《みんぞく》」で読《よ》み解《と》く世界史《せかいし》

2018年２月１日　初版発行
2020年９月１日　第10刷発行

著　者　宇山卓栄 ©T.Uyama 2018
発行者　杉本淳一

発行所　株式会社日本実業出版社　東京都新宿区市谷本村町３−29 〒162-0845
大阪市北区西天満６−８−１ 〒530-0047
編集部　☎03-3268-5651
営業部　☎03-3268-5161　振　替　00170-1-25349
https://www.njg.co.jp/

印 刷／三省堂印刷　製 本／共 栄 社

この本の内容についてのお問合せは、書面かFAX（03−3268−0832）にてお願い致します。
落丁・乱丁本は、送料小社負担にて、お取り替え致します。

ISBN 978-4-534-05558-3　Printed in JAPAN